에게해에 뜬 눈썹달

에게해에 뜬 눈썹달

발행일	2018년 10월 24일
지은이	박 상 엽
펴낸이	박 서 연
펴낸곳	가망불망
출판신고	2017.4.3. / 357-2017-000002
주소	인천광역시 강화군 선원면 중앙로 253-1 206동 1101호
전화	010-9845-5999
이메일	seoyeunn@hanmail.net

ISBN   979-11-963306-0-6 03920 (종이책)   979-11-963306-1-3 05920 (전자책)

이 책의 국립중앙도서관 출판예정도서목록(CIP)은 서지정보유통지원시스템 홈페이지(http://seoji.nl.go.kr)와
국가자료공동목록시스템(http://www.nl.go.kr/kolisnet)에서 이용하실 수 있습니다.
(CIP제어번호: CIP2018032078)

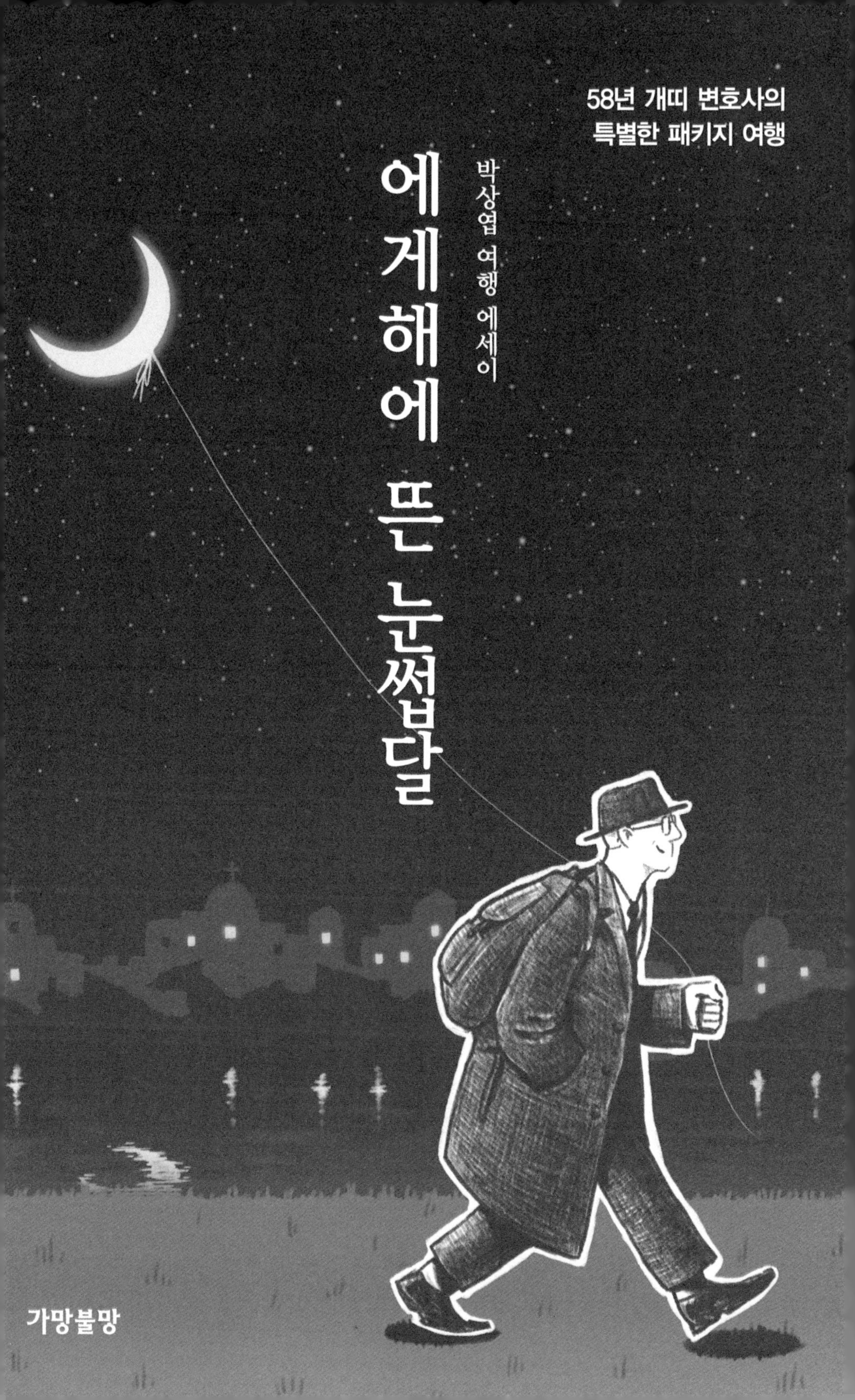

58년 개띠 변호사의
특별한 패키지 여행

에게해에 뜬 눈썹달

박상엽 여행 에세이

가망불망

세상은 넓다. 태양계의 일개 행성에 불과한 지구에 국한하더라도, 역시 세계는 넓다. 제트 비행기를 타고 지구를 한 바퀴 돌았다고 해서 세상 만물을 보았다고 할 수는 없다. 모든 일에는 절차와 과정이 요구된다. 세상 이치를 알기 위해서는 사물과 인간을 꿰뚫어볼 수 있는 혜안이 필요하다. 그런 능력을 갖추기 위해서는 지식의 함양과 더불어 인격 수양이 뒷받침되어야 한다. 따뜻한 마음을 가진 자만이 세상을 보듬을 수 있다.

일류 호텔 숙박에 매끼 진수성찬으로 이어지는 안락한 여정은 단지 관광에 불과할 뿐 여행이라 칭할 수 없다. 여행에는 대상지에 대한 어느 정도의 사전 지식도 필요하고, 적당한 고생과 불편을 수반해야 한다. 그래야 제대로 볼 수 있고, 추억도 더 많이 남길 수 있다. 그런 측면에서 볼 때, 이 책에 실린 8편의 글들은 나와 아내가 2010년대 초·중반에 함께했던 여행들의 편린이 되겠다.

부부가 이순의 나이에 접어들다 보니, 해외여행 나가서 다투는 경우도 많이 줄어들었다. 살다 보니 이쪽도 저쪽도 뒤늦게 철이 난 것일지도 모른다. 여행의 즐거움을 제대로 누리고 있는 아내는 눈을 살짝 흘긴 채 "여보! 우리 언제 또 나가지?" 하고 묻는다. 집 나가면 고생이라는 사실을 뻔히 알면서도 씩씩하니 짐을 꾸려 장도에 오르는 족속, 그대들의 긴 목에 청춘이라는 이름의 목걸이를 걸어주련다.

끝으로, 이 책이 출판되는 전 과정을 통해 여러 모로 노고를 아끼지 않은 가망불망 출판사의 박서연 대표와 김혜지 편집인에게 감사의 말을 전한다.

이 책은 미쁜 내자와 시종 함께한 여행들의 기록이거늘, 사랑하는 아내 양현석에게 바친다.

2018년 10월

박상열

6

C O N T E N T S

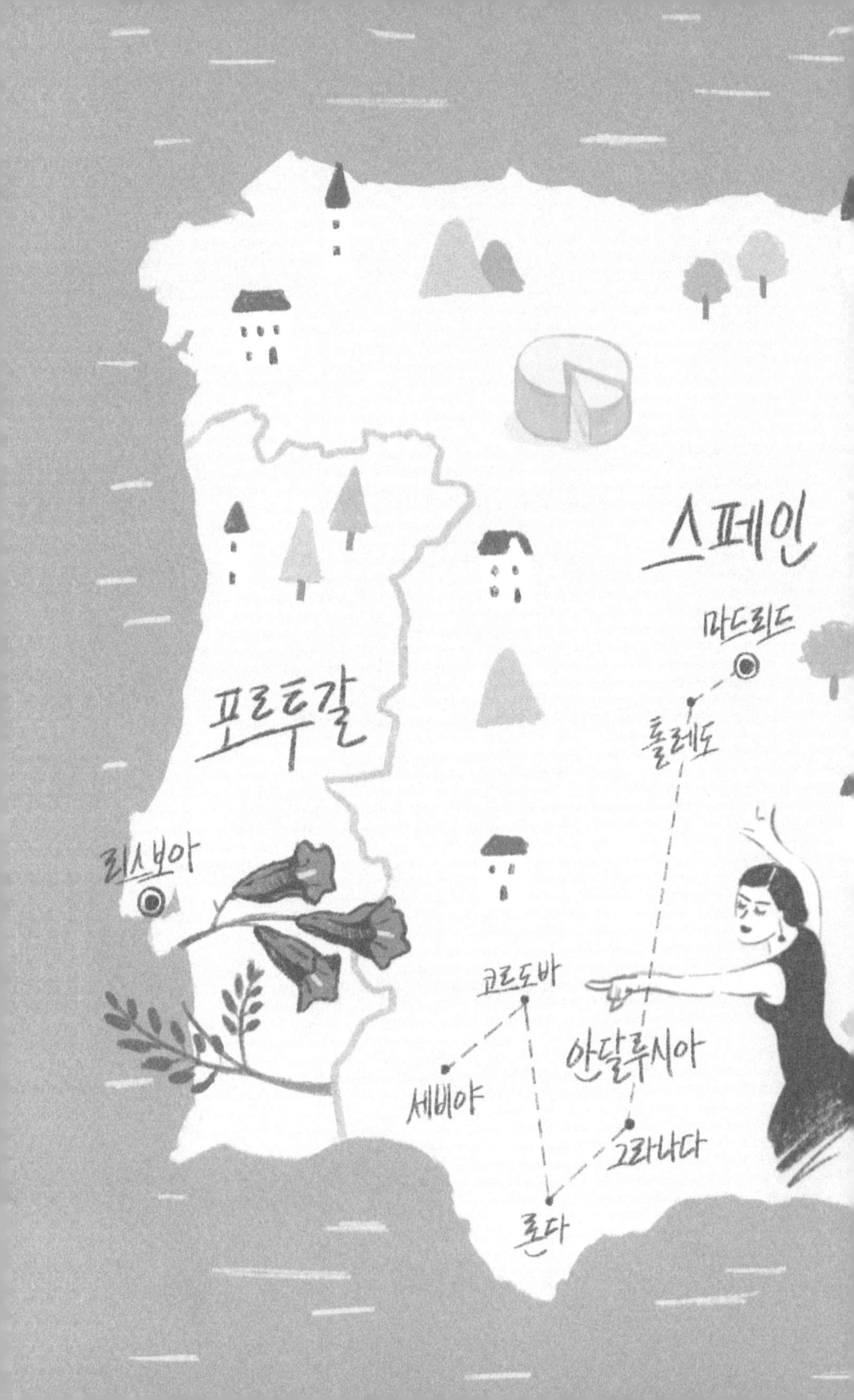
스페인
마드리드
톨레도
포르투갈
리스보아
코르도바
안달루시아
세비야
그라나다
론다

Part 01

태양과 정열, 정복의 땅을 가다

청보랏빛 자카란다의 추억
- 리스보아 기행 -

L isboa I.

리스보아(Lisboa). 생소한 명칭이다. 한편으론 왠지 모르게 마음에 사분사분 와닿는 이름이기도 하다. 영어권에 사는 사람들은 리스보아를 리스본이라고 부른다. 마치 플로렌스를 피렌체라 발음하고, 베네치아를 베니스라 부르듯이.

리스보아는 이베리아 반도 서쪽 끝에 자리 잡고 있는 포르투갈의 수도이다.

포르투갈은 남한보다 약간 작은 면적에 인구는 1,500만 명 남짓이다. 과거 오랜 세월 동안 로마 제국, 서고트 족, 이슬람 왕국 등 이민족의 지배를 받은 아픈 역사를 갖고 있다. 1243년 국토 회복 운동이 일어나 마침내 외부 세력의 지배에서 벗어났다. 콜럼버스의 신대륙 발견 이후 비약적인 국가 발전을 이루어 해양 대국으로 부상했다. 인도 항로를 발견하고

브라질을 식민지로 삼는 등 한때 국력이 일취월장 신장했었다. 그 후 프랑스와 영국에 밀려 스페인과 함께 쇠락의 길을 가긴 했다. 그러나 현재 포르투갈어 사용 인구가 2억 명인 것을 보면, 포르투갈의 국제적 영향력을 쉽게 무시할 수는 없겠다.

포르투갈 북부 지방에 '고요한 항구'라는 뜻을 가진 지역이 있는데, 포르투갈이라는 나라 이름이 여기서 유래했단다. 다민족 국가로서 인구의 90%가 가톨릭을 믿고 있다. 국민들의 기질이 내성적이며 예의범절을 중시한다. 우리나라도 마찬가지지만, 빈부격차가 심한 것이 옥의 티라고나 할까.

Lisboa II.

아내와 딸을 대동한 나는 루프트한자(LH) 719편에 탑승하여 인천 공항을 날아올랐다. 2012년 5월 30일 수요일 12시 40분. 11시간 40여 분의 지루한 비행 끝에 독일 뮌헨 공항에 착륙했다. 현지 시각 17시 25분. 뮌헨은 세찬 비가 내리고 있었다.

우리는 뮌헨을 경유하여 리스보아로 가는 승객 신분인데, 입국 심사가 기다리고 있었다. 유럽연합 출범 이후 그 영역 내에서는, 국경을 무시하고 도착한 첫 공항에서 입국 심사를 받는 시스템으로 전환했단다. 그렇다면 출국 심사는 유럽연합 영역을 벗어나는 마지막 공항이 되겠다.

우리는 입국 심사대 앞에서 짧은 줄을 찾아 줄을 섰다. 그런데 머피의 법칙이 작용했는지, 내 바로 앞에 선 아랍계로 보이는 여성의 심사가 쉽사리 끝나지 않았다. 그 여성은 젖먹이를 포함하여 올망졸망한 아이 둘을 대동하고 있었다. 급기야 나는 아내와 딸을 소통이 원활히 이루어지고 있는 옆줄로 이동시켰다. 나의 입국 심사는 그럭저럭 끝났으나, 이번엔 아내가 옮겨간 옆줄이 문제였다. 아내가 리스보아행 티켓을 제시했는데도 콧수염 심사관은 언제 돌아가느냐는 둥 귀국 항공권을 보자는 둥, 시종 까탈스럽게 나왔다. 원칙에 충실한 독일인의 전형을 콧수염을 통해 본 것이다. 심사대를 통과한 후 나는 아내에게 "젊어 보여서 그 친구가 일부러 수작을 걸었나 보다"며 농을 건넸다.

줄 잘 서기는 대한민국 안에서만 중요한 것이 아니었다. 뮌헨 공항에서 우리가 애초 섰던 줄도, 아내와 딸로 하여금 옮겨가게 했던 줄도 적절히 선택된 줄은 아니었다. 눈치가 빠르고 약삭빨라야 줄을 잘 설 수 있다지. 젠장!

두 시간 남짓의 대기시간, 아내와 딸은 공항 내 면세점 이곳저곳을 기웃거리며 쇼핑을 즐긴다. 피곤하지도 않나? 사는 물건이라고 해봐야 20유로 안팎 단위에 불과하다. 쫄랑쫄랑 뒤를 따라다니다 지친 나는 아내에게 당당하게 대가를 요구한다. 생맥주 한 잔 사달라!

얼마 떨어지지 않은 곳에서 바를 찾아낸 우리는 시원한 독일 생맥주로 목을 축였다. 종업원에게 아내가 나를 위해 사주는 것이라고 했더니, 이 친구 윙크 비슷한 표시를 하며 웃는다. 찬 맥주가 목젖을 타고 싸르르 흘러내리니 곧장 생기가 돈다. 어화둥둥 좋을시고~! 나머지 여정의 낯섦일랑 제쳐놓고 우선 여기 이 순간이나 남김없이 즐겨보세.

19시 35분 발 리스보아행 LH 1792편은 무슨 사정인지 지체되어 20시가 넘어서야 이륙했다. 22시 30분 리스보아 도착. 뮌헨과 리스보아 사이의 시차 1시간. 장거리 비행에 비행기 내 이코노미석 좁은 공간에 갇혀 계속 먹기만 하고 움직임이 없었으니, 피곤하기도 하거니와 배가 더부룩하고 빵빵하니 영 기분이 좋지 않다.

대서양에 인접한 코스타 다 카파리카 호텔(Costa da Caparica Hotel)에 도착하여 127호실에 투숙하니, 벌써 자정이 가깝다.

짐을 대충 풀고 졸린 눈을 비비며 비누칠도 없는 샤워를 1분 만에 끝냈다. 자고로 잠에 대한 욕망은 고승대덕도 떨쳐낼 수 없는 법이렷다! 예까지 챙겨온 소주 한 병을 안주도 없이 털어넣고는 꿈나라로 직행. 진리나 도는 결코 멀리 있지 않느 니라.

L isboa Ⅲ.

5월 31일 목요일, 날씨 맑음

시차 적응이 안 된 때문인지 모닝콜 전에 저절로 잠이 깼 다. 뜨거운 물을 틀어 샤워를 했다. 잠으로 떨쳐내지 못한 여 독을 뜨거운 물샤워로 어느 정도 떨쳐낼 수 있었다. 아래층 으로 내려가 호텔식으로 아침식사를 끝낸 우리 가족은 리스 보아 시내 관광을 위해 밝은 표정으로 버스에 올랐다. 여행 엔 늘 기대와 설렘이 따른다. 그러다가 여행이 길어지다 보면 알게 모르게 고향집에 대한 그리움, 향수가 가슴 깊이 똬리를 튼다.

리스보아 시내에 진입한 버스는 '혁명의 다리'를 건넌다. 샌프란시스코의 금문교를 빼닮은 형태인데, 일명 '4·25다리'라고도 부른단다. 독재자를 몰아낸 민중혁명일에서 유래했다고한다. 교량이 이중 구조여서 위로는 차량이, 아래로는 열차가달린다. 다리 밑으로는 떼주 강이 흐른다. 강폭이 꽤나 넓다. 대충 보아도 2킬로미터는 되지 않나 싶다.

강 건너 빽빽하게 들어찬 건물들이 고풍스러우면서도 아름답다. 건물들은 붉은색이 감도는 황토색 지붕에 흰색 벽면이 주조를 이루고 있다. 초록의 숲과 적절하게 배치된 건물들의 조화, 이방인의 눈에 들어온 도시의 풍광은 경박스럽지않다. 한 달만이라도 편안하게 머물다 가고 싶다는 욕구를분출시킨다.

마침 출근 시간대라 도로상에 차량들이 밀린다. A5 고속도로에 진입한 버스는 호카 곶(Cabo da Roca)으로 향한다. 리스보아는 강과 바다에 접한 지역과 산간 지역으로 구분된다. 버스는 이내 삼림 지대인 신트라(Sintra)로 접어든다. 빨간 기와지붕을 얹은 황토집들이 도로변 숲속에 들어서 있다. 부자동네란다. 탁 트인 전망에 대서양이 훤히 내려다보인다. 이지역이 유네스코 자연문화유산에 지정되었다니, 풍광의 수려함을 능히 인정할 만하다.

세계적으로 알려진 호카 곶 가는 길인데도 구불구불 편도 1차로의 포장도로가 자연 지형을 훼손하지 않은 채 들어앉아 있다. 눈에 거슬리지 않는다. 오붓하니 도로가 바람과 함께 살았니 죽었니 숨바꼭질해가며 산 위로 기어오른다. 불현듯 산을 까뭉개고 바위를 깨부수고선 시원스레 널찍널찍 뚫어놓은 제주도의 신설 도로가 떠오르는 건 어인 이유에서일까. 떠나온 곳의 형편일랑 잠시나마 잊기로 하자. 지금 여기에 충실하는 것이 여러 모로 좋을 테니까.

까보 다 호카 오르는 이 산길을 주말이면 오토바이족들이 차지한단다. 머리가 희끗희끗하고 배가 불뚝 나온 50, 60대 남성들이 폼 나는 오토바이 뒷자리에 금발의 미녀를 태우고 바람을 가른단다. 나도 그걸 해보고 싶다는 말을 하려고 옆자리에 앉은 아내를 쳐다보며 입을 삐죽대니, 아내가 단박에 알아채고는 눈을 흘긴다. 아무래도 담양 메타세쿼이아 길에서 2인용 긴 자전거에 아내와 함께 앞뒤에 앉아 힘차게 페달이나 밟아야겠다. 십중팔구 아내는 빨강색 자전거를 선택하겠지. 뒷자리를 차지하고 앉아 내 오른쪽 옆구리를 확 꼬집겠지.

산 정상 부근으로 접근하니 해무가 몰려와 금세 시야를 가린다. 순간적으로 운무가 휙 걷혔다가 곧바로 다시 휩싸이기를 거듭한다. 바람도 세차다. 매몰차다는 표현이 걸맞겠다. 야생화 지천이다. 산마을 전체가 꽃의 천국이다. 발에 꽃이 밟힐까 봐 시종 노심초사다. 선인장의 일종이라는데 노란 꽃 무더기가 주종이다. 해풍에 맞서야 하니, 모든 꽃들이 지면에 배를 바싹 붙이고 납작 엎드려 있다.

까보 다 호카. 해발 147미터로 '바위봉'이라는 뜻이다. 유라시아 대륙의 최서단으로, 우리말로 표현하자면 '땅끝마을'이다. 바다 쪽은 전부 절벽이다. 대서양의 검푸른 물결이 절벽과 그 앞 물 위에 떠 있는 바위섬들을 세차게 후려친다. 거센 바람에 맞서 절벽 위에 서니, 금방이라도 몸이 바다 속으로 빨려 들어갈 것 같다. 종종 추락사고가 난다고 한다. 멋진 사진을 탐하여 극성을 부리는 자들의 당돌함과 무모함으로 인하여.

"여기서 땅은 끝나고 바다가 시작되니(Onde a terra acaba e o mar começa)…"라는 포르투갈 유명 시인의 시구가 곶 표지석에 새겨져 있다. 이 자리에 서서 저 바다 너머에는 무엇이 있을까 상상하던 모험심 강한 소년이 있었을 것이다. 그는 장성하여 용기를 내서 배를 몰고 바다로 나갔을 것이다. 어찌 보면 신항로·신대륙의 개척과 그로 인한 나라의 부강이 다 어린 소년의 호기심과 상상력에서 나온 것이다.

버스는 굽이굽이 산길을 돌아 산을 내려왔다. 포르투갈 여가수의 애절한 노래 「파두」가 버스 안 승객들의 가슴을 마구 파고든다. 아말리아 호드리게스의 「이루지 못한 사랑」?

지그시 감았던 눈을 뜨니, 대서양 저 멀리에서부터 띠를 이루고 몰려오는 해무가 유독 호카 곶 정상 부분만 휘감았다 풀었다 하는 모양새가 눈에 들어온다. 해무는 긴 항해를 끝낸 마도로스의 격정과 정열을 빼닮았다. 육지에 상륙하기 무섭게 뜨거운 포옹과 거친 애무를 토해내는 자에게 타인들은 한낱 눈먼 존재에 불과하다.

Lisboa IV.

산을 내려온 버스는 대서양 해변을 오른쪽에 끼고 카스카이스(Praia Cascais)를 향해 달린다. 백사장과 성급한 피서객, 해안을 향해 줄지어 들어선 휴양 시설과 별장들, 해안을 낀 골프장도 눈에 들어온다. 도로를 따라 걷거나 달리는 사람들, 아예 웃통을 벗어부친 채 반바지 차림으로 달리는 배불

뚝이 아저씨들도 적지 않다. 정박한 요트들이 무리를 이루고 있다. 이 땅에서도 부유한 계층은 요일을 가리지 않고 온갖 호사를 누림이 틀림없으렷다.

완만한 곡선의 해안을 끼고 시가지가 형성되어 있다. 카스카이스 시청과 해양 경찰청이 고즈넉하게 자리하고 있다. 건물이 위압적이지 않아 우선 보기 좋다. 느림보 걸음으로 골목길을 구석구석 누비며 걸어본다. 나는 고풍스런 건물과 창문을 장식한 꽃들에 관심을 둔다. 아내와 딸은 여자인지라, 어쩔 도리 없이 상점 쇼윈도에 진열된 이런저런 기념품에 눈길을 빼앗긴다.

골목길을 빙 돌아 광장 부근에 이르렀을 때, 나는 한 줄기 신음과 함께 입을 딱 벌릴 수밖에 없었다. 청보랏빛 꽃 무더기. 오동나무 꽃인가 했더니, 그보다 색이 짙고 꽃봉오리가 훨씬 많다. 새롭고 신기한 발견. 감탄사가 절로 나왔다. 자카란다. 브라질에서 수입된 아카시아의 일종이란다. 이 꽃은 마침 개화기여서, 리스보아 시내 곳곳에서 짙은 향기를 뿜어내고 있었다. 이방인은 청보라의 유혹에 완전히 무장 해제되었다. 지화자, 좋구나, 좋아!

크고 작은 청동상이나 흉상들이 광장이나 골목의 적당한 위치에 버티고 서서 그 존재를 과시하고 있었다. 비둘기나 갈매기의 배설물을 머리에 하얗게 뒤집어쓴 채 바다를 내려다 보는 영웅의 전신상이 익살스럽긴 하다. 관리인의 게으름인가, 아니면 새들의 낙원 표지인가.

햇볕이 제법 따갑다. 그래도 습도가 낮으니 이 정도는 충분히 견딜 만하다. 나무 그늘 아래에 들면 금세 서늘한 기운이 느껴진다.

대로에서 조금 들어간 길옆에 위치한 식당으로 들어갔다. 이곳 사람들은 남녀 구분 없이 골초들이 많다. 젊은 여자들도 스스럼없이 담배를 빨아가며 거리를 활보한다. 선택한 메뉴는 삶은 문어와 감자, 그리고 쌀밥. 모두가 하나의 접시에 담겨져 나왔다. 우리가 평소 먹던 쫄깃쫄깃한 문어와는 달리 너무 풀어진 상태이긴 하지만, 그런대로 맛있다. 시원한 생맥주까지 한 잔 곁들이니 더욱 구미가 당긴다.

입맛에 맞지 않아서인지, 접시를 반도 못 비운 아내는 식당을 나오기 무섭게 과일가게로 직행한다. 체리가 제철인지 아주 맛있다. 과일 값이 정말 싸다. 이것저것 골고루 샀는데도 10유로가 채 안 된다.

에두아르도 7세 공원은 드넓고 바다를 향해 탁 트여 있어, 몸도 마음도 상쾌하다. 쭉쭉 뻗어 오른 나무들이 시원한 그늘 터널을 만들고, 그늘 아래 잔디밭에선 대낮인데도 젊은

연인들의 진한 애정표현이 여과장치 없이 진행되고 있다. 필경 그네들의 주머니 사정이 썩 넉넉지는 않으리라. 비록 오늘은 궁할지라도, 그대들의 내일에 행복이 충만하기를.

공원 옆에 제법 큰 규모의 식물원이 보이고, 어디선가 가까이에서 우렁찬 수탉 울음소리가 들려온다. 수탉이 포르투갈의 상징 동물이란다. 국조라는 말이겠지. 그리고 보니, 공원 입구에서 상인들이 무리지어 수탉이 수놓아진 각종 수예품을 팔고 있는 이유를 이제야 알 것 같다.

발걸음은 구시가지의 중심부인 로시오 광장과 퐁발 후작 광장으로 옮겨진다. 빨간색의 2층 버스가 관광객들을 태우고 시가지 구석구석을 누빈다. 버스의 2층엔 지붕이 없어 사방팔방을 자유자재로 눈에 넣을 수 있다. 그래서인지 2층엔 빈자리가 거의 없다. 1층엔 도시의 풍광보다는 애정표현에 더 관심이 많은 몇 쌍이 띄엄띄엄 자리를 차지하고 있다. 그들로선 시가지에 터널이 없는 것이 좀 아쉽겠다.

다운타운에 들어섰다. 아내와 딸이 또다시 신났다. 사는 물건들을 살펴보면 특별한 것도 없는데, 어쨌든 여자들이 좋아하니 따라다니는 나도 덩달아 즐겁다. 점심 때 마신 맥주 기운이 아직 완전히 소진되지는 않은 모양이다. 길거리는 이런저런 악기를 연주하는 이들, 그럴듯하게 분장하고 마술을 보이거나 동상처럼 눈 하나 깜빡거림 없이 곧추 서 있는 이들, 좌판을 벌여 싸구려로 보이는 잡동사니들을 파는 이들이 관광객들과 뒤섞여 북적거린다.

제로니모스 수도원을 둘러보고 길을 건너니, 마침 아이스크림을 파는 파라솔이 눈에 띄었다. 셋이서 나무그늘에 들어앉아 맛있음과 시원함을 핥고 나니, 여섯 개의 눈동자가 일제히 초롱초롱 맑은 빛을 발했다. 신기하도다, 달콤한 아이스크림의 마력이여!

떼주 강변의 벨렘 지구로 발길을 옮긴다. 대항해 시대를 연 엔리케 왕자(Henrique, o Navegador)를 기념하여 왕자 사후 500년 되는 해에 세웠다는 기념비가 인상적이다. 이곳은 신대륙을 찾아 목숨을 걸고 출항하는 선원들을 전송하는 곳이었단다. 용기와 모험심은 동서고금을 막론하고 사내들에게 요구되는 최대의 덕목 중 하나임에 틀림없겠다.

뜨거운 태양 아래 열심히 발품을 팔아서인지, 어느새 배가 출출했다. 꽤나 유명하다는 훈제 닭요리 전문 식당을 찾았다. 저녁 6시인데 손님은 우리 일행밖에 없다. 이곳에서는 밤 10시가 넘어야 본격적인 저녁식사 시간이란다. 식당 주인과 종업원들이 멀리서 건너온 이방인들에게 참 친절하다. 옆에 지켜 서 있다가 접시에 공간이 생기면 즉시 요리를 가져다 계속 채워준다. 우리도 "감사합니다. 고맙습니다"를 연발했다. 거절의 시점을 몇 번이나 놓치는 바람에, 오랜 만에 본의 아니게 과식하게 되었다. 호텔로 귀환하니 한결 여유가 있다. 어제의 비몽사몽에 비한다면, 오늘은 임금 호사도 부럽지가 않구나.

Lisboa V.

6월 1일 금요일, 구름 다소

05시 모닝콜, 어제 아침보다는 몸이 한결 가볍다. 짐을 정리한 후 호텔 내 식당으로 내려가 빵과 치즈, 커피와 과일로 아침식사를 했다. 07시 10분, 버스가 호텔을 출발했다. 이틀간 투숙했던 호텔과 그 앞 대서양의 넘실대는 파도를 뒤로하고, 버스는 로터리를 빙 돌아 앞으로 나아갔다. 스페인의 세비야(Sevilla)까지 버스로 6시간 달려가야 한다. 버스는 어느덧 시내를 벗어나 고속도로로 진입한다. 잘 있거라, 리스보아

여! 바이 바이, 포르투갈 아저씨!

도로 양쪽으로 코르크나무 농장이 끝도 없이 전개된다. 이게 다 한 사람 소유라지. 그는 몇 손가락 안에 드는 포르투갈 부자란다. 2시간 30여 분을 달려 버스는 휴게소에 들른다. 시설도 소박하기 짝이 없지만, 휴게소 내에는 차량도 사람도 거의 없다. 그저 바람만 주변을 휘몰아치고 있다. 국경 통과는 아무런 신분확인 절차도, 버스에 대한 어떤 통제도 없이 이루어졌다. 하천이 남북으로 흐르고, 그 위에 도로를 잇는 다리가 놓여 있다. 그것이 포르투갈과 스페인의 국경이란다. 출입국 사무소 직원도, 경비 군인들도 없다.

버스는 거침없이 달리던 속도 그대로 국경을 통과하여 스페인 영내로 진입했다. 스페인 여행에 대한 기대도 이틀간의 짧디짧은 리스보아 기행 중 새로이 얻은 소중한 추억을 우리로부터 빼앗아 가진 못했다. 청보랏빛 자카란다는 마치 우리를 기다렸다가 피어나기라도 한 듯, 우리가 리스보아를 떠나오던 날 그 아리따운 꽃잎을 한 잎 두 잎 포도 위에 떨어뜨리고 있었다.

이슬람 왕국의 체취를 찾아서
- 안달루시아 기행 -

Andalucia I.

버스는 거침없이 국경을 통과하여 동쪽으로 달렸다. 국경이라는 단어에 으레 뒤따르는 철조망·경계선이나 검문소·세관 따위는 거기에 없었다. 단지 고속도로가 포르투갈의 리스보아(리스본)와 스페인의 세비야(세빌리아)를 연결하고, 그 중간쯤이 국경이다. 버스는 달리던 속도를 줄이더니, 이윽고 휴게소에 진입한다. 한산하기 그지없다.

아내·딸과 함께 버스에서 내렸다. 기지개를 켜본다. 휴게소 이곳저곳을 기웃거리던 딸에게 스웨덴에서 왔다는 노부부가 말을 걸어왔다. 그들은 단둘이 직접 차를 몰고 여행 중이란다. 서울에서 왔느냐는 질문이 단박에 나온 걸 보면, 개인적으로 우리나라와 어떤 인연이 있는 분들임에 틀림없어 보였다. 노부부와 딸은 이런저런 대화를 나누고는 이내 작별을 고했다. 그런데 딸이 버스에 올라가서 가방을 뒤져 무엇인가를 찾아내더니 다시 노부부에게로 갔다. 노부부는 그때까지도 커피 잔을 미처 비우지 못하고 자리에 눌러앉아 있었다. 딸이 선물이라면서, 한복을 입은 인형이 매달린 열쇠고리를 건넸다. 노부부는 자신들의 손녀에게 주겠다며 고마워했다. 딸과 노부인이 다정히 앉아 있는 모습을 노신사가 사진 찍고는 아쉬운 작별. 노부부가 차를 몰고 먼저 떠나갔다.

스페인 안쪽으로 들어갈수록 포르투갈보다 토지 활용도가 높다. 오렌지·올리브 등 과일나무도 점점 많아지고, 공장 건물도 꽤 눈에 띈다. 지금 우리가 달리는 도로가 49번 고속도로인데, 중앙 분리대를 따라 어른 키 높이의 분홍·빨강·하양의 화려한 꽃나무가 빽빽이 들어차 있다. 흐드러진 꽃잎들이 초록 잎사귀들과 조화를 이뤄 이방인들의 눈을 즐겁게 해준다.

유칼립투스, 즉 유카리나무요, 꽃은 유도화라. 씽씽 달리는 차량들이 일으키는 바람에 연신 흔들리는 모습이 자신의 예쁜 얼굴을 보아달라고 추파를 던지는 젊은 여인의 자태를 닮았다.

세비야에 가까워질수록 통행 차량이 점점 많아진다. 드디어 세비야 입성. 2012년 6월 1일 오후 2시 무렵. 섭씨 29도. 요즘 보기 드물게 서늘한 기온이란다.

세비야. 스페인 제3의 도시로서, 안달루시아의 주도(州都). 〈돈 후안〉, 〈카르멘〉, 〈세비야의 이발사〉 등 작품의 배경 도시로 이름이 나 있다. 1992년 콜럼버스의 신대륙 발견 500 주년 되는 해에 바르셀로나 올림픽과 함께 세계무역박람회가 성대하게 개최된 도시이기도 하다.

중국식으로 때늦은 점심식사를 끝마치고는 시내 관광에 돌입한다. 과달키비르 강을 끼고 구시가지가 형성되어 있다. 투우장과 황금 탑, 대성당과 히랄다 탑, 알카사르 정원, 마리아 루이사 공원과 스페인 광장. 스페인을 상징하는 대표적인 단어가 투우와 플라멩코. 투우와 플라멩코의 본고장이 다름 아닌 안달루시아.

안달루시아는 스페인의 남서부 지방으로서, 세비야·코르도바·그라나다·말라가 등이 대표적인 도시이다. 과거 이슬람 왕국이 상당 기간 동안 이 지역을 통치했다. 현재까지도 그 체취가 많이 남아 있다. 황금 탑은 대서양과 연결되는 과달키비르 강 입구에 우뚝 버티고 서 있다. 과거 스페인의 남미 대륙 정복 이후 그곳으로부터 스페인으로 들어오는 모든 물산이 이곳을 통과했다. 황금 탑은 그 시절 도시 방어기지 겸 세관이었단다.

세비야 대성당. 로마의 베드로 대성당과 런던의 세인트 폴

성당에 이어 유럽 3위의 규모를 자랑한단다. 가로 120미터, 세로 80미터에 높이 40미터. 남미 대륙에서 약탈한 황금과 온갖 보석들로 치장되어 있다. 콜럼버스의 무덤이 성당 안에 위치하고 있다. 그가 스페인에 기여한 공로를 보자면 충분한 자격이 있겠다. 자고로 패배자는 역사의 뒤안길로 사라지는 숙명을 피할 수 없다. 대성당이 위풍당당하게 자리하고 있는 이 터엔 애초에 이슬람 사원이 있었단다.

　대성당 안에는 높이 97.52미터의 히랄다 탑이 우뚝 솟아 있다. 이 탑은 세비야에서 가장 높은 건축물로서 이 도시의 상징이다. 탑의 중간쯤에 매달린 동종들이 십 분에서 십오 분 간격으로 요란하게 소리를 내고, 울려 퍼지는 종소리를 따라 비둘기들이 일제히 하늘을 향해 날아오른다. 대성당에 접한 바리오 데 산타크루스(Barrio de Santacruz)는 과거 유대인들의 집단 거주지이다. 지금은 미로 같은 골목골목을 따라 카페와 기념품점들이 빼곡 들어차 있다. 우리는 골목 구석구석을 누비며 즐거움을 찾는다. 창문뿐만 아니라 벽면까지도 울긋불긋 화려한 꽃들이 담긴 화분으로 빼곡하니 장식한 건물들을 보니, 덩달아 기분이 고조된다. 안달루시아인 특유의 빠른 말투와 넉살, 낙천적인 성격이 조화를 이뤄 빚어낸 생활 습성이런가.

다음은 스페인 광장이다. 이슬람 왕국을 몰아내고 스페인을 통일한 이사벨 여왕과 그녀의 부군 페르난도를 상징하는 첨탑을 양쪽에 두고, 굽은 자석 모양의 회랑으로 연결되는 건축물이다. 역대 유명 인물들의 조각상이 회랑을 따라 죽 설치되어 있고, 스페인 각 도시들의 상징물들이 순서대로 타일로 새겨져 있다. 건축물의 바깥과는 수로가 경계를 이루고 있고, 안과 밖은 다리로 연결되어 있다. 물 바깥은 바로 스페인 밖의 세계. 은연중 세계 정복의 야망이 상징적으로 표현되어 있는 것 같아, 씁쓰레하니 입맛을 다실 수밖에 없었다. 이곳도 다른 건축물들처럼 이슬람의 영향을 받았다. 채색된 타일로 건물의 외관을 장식하는, 아즐레주 양식의 범주를 벗어나지 않고 있다.

19:00. 이번에는 플라멩코 공연이 우리들을 기다리고 있다. 제법 넓은 공연장이 관광객들로 꽉 들어찼다. 관람료 80유로. 간단한 음료가 제공된다. 플라멩코의 열기로 인해 바싹 말라가는 입술을 음료로 적셔본다. 연주와 노래와 춤. 누구는 노래에 귀 기울이라 하고, 누구는 악기 연주를 주시하라 한다. 하지만 풋내기는 어쩔 도리 없이 허겁지겁 숨 막힌 얼굴로 빠른 템포의 춤을 따라간다. 하롱하롱 흔들리는 손끝에 중점을 두어야 할지, 따다닥 딱 딱 구둣발 장단에 정신

을 쏟아야 할지, 갈팡질팡해가며 채 결론을 내리기도 전에 공연은 절정을 향해 살같이 휘달린다. 연주와 춤, 춤과 노래가 얽히고설킨다. 점멸하는 조명과 함께 분위기가 한껏 고양된다. 집시들의 음울과 슬픔, 격정과 욕망이 후끈 달아오른 열기와 뒤섞여 공연장을 가득 채운다.

예약된 그란 솔루카 호텔(Gran Solucar Hotel)에 도착하니 밤 9시가 넘었다. 하지만 아직 어둠이 내리지는 않아 환하다. 호텔 내 식당에서 돼지고기 특식으로 저녁식사를 했으나, 육신이 지친 상태라 제 맛을 모르겠다. 302호실을 배정받았다. 3인실이라 복층 구조다. 아래층에 침대 하나, 위층에 침대 두 개. 누가 1층에서 혼자 잘 것인가? 딸이 자청하고 나서줘서, 2층에 나란히 놓인 침대에 아내와 나란히 누워 파김치가 된 육신들을 내던졌다. 오랜만에 오붓하구먼!

Andalucia **II.**

6월 2일 토요일, 잔뜩 흐림

호텔식으로 아침식사를 끝마쳤다. 식당 밖으로 나오니, 그 사이 호텔 내 기념품점이 문을 열었다. 아내와 딸은 이것저것 살펴보며 기웃거리더니, 각자 원피스 하나씩을 구입한다. 19 유로씩인데, 딸의 짧은 스페인어 구사 능력에 호감이 갔는지 주인아주머니는 각 2유로씩을 깎아준다. 스페인어 공부 덕분에 물건까지 싸게 사게 되니, 다들 아침부터 기분이 좋다.

버스는 08:20에 호텔을 출발하여 론다를 향해 이동한다. A376번 도로를 따라간다. 주변이 올리브 밭과 밀밭 천지다. 가로 300킬로미터 세로 400킬로미터 내 공간이 전부 올리브 나무 재배지란다. 올망졸망하니 완만한 구릉의 8부 능선까지 올리브 밭이다.

앞서 말한 플라멩코와 투우, 여기다 정열을 더한 것이 안달루시아의 상징어다. 우리는 흔히 스페인의 상징어로 일컫지만, 투우와 플라멩코의 발상지는 누가 뭐라 해도 안달루시아다. 여기에 안달루시아의 건조한 기후 조건과 강렬한 태양, 그리고 지역 사람들의 쾌활하고 낙천적인 성격이 융합되어 자연스레 정열을 끌어냈을 것이다.

스페인이 남한 면적의 다섯 배 크기에 인구는 4,500만 명이니, 쉽게 따져봐도 인구밀도가 우리나라의 5분의 1에 불과하다. 관광객이 연 9,000만 명으로 세계 1위란다. 그만큼 볼거리와 먹거리가 많고 풍부하다는 얘기겠다. 버스는 A49번 고속도로에 진입, 40분 정도를 달리다, 이를 버리고 나와선 이내 국도로 접어든다.

요즘이 감자와 밀의 수확 철이란다. 수확이 끝나면 보통 그 자리에 해바라기를 심는단다. 스페인 자체 내에서 유럽에서 소비되는 전체 농산물의 50퍼센트까지도 생산이 가능하다니, 자연이 준 혜택이 부럽기만 하다.

흰색 벽이 주조를 이룬 집들로 구성된 고즈넉한 분위기의 마을들이 이따금씩 나타난다. 아마추어 선수들이 참가한 사이클 경기 대열이 마주쳐 지나간다. 휴일을 이용한 대회란다. 선두 그룹과 후미에 띄엄띄엄 뒤처진 선수들 간에 상당한 거리차가 나는데, 참가한 이들이 적어도 사백 명에서 오백 명은 되겠다.

버스가 산 정상을 향해 지그재그로 뻗은 도로를 한참 기어오르자, 드디어 요새 도시 론다. 중세의 고색창연한 도시 형태가 잘 보존되어 있다. 사방으로 시야가 탁 트여 있고 가파른 절벽을 따라 견고한 성채가 버티고 있어, 말 그대로 난 공불락의 천연 요새였겠다. 잔뜩 흐리던 날씨가 개어 해가 얼 굴을 내민다.

론다에는 스페인에서 최초로 지어진 투우장이 있다. 명실 공히 투우의 발상지라고 할 수 있다. 유명 투우사들을 내리 배출한 전통 가문들이 존재한단다. 투우사들은 돈과 명예, 그리고 여자들을 한꺼번에 거머쥘 수 있었다고 한다. 투우 경기에 참가하여 무려 육백 마리의 황소를 죽인 전설적인 투 우사도 있었단다. 요즘엔 여러 가지 이유와 문제로 스페인에 서도 실제 투우 경기를 보기가 쉽지만은 않단다. 관람 비용 도 만만치 않거니와 스쳐 지나가는 여행객이 이따금씩 행해 지는 투우 경기 일정을 맞추기가 여간 어렵지 않아 보인다.

상가 골목을 빠져나와 누에보 다리를 찾아 나선다. 협곡 을 이어주는 돌다리다. 아래를 내려다보니 까마득하다. 아찔 할 정도다. 협곡 양쪽의 깎아지른 절벽 중간 중간에 크고 작 은 건물들이 오밀조밀 들어앉아 있다. 카페나 음식점이 태반 이다. 수려한 풍광을 감상하며 차를 마시거나 식사하는 관광 객들의 모습이 여럿 눈에 들어온다. 남녀 노인들이 무리지어 다리 건너 골목 안으로 들어간다. 하얀 국화 다발을 손에 든 할머니도 끼어 있다. 어딜 가시는 걸까? 헤밍웨이 저택이 골목 끝 절벽 위에 떡하니 버티고 서 있다. 헤밍웨이가 젊은 시절 한동안 이곳에 머물면서 작품 구상을 했다지. 모르긴 몰라도 『누구를 위하여 종은 울리나』가 그것이겠다. 헤밍웨이를 연모하고 그의 작품을 사랑하는 이들의 발길이 이곳에까지 미치고 있는 것이다. 하얀 구레나룻으로 상징되는 대문호의 얼굴을 닮은 이들이 론다의 이곳저곳 골목길에서 여럿 눈에 띄는 것도 그의 현재 인기를 반영하는 것이라 하겠다. 아기자기한 기념품점 골목을 열심히 누빈 끝에 아내는 보기에도 시원스런 샌들을 하나 골라잡았다.

11:40 론다 출발. A397번 도로를 따라 미하스로 이동한다. 중간에 산악 지대를 통과한다. 마치 우리나라의 한계령을 넘는 것 같다. 버스가 꼬불탕꼬불탕 고갯길을 지그재그 불규칙한 속도로 오르내리니, 딸이 차멀미로 힘들어한다. 의자에 손가방을 얹어놓고 그 위에 머리를 대고는 엎드려 버텨낸다. 아비로서 옆에서 보기가 안쓰럽다. 버스야, 어서어서 이곳을 벗어나주렴.

산 언저리에 별장 지대도 보이고, 골프장도 눈에 들어오기 시작한다. 그러고 보니 저 아래 바다도 내려다보인다. 바로 지중해다. 버스는 산을 내려와 얼마를 달리더니, E15A97번 고속도로로 접어들어 말라가 방향으로 내달린다. 말라가를 중심으로 북동쪽으로 250킬로미터, 남서쪽으로 150킬로미터, 지중해를 끼고 휴양지가 조성되어 있단다. 영국인이나 독일인, 그 밖의 북유럽 사람들에게 여름철 휴양지로서 최고의 인기를 누리고 있다니, 부럽기만 하다.

점심식사를 중국식으로 해결한 후 A387번 도로를 골라잡고는 곧장 미하스행. 미하스는 산중턱에 오붓하니 자리하고 있다. 마을 뒤로는 산이 둘러싸고 있고, 앞으로는 지중해의 탁 트인 전망이 한마디로 시원스럽다. 흰 벽에 붉은 기와지붕을 머리에 얹은 이삼 층 규모의 건물들이 골목 양쪽으로 빼곡하다. 창문들을 장식하고 있는 꽃 화분들도 운치가 있다. 지중해에 떠 있는 섬들의 옹기종기 모여 있는 마을 풍경을 빼닮았다. 돌로 지은 아담한 성당 앞 벤치에 앉으면 지중해의 모습이 한눈에 들어온다. 하얀 물살을 가르고 서진하는 배. 요트도 하얀 돛을 올리고 팽팽하니 바람을 받아 미끄러지듯 앞으로 나아간다.

마차가 주차장 부근에 줄지어 대기하다가, 관광객들을 태우고는 순서대로 출발한다. 마차를 끄는 노새들도 보인다. 노새가 마을의 상징 동물이라나. 과거 산 아래에서 마을까지 각종 짐을 옮기는 데 노새가 필수였겠다. 관광객들을 상대하는 상점들이 골목골목을 따라 즐비하다. 섭씨 31도의 한낮인지라 노천 카페의 파라솔 그늘 아래마다 맥주나 차, 아이스크림을 마시고 먹는 이들로 가득하다. 시간에 쫓기는 여행객들은 용감하게도 땡볕 아래 마구 골목을 누비고, 이런저런 포즈를 취하고는 마을을 배경으로 사진들을 찍는다. 우리는 골목 안쪽으로 깊숙이 들어가 마을의 뒤쪽 풍광이 훤히 들여다보이는 전망대에 서본다. 찬란한 태양 아래 눈부시게 빛나는 산골마을의 다닥다닥 붙은 집들. 그것은 차라리 작은 보석들의 집합이었다.

15:20. 우리는 아쉬움을 뒤로한 채 미하스를 떠났다. 버스는 아까 올라온 길을 거꾸로 밟아 산을 내려왔다. 얼마 후 A49번 고속도로에 진입, 서쪽에서 동쪽으로 달린다. 다음 행선지는 그라나다. 소요 시간은 버스로 두 시간가량. 버스는 A49번 고속도로에서 방향을 틀어 A92번 고속도로로 진입한다. 이번에는 남쪽에서 북쪽을 향해 나아간다. 산악 지역을 벗어나 얼마 동안 달리자, 산의 높이가 낮아지고 경사도도 완만해진다. 올리브·밀·감자 등 작물을 재배하는 농경지가 보이기 시작하고, 이내 계속 이어진다. 여독 때문인지, 아니면 풍광에 대한 호기심의 감퇴 때문인지, 나도 모르게 눈꺼풀이 자꾸만 내려앉더니 급기야 까무룩 잠 속으로 빠져들었다.

Andalucia **III.**

17:00 그라나다 도착. 그라나다 하면 뭐니뭐니해도 알함브라 궁전이다. 궁전을 보지 못한 많은 이들도 작곡가 겸 기타 연주가였던 타레가 작곡의 〈알함브라의 추억〉은 알고 있다. 애절함과 우수가 함께 깃들어 있는 기타 선율 앞에서 웬만한 이들은 가슴이 녹아내림을 절감했을 것이다. 이룰 수 없는, 유부녀를 향한 사랑의 애통한 감정을 묘사했단다. 더구나 작곡가 본인에게 직접 그런 일이 찾아왔으니, 작품에 녹아든 구구절절함이야 두 번 말해 무엇하리오.

시에라네바다 산맥의 주능선은 해발 3,600미터다. 8부 능선 위로 잔설이 하얗게 빛나고 있다. 알함브라 궁전은 위 산맥 해발 800미터 상에 위치하고 있다. 사시사철 설산의 눈 녹은 물을 궁전으로 끌어들여 식수 등으로 사용했단다. 궁으로 유입된 물은 사계절 항상 일정한 온도를 유지했는데, 현대 기술로도 그 시설의 복원이 어렵단다.

이슬람의 나스리드 왕국이 안달루시아 내에서 최후까지 버틴 곳이 다름 아닌 그라나다. 마지막 왕은 알함브라 궁전을 스페인 왕국에 내주곤 이내 아프리카로 쫓겨나고야 말았다. 스페인 내 이슬람 왕국의 마지막 보루이자 난공불락의 요새였는데, 아이로니컬하게도 왕은 궁전의 아름다움이 파괴되는 것을 걱정한 나머지 싸워보지도 않고 항복했다고 한다.

알함브라는 요새인 알카사바, 카를로스 5세 왕궁, 정원, 여름 별궁의 네 구역으로 나누어져 있다. 흙과 나무, 벽돌과 타일 등 자연 소재만을 사용한 건축의 정교함은 그야말로 극치를 이룬다. 방문객이 연 백만 명이나 되고, 유네스코 세계문화유산으로 지정되어 있기도 하다. 한마디로 표현하여, 만들어졌다기보다는 빚어졌다고나 해야 할까.

넓은 지역을 걸어 다니면서 구경하다 보니, 다리도 아프고 어깨도 축 늘어진다. 호텔에 도착하여 짐을 풀고는 곧바로 호텔에 딸린 식당에서 저녁식사를 했다. 까미노 데 그라나다 호텔(Camino de Granada Hotel). 아담한 규모의 낡은 호텔이다. 마침 결혼식 피로연이 호텔 뒤편 정원에서 열리고 있었다. 말끔하게 차려입은 신랑신부 측 하객들이 속속 도착한다. 폭죽도 터뜨리고 중간중간 음악 연주도 삽입된다. 선남선녀들이 음식과 술을 즐기며 화기애애, 시끌벅적이다. 오늘밤 조용히 잠들 수 있을지 적잖이 걱정된다. 자고로 로마에 가선 로마법을 따르라고 했다. 굴러들어온 돌이 박힌 돌 빼내려 하는 격은 아닌지 하여, 무안한 얼굴을 한 채 쓴웃음을 지었다.

09:00 호텔 출발. 우리는 코르도바로 이동한다. 약 150킬로
미터. N432번 국도 신세를 진다. 우측 저 멀리에서 설산의 준
령이 물끄러미 내려다보고 있다. 어른을 마주하듯 경건한 마
음으로 이별을 고한다.

또 다시 올리브나무 천지다. 올리브 바다라는 표현도 지나
치지 않다. 10월부터 이듬해 3월까지가 올리브 수확 철이란
다. 집집마다 올리브로 장아찌를 담근다. 더불어 돼지도 잡
는다고 하니, 한국에서의 김장을 담는 것과 비슷한 풍경이 되
겠다. 북쪽을 바라보며 점점 더 내륙 안쪽으로 깊숙이 들어간
다. 도로 양쪽으로 가지마다 노란 꽃봉오리를 한껏 매단 나무
들이 즐비하다.

서기 714년, 아랍인들이 이베리아로 건너와 지배를 시작했
다. 코르도바에 이슬람 왕국을 세우고 올리브 재배를 비롯
한 관개농업, 모스크 건축 등 이슬람 문화를 전파했다. 예술
가들을 차출하여 문화발전을 시도하고 도시를 부흥시켰다.
그럼으로써 800년 이슬람 지배의 토대를 굳건히 다졌던 것이
다. 코르도바의 인구가 1,000년 전 100만 명이었다는 통계자
료를 보더라도 도시 발전의 정도를 가늠할 수 있을 것 같다.

현재의 인구는 30만 명이란다. 코르도바는 과거 로마가 지배하던 대도시로서, 철학자이자 정치가이던 세네카의 출생지이기도 하다. 이후 서고트족의 지배를 거쳐 이슬람 왕국이 수립되었다. 이슬람 왕국의 통치가 견고할 수 있었던 가장 큰 이유는, 이교도들에게 개종을 강요하지 않고 기존의 생활 방식을 그대로 인정한 데 있었다. 단지 그들에게 인두세를 부과하고, 개종하는 자에겐 이를 면제해주었을 뿐이다.

이슬람 왕국 축출 후 이에 협력해온 유대인들을 모조리 추방해 버렸다. 급기야 종교전쟁인 30년 전쟁으로까지 나아갔고, 유대인이 떠나버린 스페인의 경제력은 허물어졌다. 그로부터 제국은 쇠망의 길로 접어들었다. 천년 전 유럽 최대 도시였던 코르도바는 현재 한갓 올리브·밀 재배 도시라는 초라한 위치로 전락했다. 이슬람의 상징인 종려나무, 즉 대추야자가 가로수 숲을 이루고 있다. 포플러와 자귀나무, 오렌지 나무도 혼재되어 있다. 눈에 익은 자귀나무는 총총 연분홍빛 꽃들을 매달고 있다.

로마시대에 쌓은 성벽과 다리가 지금도 멀쩡하다. 과달키비르 강은 코르도바 시내를 가로지른다. 그리고 나선 세비야를 거쳐 대서양으로 흘러간다. 낮 최고 기온이 섭씨 30도를 넘지 않는다. 2주 전에는 무려 섭씨 40도까지 올라갔단다.

골목골목을 누비며 눈요기를 한다. 이곳 도시도 건물의 창과 벽을 한껏 치장하고 있는 화분들의 향연이 일품이다.

예약 시간에 맞춰 14:00 메스키타 대성당 입장. 이슬람 사원에 입성한 카를로스 5세가 건축 양식과 규모, 건축미에 압도되어 사원을 허물지 말고 중앙 부분만 개조하여 성당을 설치하라는 명령을 내렸단다. 남북 180미터, 동서 160미터. 석영·벽옥·대리석·화강암 등으로 만들어진 850개의 원주가 아치를 이루고 있다. 흰색돌과 붉은 벽돌을 교대로 조합했다. 천장의 모자이크 또한 장관인데, 이는 비잔틴 제국에서 가져왔다고 한다. 성당 입구는 어둡고 은은한 데 반하여, 중앙부 개조 부분은 높고 화려하며 밝다. 방문객이 쉽사리 알아차리지 못하는 사이에 분위기가 이렇게 변해버리는 것이다. 정복왕의 겸손과 배려 덕분에 메스키타 대성당은 오늘도 이슬람 왕국의 체취를 물씬 풍기면서 우뚝 서 있다.

성당 이곳저곳을 둘러보는 데 1시간 40분이 소요되었다. 너무 열심히 공부했나? 성당 옆 미로처럼 뻗어 있는 골목들을 구석구석 누벼본다. 화분으로 장식된 벽들이 다닥다닥 붙어 생긴 골목 틈새로 올려다 보이는 성당의 종탑이 그림 같다. 그러고 보니 이 장면이 수록된 사진엽서가 바로 앞 상점의 엽서 진열대에 여러 장 꽂혀 있다. 종탑 그늘에 들어앉아 열기를 식힌 후, 강을 가로질러 놓인 다리를 건넌다. 그리곤 그 부근에서 대기하고 있는 버스에 오른다.

Andalucia IV.

15:20 우리는 코르도바에 이별을 고한다. 버스는 톨레도를 향해 출발한다. 도시를 벗어나자 A4번 고속도로에 진입하여 속도를 높인다. 라만차주에 들어서니 풍광이 바뀐다. 지평선이 안 보일 정도의 드넓은 평원이 밀밭과 포도밭이다. 오후의 태양이 제법 뜨겁다. 승객들을 위해 버스가 큰 도로를 벗어나 한적한 마을로 접어든다. 돈키호테의 동상이 보이고, 또 마을 이름도 돈키호테를 상징하는 지명이다. 우리는 화장실에도 다녀오고 가게에서 아이스크림과 음료수도 사 먹고 마시면서 느긋하니 휴식을 취했다.

다시 출발한 버스는 톨레도 방향으로 분리되는 CM42번 도로에 진입하더니, 채 1분도 안 되어 도로를 내려선다. 콘수에그라 마을의 진입로가 거기 있었다. 봉긋 솟은 마을 뒷산 능선을 따라, 밀방아를 찧는 풍차들이 대열을 이룬 채 버스를 내려다보고 있었다. 일요일이어서 그런지 콘수에그라 마을의 모든 상점이 문을 닫았고, 거리에도 사람들의 모습이 거의 보이지 않는다. 2층이나 3층의 집들 지붕 위로 TV 수신용 안테나가 길쭉길쭉 세워져 있다. 마을 위의 하늘을 잽싸게 나는 새를 자세히 보니, 바로 제비다. 제비는 마을 골목길을 따라 요리조리 방향을 틀어가며 한껏 묘기를 부린다. 아마도 먹이사냥 중이겠지. 우리나라에서도 쉽게 볼 수 없는 제비를 돈키호테 마을에 와서 만나니, 반갑기 그지없다.

골목 그늘에 여남은 남자 노인들이 쭈그리고 앉아 무료하게 시간을 보내다가, 우리가 탄 버스가 마을 안쪽으로 진입하자 신기한 듯 일제히 버스 진행 방향을 따라 얼굴들이 돌아간다. 우리는 마을 노인들의 그런 모습을 내려다보고 웃고, 노인들은 버스 안에 앉아 있는 이방인들을 올려다보며 웃음 짓는다. 시골 마을의 아늑한 풍광과 이를 지키며 살아가고 있는 촌로들의 소박함에 왠지 모르게 정이 가고 자꾸만 마음이 끌린다.

버스는 마을을 통과하여 풍차가 있는 뒷산으로 올라간다. 능선을 따라 조금 올라가니, 사방의 들판이 한눈에 들어온다. 시야가 탁 트여 초록의 포도밭과 노랗게 익은 밀밭, 밀 수

확 후 갈아엎어 드러난 갈색 흙이 색깔이 대비되어 조화를 이루고 있다. 마을을 날던 제비가 풍차 위에도 날고 있다. 예닐곱 살 남자아이 셋이 콘수에그라 마을의 반대쪽 마을에서 길을 버리고 산을 가로질러 언덕 위로 올라오는 모습이 눈에 잡힌다. 호기심 많은 동네 아이들이 새둥지 속의 알이라도 찾아 나선 걸까. 녀석들이 종대를 이뤄 제법 능숙하게 산을 오른다.

산꼭대기로부터 네 번째 풍차가 기념품 가게를 겸하고 있다. 네 개의 풍차 날개 중 하나가 떨어져 나와 땅바닥에 나뒹굴고 있다. 바람이 없어서인지 풍차들은 약속이나 한 듯 미동도 없이 멈춰 서 있다. 풍차 내부로 들어가 3층까지 올라가 보았다. 작은 창문을 통해 저 멀리 평야가 훤히 내려다보인다. 아내와 딸은 기념품을 고른다. 철판에 돈키호테를 그리고 빨강 파랑 하양 검정을 칠한 그림, 그리고 돈키호테 모양의 검정색 철제 병따개를 산다. 그림은 후안 미로의 작품 풍이다.

40여 분 후 산을 내려오니 아까 본 그 노인들은 그 모양새 그대로 그 자리를 지키고 있었다. 버스가 지나가자 아까와는 반대 방향으로 일제히 고개가 돌아간다. 그새 여유가 생겼는지, 노인 몇은 버스를 향해 손까지 흔들어주었다.

버스는 톨레도에 입성, 유로스타스 톨레도 호텔(Eurostars Toledo Hotel)에 도착했다. 20:40. 322호실과 326호실이 배정되었다. 방에 짐을 들여놓은 후 호텔 내 식당에서 현지식으로 저녁식사를 했다. 샐러드에 생선요리. 적포도주를 곁들여 느긋하고 우아한 식사를 흉내 냈다. 식당 분위기가 괜찮았는지, 아내와 딸도 평소와 달리 와인 잔을 여러 차례 입으로 가져간다. 그러더니 얼마 못 가 두 볼이 발그레해진다.

창밖으로 알카사르 성과 대성당이 한눈에 들어온다. 해가 지고 서쪽 하늘이 붉게 물들더니, 이내 보랏빛으로 변해간다. 시나브로 어둠이 내려 화선지에 먹이 번지듯 배어 가고, 이에 맞춰 도시의 조명이 하나둘 켜지기 시작한다. 고색창연한 톨레도 성이 은은한 조명 아래 점점 더 요염하게 화장을 해나간다. 취기는 제법 오르고, 마음은 끈 끊어진 연처럼 마냥 달뜬다. 야경을 좀 더 가까이 보려는 욕심에 잠시 식당 밖 베란다로 나갔다. 엷은 구름이 비낀 사이로 음력 열나흘 날의 둥근 달이 동편 하늘에서 한참 위로 올라와 배시시 웃고 있었다. 밝은 달과 맑은 술이 어우러졌느니, 미녀는 어데 갔느뇨? 오늘 같은 밤이라면 내 기꺼이 이태백이 되어보련다. 오늘 같은 밤이라면 용기를 내어 내 진정 그대를 사랑한다고 꼭 한 번 말해보리라. 톨레도의 푸른 밤은 새록새록 깊어만

가고, 이 밤사 우리들의 애틋한 사랑도 차곡차곡 갈무리되어 쌓여만 간다.

Andalucia V.

6월 4일 월요일, 맑음

06:40 기상. 일어나자마자, 객실의 창문 커튼을 열어젖혔다. 아! 호텔 앞 건물 저 너머 톨레도 대성당 언덕 위 서편 하늘에서 둥근 달이 마지막 광휘를 내뿜고 있지 않은가. 주변 건물이나 산세에 대비되어 달이 중천에 떠 있을 때보다 훨씬 더 크게 보였다. 언제 어디서나 좋은 시간과 좋은 장면은 빨리 지나가 버리는 법. 해후한 지 채 5분도 아니 되어, 달은 언덕 너머로 자취를 감추고야 말았다. 모르긴 몰라도 달은 우리가 잘 자고 있나 적이 걱정되어 밤새 내려다보고 있었을 것이다.

09:00 우리는 호텔을 출발하여 구시가지로 향했다. 섭씨

23도의 상쾌한 아침. 톨레도는 아침 햇살에 마치 진주처럼 빛나고 있었다. 도시 전체가 중세 그대로의 모습과 분위기를 간직하고 있다. 삼면이 협곡을 이뤄 거세게 흐르는 타호 강이 오메가(Ω) 형태로 도시를 감싸 안고 있다. 천혜의 요새다.

도시의 역사는 로마 시대까지 거슬러 올라간다. 서기 711년부터 4세기 동안 이슬람의 지배를 받았다. 마드리드로 천도할 때까지 500년간 스페인의 수도였다. 현재 인구 75,000명. 어쩔 수 없이 흘러간 과거의 도시가 되었다. 하지만 현재도 어엿하니 고풍스런 빛을 은은하게 발하고 있다. 그래서 여행객은 내남없이 단박에 매혹된다. 우선 톨레도 시내 전경이 내려다보이는 전망대에 섰다. 전망대는 타호 강의 협곡을 사이에 두고 시내 맞은편 언덕배기에 있다. 전망대에 직접 서서 건너를 바라보니, 그야말로 난공불락의 천연 요새다. 협곡 너머 고성과 대성당, 빼곡하게 들어찬 석조 건물들의 대비와 조화가 한 폭의 수채화로 흐른다. 탄성이 절로 나온다. 아내와 딸의 한 옥타브 올라간 탄성은 소프라노의 감탄이 되어 창공에 흩날리고, 나의 한 옥타브 내리깔린 그것은 바리톤의 탄식이 되어 절벽 아래로 마구 쏟아져 내린다. 사진 찍기를 그다지 좋아하지 않지만, 이번에는 딸로 하여금 톨레도 시내를 배경으로 몇 컷 사진을 찍게끔 조금은 어색한 포즈를 취해준다.

　버스는 빙 돌아 언덕을 내려간다. 그리곤 협곡을 가로질러 놓인 다리와 문을 통과하여 톨레도 시내에 입성한다. 버스에서 내린 일행은 가파른 언덕을 걸어서 올라간다. 에스컬레이터도 설치되어 있지만 계단을 밟으며 힘차게 오른다. 이마에 땀이 배고 숨소리도 거칠어질 무렵 맞춤하니 계단이 끝나고, 조그마한 광장과 돌이 깔린 골목길이 모습을 드러낸다. 골목 양쪽으로는 4층, 5층 규모의 석조 건물들이 어깨를 맞댄 채 빼곡 들어차 있다. 길이 좁아 차량들이 교행하기도 어려워 보인다. 그래서 그런지 승용차들은 예외 없이 소형 일색이다. 관광객들이 골목을 따라 몰려 올라가니, 마침 내려오던 차가 멈춰선 채 느긋하니 일행이 다 통과하도록 배려해준다. 역사적인 도시의 위상에 걸맞은 주민 의식수준이라고나 할까.

　산토 토메 교회를 찾아 엘 그레코의 명화 〈오르가스 백작의 매장〉을 감상한다. 그림 속의 주인공인 백작은 서기 1,300년대 실존 인물이고, 대 화가는 1,500년대에 이 그림을 그렸단다. 백작은 자신의 전 재산을 교회에 기부하라는 유언을 했는데, 정작 그 후손들은 유언을 이행하지 않았다지. 훗날 유언장이 성직자에 의해 발견되었고, 신도들의 헌금과 모금에 의해 백작을 기리는 교회가 세워졌단다. 실제 교회 내지하에는 백작의 무덤이 설치되어 있다.

교회 안에는 예수와 막달라 마리아가 등장하는 또 다른 그림이 전시되어 있다. 엘 그레코는 교회 측이 제시하는 기준에 따르지 않고, 자신의 주관을 그림 속에 표출하는 고집을 끝내 꺾지 않았단다. 그의 사후 500년에 이르러 비로소 작품성을 인정받을 수 있었다. 톨레도 대성당 안에 전시되어 있는 예수와 12사도 상도 하나하나 톨레도 정신병원에 입원해 있던 환자들의 얼굴을 소재로 그려졌단다. 당시에는 왕족이나 귀족들의 초상이나 그들의 생활상을 담은 풍경이 화가들이 그리는 작품의 대부분이었다. 그런데 엘 그레코는 서민들의 얼굴과 생활 모습을 캔버스 속으로 과감하게 끌어들인 것이다.

교회 바로 코앞에 엘 그레코 미술관이 자리하고 있다. 인파로 붐비는 미로 같은 골목들을 걸어서 통과한다. 쇼윈도마다 기념품과 각종 상품들이 어지러울 정도로 휘황찬란하다. 여기에도 눈길을 주어야겠고, 저곳도 챙겨봐야겠고 하니, 육신이 마음을 따라가기가 실로 벅차다. 무슨 축제를 준비하는지, 건물마다 세우고 늘어뜨린 깃발과 휘장이 총총하니 가히 현란하다.

겨우 미로를 벗어나니 탁 트인 광장이 시원스레 다가온다.

톨레도 대성당이다. 원래 이슬람 사원이 있던 자리인데, 이를 허물고 가톨릭 성당을 건축한 것이다. 13세기 페르난도 3세 때 착공하여 15세기에 완공되었단다. 이슬람 왕국의 향수가 건물 곳곳에 배어 있다. 실제 이슬람 예술가들이 건축 작업에 동원되었다. 그들의 손끝에서 우러나온 이슬람 양식이 어쩔 도리 없이 성당 건물의 여기저기에 똬리를 튼 채 들어앉아 있다. 대성당은 고딕 양식의 화려한 외관을 자랑한다. 내부에 22개의 예배당이 세워져 있고, 햇빛과 채색 유리의 절묘한 배합과 조화를 연출하는 스테인드글라스도 장관이다.

알카사르 성도 멋지다. 네 귀퉁이에 네모 형태의 탑을 가진 직육면체의 모양을 하고 있다. 1936년 스페인 내전 당시에는 프랑코 파와 인민전선 사이에 치열한 공방전이 벌어지기도 했던 역사의 무대이기도 하다.

언덕 위 시내 중심부를 벗어나 타호 강 협곡 쪽으로 걸어간다. 내리막에 계단이 많다. 열심히 발품을 팔아서인지, 아직 정오가 안 되었건만 다들 허기가 진다. 협곡에는 알칸타라 다리가 걸려 있다. 로마 시대 때 놓였다는 돌다리인데, 규모도 꽤 크고 아직도 튼실하다. 다리의 양쪽에 화려한 장식을 머리에 인 육중한 문이 당당히 버티고 서 있다. 차량은 통행할 수 없다. 다리 난간에 기대 서서, 저 아래 격하게 흐르는 강물을 내려다본다. 다리를 통해 타호 강의 협곡을 건너 걸어서 10분 정도의 거리에 톨레도 역이 있다. 우리는 다리를 건너자마자 언덕 아래 고즈넉하게 자리 잡고 있는 레스토랑 출입문을 안으로 밀었다. 둘러앉아 현지식으로 점심을 먹으니, 잔뜩 구미가 당겼다. 자고로 시장이 반찬이랬다. 금강산도 식후경이라고도 했다.

13:30. 버스는 마드리드를 향해 출발했다. A42번 고속도로를 타게 되니, 거리가 70여 킬로미터라고는 하나 채 한 시간이 걸리지 않을 것이다. 우리는 마드리드에서 프라도 미술관으로 고야를 찾아 나설 것이다. 그리고 스페인 광장도 거닐어보고, 마요르 광장도 밟아볼 것이다. 바르셀로나에서는 가우디의 얼이 깃든 사그라다 파밀리아(성가족 성당)와 구엘 공원, 그리고 까사밀라에도 발을 들여놓게 될 것이다. 아직도 스페인 여행의 기대와 즐거움이 많이 남아 있긴 하지만, 이슬람 왕국의 체취가 은은하게 배어나는 안달루시아 기행은 이로써 마무리되었다. 무정하게도 우리를 태운 버스는 아쉬움으로 가득 찬 우리의 속마음은 헤아리지도 못한 채, 선머슴마냥 마드리드를 향해 마구 치달았다.

카자흐스탄
우르겐치
우즈베키스탄
히바
타슈켄트
부하라
사마르칸트
판 산맥
호잔
타지키
아슈하바트
투르크메니스탄
두샨베
마리

Part 02

중앙아시아의 유목 제국을
주유하다

실크로드를 가다
- 우즈베키스탄 기행 -

U~zbekistan~ I.

Uzbekistan에서 아래첨자 처리.

여행 첫날(2014년 5월 30일 금요일): 인천 →˙ 타슈켄트

 무슨 사정인지 OZ573편 비행기의 출발은 계속 지연되었다. 원래의 예정 시각을 훨씬 넘긴 19:00에야 가까스로 인천공항을 이륙했다. 7시간의 비행 끝에 현지 시각 22:00에 타슈켄트 국제공항에 착륙했다. 한국 시각보다 4시간 늦다. 입국 수속에 시간이 꽤 걸려, 23:30이 되어서야 공항 밖으로 나와 대기 중인 버스에 오를 수 있었다. 하늘은 흐려 있고, 기온은 18℃. 최근 꽤나 더운 날씨였는데, 어제 비가 내리면서 더위가 한풀 꺾였단다. 우리 일행이 운 좋은 여행객인지, 아니면 우리가 현지인들에게 반가운 손님인지?

 타슈켄트. 현지어 발음으로는 도시겐트란다. '돌로 만들어진 도시'의 뜻을 갖고 있다나. 신도시 구역에 위치한 시티 팰

54

리스 호텔(City Palace Hotel)에 투숙했다. 아내와 나는 1203호실. 씻고 누웠더니 어느새 새벽 01:00. 내일 아침엔 05:30 모닝콜, 06:20 아침식사, 07:00 버스 출발이다. 우즈베키스탄 여행을 안내할 현지 가이드는 아자마트(Ajamat). 아내와의 사이에 어린 딸 하나를 둔 건실한 우즈베키스탄 청년이다. 한국어 구사 능력이 탁월하다. 타슈켄트 국립 외국어대학교에서 한국어를 전공했고, 국내 모 사립 대학교에서도 1년간 연수를 했단다. 유머 감각도 뛰어나다.

$\bigcup_{\text{zbekistan}}$ II.

여행 이틀째(5월 31일 토요일): 타슈켄트 → 사마르칸트

몸은 피곤하지만, 시차 적응의 애로 때문에 잠을 제대로 이루지 못한다. 게으름을 핑계 삼아 호텔식 아침식사를 생략한다. 객실에 남아 소주를 반주로 곁들인 컵라면으로 대신한다. 소주를 반쯤 채운 물 컵을 오른손에 든 채 "아살라무 알레코모!"를 외친다. 아랍어에서 유래된, 중앙아시아 국가들

의 공통된 인사말이란다. '평화를 기원한다'라는 뜻이라나. 과거 이곳도 아랍의 지배를 겪었다.

아침 이른 시각부터 적당히 홍조를 띤 얼굴 모양을 한 채, 트렁크를 끌고 호텔 로비로 내려갔다. 그러고 보니 평소 아침 식사 때는 물론이고 오전 시간에 술을 마신 적이 없다. 여행이 부여해준 새로운 일탈은 그로부터 몇 번 더 반복되었다.

버스는 07:00에 정확하게 호텔을 출발했다. 사마르칸트행 특급 열차를 타기 위해 타슈켄트 역으로 향했다. 15분 후 버스는 역 앞 광장에 도착했다. 역사는 석조 건물로 우뚝 섰다. 중후하다. 개찰구를 통과하여 대기 중인 열차로 이동하는데 빗방울이 흩뿌린다. 우리 일행을 환영한다는 의미로 해석하면 무난할까?

타슈켄트에서 사마르칸트까지 311킬로미터. 08:00 정각에 맞춰 기차는 떠나갔다. 20분도 안 돼 시내를 벗어났고, 파란 하늘이 드러났다. 목초지와 농경지가 달려왔다가는 달려갔다. 평원이 계속 이어지고, 방목된 소와 양떼가 눈에 들어온다. 철로 변으로 블록을 쌓아올린 벽에 슬레이트나 양철로 마무리된 지붕을 이고 있는 허름한 가옥들이 줄지어 서 있다. 지붕 위엔 TV 안테나와 휴대폰 기지국 안테나가 공존한다. 2층 건물도 드물다. 집약 농업도 채 도입되지 않은 것 같고, 산업 시설도 잘 보이지 않는다.

주변에 심어진 올리브 나무도 건성건성이다. 마치 밭둑에서 듬성듬성 자라고 있는 대추나무나 감나무를 보는 것 같다. 모르긴 몰라도 재배 여건이 잘 안 맞아서 그렇겠지? 주민들이 삽이나 괭이를 사용하여 농사짓고 있다. 목초지라고는 해도 버려져 있는 땅이 태반이다. 나귀를 타고 다니는 주민들의 모습이 이채롭다. 여인을 앞자리에 앉힌 채 나귀를 타고 가는 남자의 채찍 든 손이 나귀의 엉덩이께로 향한다. 한꺼번에 성인 두 사람의 몸무게를 지탱하면서 계속 앞으로 나아가기가 왜소한 나귀로서는 아무래도 버거워 보인다.

한국 사회에서도 나귀가 중요한 교통수단이나 운송수단이던 때가 있었다. 그 시절 아버지는 나귀 타고 장에 가셨더랬다. 지금은 나귀가 박제화되어 동요로만 남아 있다. 나귀가 일상생활에서 도태되면서, 어쩌면 아동들의 소박한 꿈과 아늑한 고향 정서도 함께 사라져갔을지 모른다. 군청색 제복을 입은 여승무원들이 음료와 샌드위치 비슷한 음식을 나눠준다. 입에 맞지 않아 반쯤 남겼다. 아내는 내 표정을 살피더니, 아예 손도 안 댄다.

09:20이 지나자 철로 양쪽으로 산들이 연이어 등장한다. 나무 하나 없고, 띄엄띄엄 풀과 이끼만 자라는 민둥산이다.

지표면은 마냥 거칠어 흙과 자갈이 그대로 노출되어 있다. 실개천을 흐르는 물이 뿌여니 탁하다. 흙과 모래가 물에 씻겨 섞여서일 것이다. 일행을 태운 기차는 점점 더 사마르칸트에 다가선다.

사마르칸트. '하늘 세계의 도시'란 뜻이란다. 기원전 322년 알렉산더 대왕의 동방 원정 시 침입을 받아 함락된 도시 중 하나이다. 티무르 제국의 수도로서 한껏 영화를 누린 시절도 있었다. 근세까지도 우즈베키스탄의 수도였으나 1924년 타슈켄트로 천도했단다. 타슈켄트와 페르가나 등 산림이 우거지고 풍요로운 지역 내 우즈벡 족 이외 종족들의 저항을 억누르기 위한 목적으로, 단 하루 만에 전격적으로 수도를 이전했던 것이다. 1994년에 이르러 도시 전체가 유네스코 문화유산으로 지정되었다. 그만큼 도시 내 문화유적이 많고, 보존 상태 또한 양호하다. 특급 열차는 서서히 속도를 줄여나갔다. 주변 풍광도 산과 들에서 마을과 도회로 변해갔다.

10:10. 기차는 사마르칸트 역 플랫폼에 멈춰 섰다. 짐을 끌고 역사 밖으로 나오니, 큰 도로에까지 전개되는 광장이 사람들로 꽉 들어찼다. 여행객이나 짐꾼, 이런저런 물건을 손에 들고 파는 상인들뿐 아니라, 별다른 용무도 없이 몰려나와 광장을 차지하고 있는 사람들도 상당수 있어 보였다. 이들의

틈을 요리조리 헤치고 나와 도로변에서 대기 중인 버스 쪽으로 다가가는 것도 만만치 않았다.

버스는 아프로시압 지구로 향했다. 아프로시압이란 '2개의 강, 즉 시르다리야 강과 아무다리야 강 사이에 있는 도시'라는 뜻으로, 사마르칸트의 원래 도시 유적지이다. 사마르칸트의 옛적 도시 이름이기도 하다. 보존 지역으로서 새로운 건축이 불가능하다. 현재 단계적인 발굴 작업이 진행 중이다. 시대적으로 다른 11개 층의 유물 유적이 겹겹이 쌓여 있단다. 각종 발굴 유물들이 구역 내 박물관에 전시되어 있다. 아랍의 이슬람, 그 이전의 조로아스터교 관련 문명, 철기·청동기·석기 문명에 맞닿은 다양한 유물들이 관람객들을 기다리고 있다.

발굴된 대형 채색벽화 3개가 눈길을 끈다. 그중 하나는 왕의 딸을 시집보내거나 왕이 민정 시찰을 하는 장면. 그려져 있는 코끼리의 다리와 발이 실제 코끼리와는 다르다. 화공이 당시 그 지역에서는 볼 수 없었던 코끼리의 모습을 얘기에 의존하여 그리다 보니 저지른(?) 실수렷다. 다른 벽화 하나는 왕이 호랑이를 사냥하는 광경. 나머지 하나는 왕이 각국 사신을 영접하는 모습. 왕 앞에 죽 늘어선 외국 사절 행렬 끝에, 조우관(鳥羽冠)을 쓰고 환두대도(環頭大刀)를 허리에 차고 있는 고구려 사신 둘의 모습이 역력하다. 1965년 아프로시압 내성에서 발굴된 이 벽화는 7세기 후반 사마르칸트의 왕 와르후만을 진현하는 12명의 외국 사절단의 모습으로 고증되었다. 전성기 고구려의 국제교류의 폭과 규모를 가늠해볼 수 있는 좋은 예가 되겠다.

박물관이 큰 규모는 아니나, 역사적으로 중요한 고대 유물을 알뜰하게 소장·전시하고 있다. 박물관 내 여성 직원들이 수수한 복장의 동네 아줌마들이다. 기념품도 판매하나 좀 투박하다. 박물관 밖 도로와의 경계를 따라 쭉 늘어선 철제 울타리의 꽃문양이 제법 화려하다. 나도 모르게 자꾸만 눈길이 간다.

버스에 오른 일행은 이번엔 우르그 벡 천문대를 찾는다. 입구 돌계단 한편 분수대를 배경으로 기념 촬영하는 하얀 드레스 차림의 신부와 까만 정장을 한 신랑의 해맑은 웃음이 햇살 아래 화사하니 부서진다.

현재 천문대는 30미터 높이의 지상 시설은 모두 사라져버리고, 깊이 17미터의 지하시설 일부가 남아 있다. 우르그 벡은 티무르의 손자. 티무르가 생전에 총애했던 손자(티무르의 둘째 아들 게)가 티무르보다 2년 먼저 죽자, 다른 손자(티무르의 넷째 아들 게)인 우르그 벡이 왕위를 계승했단다. 14살의 어린 나이로 즉위했다. 정복 아닌 문치로 백성을 다스렸다. 학자들을 우대하여 학문을 부흥시켰다. 천문대도 짓고 대학도 세웠다. 하지만 애석하게도 55세에 아들에 의해 암살되고 말았다. 아버지를 시해한 아들도 왕이 되긴 했으나, 사후에 왕들의 묘역에서 쫓거나 그 입구에 묘가 설치되었다. 오늘날까지도 참배객들이 묘역을 들고나면서 그의 묘를 발로 차고 욕을 해댄다니, 이런 걸 두고 사필귀정이요 자업자득이라 하면 제격일는지?

일행은 점심식사를 위해 버스로 이동했다. 직각으로 꺾기를 반복한 끝에 이른 곳은 주거지 골목 안에 있는 한 가정집. 가정식 식단이 준비되어 있다. ㅁ자 형의 2층 건물인데, 대가족이어서인지 방들이 많다. 중정에는 나무와 꽃이 울창하다. 그곳에 길게 놓인 식탁에 늘어앉았다. 위로 타고 올라간 포도 넝쿨이 식탁 위에 푸른 그늘을 드리우고, 새장 속의 새는 예쁘게 노래함으로써 분위기를 고조시킨다. 수프와 샐러드가 나오고, 고기와 감자를 다져 속을 넣은 만두가 주 요리로 나왔다. 맛있으나, 너무 많이 나와 걱정(?)이다. 체리와 살구가 인기가 좋다. 더 달라고 하니, 풍성하니 그릇에 담아 요구하는 대로 계속 가져다준다. 이곳에서 수확되는 올해의 햇 체리가 막 나오기 시작했단다.

맛있는 식사를 즐긴 일행은 버스로 이동하여 구르 아미르 영묘를 찾았다. '지배자의 무덤'이란 뜻이다. 웅장하고 화려하다. 정문 좌우에 세워진 에메랄드 빛 돔이 그야말로 압권이다. 너나없이 건물을 배경으로 사진들을 찍는다. 건물 전체를 몽땅 배경으로 넣는다는 것이 쉬운 일이 아니다. 애초에는 티무르가 가장 사랑했던 손자를 위한 왕궁으로 건축을 시작했으나, 그가 티무르보다 먼저 죽자 그를 위한 묘로 변경하여 공사를 마무리했단다. 건물 내에 여러 개의 크고 작은 석관들이 설치되어 있다. 그러면, 정작 티무르의 묘는 어디에? 전문가들은 유전자 감식 등 과학적 분석을 통해, 티무르도 이 영묘 안에 누워 있는 것으로 결론 내렸단다. 티무르는 젊은 시절 전투에서 입은 부상으로 인해 평생 절름발이였다. 건물 외벽을 장식한 블루 모자이크는 목화와 별, 태양 문양이 주조를 이루고 있다. 그래서 그런지 우즈베키스탄의 국화가 바로 목화란다.

영묘를 나와 ㄷ자형으로 꺾고 꺾어 10분쯤 걸어가니, 레기스탄 광장이다. 레기스탄은 '모래'라는 뜻이란다. 정방형의 광장을 중심으로 삼면에 모스크 건물들이 제각각 위용을 뽐내고 서 있다. 광장에는 원래 바자르와 연못 등이 있었으나, 현재는 텅 빈 공간이다. 3개의 사원은 한꺼번에 건축된 것이 아니라, 건축 연대에 차이가 있단다. 현재 사원 중 하나는 이슬람 율법 이외의 학문 수업, 또 하나는 이슬람 율법 수업, 다른 하나는 기도예배 시설로 사용하고 있다. 모스크는 왕들의 요구에 의해 내·외부를 불문하고 화려하게 장식되었다. 다만 기도 공간의 내부는 사람들의 정신 집중을 위해 흰색의 단조로움을 채택하고 있다.

현재 이슬람 율법 교육 시설로 쓰고 있는 모스크의 건축 시, 왕은 건축가에게 건물 외벽을 장식하는 모자이크에 자신의 얼굴 모습을 새겨 넣으라고 명령했다. 이슬람교에서는 우상숭배를 철저히 금하고 있으므로, 모자이크 또한 기하학적 문양이나 식물의 형태를 취할 뿐, 사람은 물론 동물을 표현하는 것도 금기시되어 있다. 건축가는 고민에 고민을 거듭한 끝에 모스크 외벽 정면 상단에 호랑이와 사람 얼굴을 상징하는 태양을 그려 넣었다. 건축가는 이를 왕에게 보여주면서 "왕께서는 호랑이처럼 용맹하고 태양처럼 위대하십니다"라는 칭송을 덧붙이는 기지를 발휘함으로써 죽음을 모면할 수 있었단다.

사원 안에는 뽕나무가 여기저기 자리 잡고 서늘한 그늘을 드리우고 있다. 마치 느티나무 고목의 둘레와 높이 같다. 이곳 뽕나무는 누에 먹이용 뽕나무와는 그 종이 다르단다. 더운 날씨에 수업 중간 휴식을 취하기엔 잎 무성한 거목의 그늘이 딱 좋겠다. 우리도 뜨거운 태양 아래 그늘의 혜택을 톡톡히 누린다. 뽕나무 잎은 누에의 먹이로, 줄기는 종이를 만드는 데, 서 있는 나무 자체는 그늘 막으로, 열매는 식용으로 쓴단다. 열매는 너무 흔해서 이곳 사람들은 처다보지도 않는다지.

왕들은 실크로드를 따라 대상들의 숙소인 카라반 사라이를 건설했다. 이의 운영을 통해 세수를 확보할 수 있었고, 경제 또한 활성화되었다. 그 후 제국의 해체에 따라 카라반 사라이의 관리가 부실해졌다. 게다가 해상 실크로드가 생겨 상권이 옮겨감으로써 급격하게 쇠퇴의 길을 걷게 되었다. 과거 이곳 사람들도 중국 비단에 열광했으나, 중국 측의 검색이 심해 누에를 들여오지는 못했다. 울며 겨자 먹기로, 엄청나게 비싼 가격에 실크를 중국으로부터 수입할 수밖에 없었단다. 초기에는 남성들에 대해서만 검색이 행해졌으나, 그 후 통제가 강화되어 여자들에 대해서도 시행되었단다. 그러던 중 어느 여자가 머리카락 속에 누에고치를 숨겨 들여오는 데 성공함으로써 비단 생산이 가능하게 되었다니, 문익점 선생의 목화 반입에 버금가는 국가적 경사였으리라.

레기스탄 광장과 3개의 모스크를 둘러본 일행은 구역을 벗어나 곧게 뻗은 도로를 따라 걸었다. 도로 양쪽으로 고급 의류와 기념품들을 판매하는 상점들이 줄지어 늘어서 있어 지루한 줄 몰랐다.

얼마나 걸었을까. 도로 왼편으로 거대한 모스크가 웅장한 자태를 드러낸다. 높이 35미터의 쪽빛 돔·50미터 높이의 미나렛·가로 167미터, 세로 109미터의 대리석 안뜰·천장을 떠받치는 400개의 대리석 기둥의 장관이라니…. 바로 비비하눔 모스크이다.

티무르는 무려 9명의 비를 두고 있었는데, 비비하눔은 그중 첫 번째 왕비이다. 나이도 티무르보다 두 살 많은 데다 슬하에 아이까지 둔 그녀에게 티무르가 반했고, 결국 그는 청혼을 했다.

티무르는 많은 비 중에서 유독 비비하눔을 총애했다. 티무르에게는 젊은 시절 온갖 신고를 함께한 끝에 제국 건설에 성공한 동지이자 건국의 일등공신이 있었다. 그런데 티무르는 권력 장악 후 끝내 반역 혐의로 그를 처형했다. 권력은 부자 사이에도 공유할 수 없음이렷다.

비비하눔이 숙청된 바로 그 동지의 아내였다는 사실 앞에서는 머릿속이 그냥 하얘진다. 티무르는 사랑하는 왕비에게 헌정하기 위해 세계에서 가장 크고 화려한 모스크의 건설을 명령한다. 마음이 달뜬 티무르에게는 공사의 진척이 지지부진해 보이기 마련이다. 공기 단축을 독려한다.

티무르가 전장에 나간 사이, 이란 출신의 젊은 건축가가 공사의 조속한 완공을 조건으로 무엄하게도 왕비에게 키스를 요구한다. 감히 하룻밤 같이 자줄 것을 청했다는 얘기도 있다. 몇 번의 거절 끝에 왕비와 미남 건축가 사이에 로맨스가 있었고, 사원의 건축은 이내 순조롭게 마무리되었다. 단둘 사이의 은밀한 일을 세상 그 누가 알랴? 그렇고 그런 일이 있은 후 왕비의 얼굴에는 붉은 반점이 생겨났다. 인도 원정에서 개선한 티무르는 반점에 의심을 품고 수소문한 끝에, 양인 사이에 얽힌 비밀들을 속속들이 밝혀내고야 말았다. 왕의 처단은 단호하고 가혹했다. 젊은 건축가를 미나렛 꼭대기에서 아래로 집어 던져 죽이고, 왕비도 죽였다. 왕비까지도 미나렛에서 던져버렸다는 얘기도 있다. 천하의 티무르도 치정과 관련해서는 질투와 분노의 화신 역할을 일말의 주저 없이 수행했던 것이다. 셰익스피어 4대 비극 주인공 중 하나인 장군의 젊고 예쁜 아내에 대한 질투가 끝내 죽음을 불렀듯이.

오늘의 비비하눔 모스크는 원형만 겨우 유지한 채 쇠락한 모습으로 버티고 서 있다. 복원 공사 중이라고는 하지만, 어느 세월에 끝날지 알 수가 없나 보다. 화려하기만 한 권력의 정점에서 비운에 스러져간 왕비의 슬픈 운명을 쏙 빼닮았는지도 모르겠다.

17:00, 부근에 있는 와이너리를 방문했다. 널찍한 방의 긴 테이블에 둘러앉아 비치된 와인을 종류별로 시음했다. 낮은 도수에서 최고 42도까지 10종류의 와인. 각자의 자리마다 10개의 와인 잔이 줄 맞춰 놓여졌다. 이런저런 보약재까지 가미된 사마르칸트 약주가 코스의 맨 끝이다. 순서대로 조금씩 홀짝거리다 보니, 얼마 못 가 다들 불콰해진다. 40~42도의 브랜디가 입에 착 달라붙는다. 옆자리의 아내도 남들 따라 시음 흉내를 내보려고 애는 쓰지만, 술잔 속의 와인은 좀체 줄지를 않는다.

저녁식사를 위해 식당으로 이동했다. 식당 1층 홀에서는 현지인들의 연회가 진행되고 있었다. 삼삼오오 테이블에 둘러앉아 먹고 마시면서 담소를 나누고 있다. 번쩍이는 조명 아래 밴드 연주에 맞춰 노래하고 춤추는 광경이 분위기가 한껏 무르익었음을 말해주고 있다. 우리는 2층으로 올라가 자리를 잡았다. 음식이 나오길 기다리는 동안 아래층 홀을 내려다보며 때 아닌 구경을 즐긴다. 메인 요리는 닭고기에 감자.

식사를 끝내고 버스로 이동하여 호텔에 도착하니 19:00. 여유가 있다. 마제스틱 팰리스 호텔(Majestic Palace Hotel). 후면 건물 108호실 투숙. 내일은 07:00 모닝콜, 08:00 아침식사, 09:00 버스 출발.

U~zbekistan~ **III.**

여행 사흘째(6월 1일 일요일): 사마르칸트 → 샤흐리사브즈 → 부하라

아침부터 햇살이 눈부시다. 09:00 호텔 출발. 티무르의 고향인 샤흐리사브즈를 거쳐, 사마르칸트와 더불어 실크로드상 중요 도시인 부하라까지의 긴 여정이다. 샤흐리사브즈는 사마르칸트 서남쪽으로 150킬로미터, 부하라는 샤흐리사브즈로부터 북서쪽으로 270킬로미터 떨어져 있다. 사마르칸트와 부하라는 거의 같은 위도상에 자리하고 있다. 버스 안에서 현지 가이드 아자마트의 우즈베키스탄에 관한 설명이 전개된다. 반팔에 반바지의 편한 복장이다. 이 친구 몸에 털이 많다.

우즈베키스탄에서는 서기 1세기경부터 비단 생산이 시작되었다. 목화 재배지가 많다. 세계 3번째 수출국이란다. 1989년부터 러시아어를 배제시키고 우즈벡어만을 공용어로 채택하는 등 독립 움직임이 팽배해 있던 중, 1991년 8월 1일 독립국가로 출범했다. 현재 국민의 60퍼센트 이상이 농업에 종사하고 있다. 목화와 밀, 뽕나무가 주요 작물이란다. 소비에트 연방 시절의 집단 농장제가 없어지고, 개인이 정부로부터 짧게

는 6개월, 길게는 49년 동안 국유인 토지를 임차하여 농사를 지을 수 있다. 3모작도 가능한데, 4월 당근·감자를 심어 수확 후 밀·목화 순으로 식재하여 거둔단다. 1924년부터 1990년까지는 소련의 통제하에 목화만 심어 1년에 2번 수확했으며, 이웃 카자흐스탄에서는 밀만 재배했다. 이를 위해 마구 물을 끌어 쓰는 바람에 아랄해의 수량 부족을 초래했고, 급기야 현재와 같은 수원 고갈로 인한 아랄해의 극심한 환경파괴 결과를 초래하기에 이르렀다.

버스가 시내를 벗어나자 상큼한 아침 풍광이 전개된다. 날씨가 화창하고 바람도 분다. 가이드는 불편함을 마다하고 버스의 앞자리에 선 채, 여행객들과 일일이 눈을 맞춰가면서 설명을 이어간다.

우즈베키스탄의 1인당 GNP는 2,600달러. 지하자원이 풍부하다. 특히 우라늄과 천연가스의 매장량이 돋보인다. 최근에 이르러 중국 기업이 적극적으로 진출하여, 장기간의 천연가스 수출 협정을 체결하기도 했단다.

현재 우즈베키스탄 영내에 주둔하는 어떠한 외국 군대도 없는데, 국민들은 이에 대해 대단한 자부심을 갖고 있단다. 우즈베키스탄은 40만 명의 병력을 보유하고 있다. 토지는 100퍼센트 국유이고, 주민들은 주택 소유를 위한 필요 범위

내에서 해당 토지에 관하여 평생 사용권을 갖는다.

　버스 이동 중 한 번의 휴식 시간을 가졌다. 시골 오지 마을의 입구에 차를 세우곤, 모두 내려 언덕 위 마을로 올라가 화장실도 가고 주변을 둘러보기도 했다. 어떻게 알았는지, 버스가 서자마자 동네 꼬마 넷이 나타나 나란히 서서는 웃는 얼굴로 손을 흔든다. 일행 중 몇 명이 버스에서 내리면서 사탕이나 과자, 초콜릿 등 먹을 것을 건네준다. 마을의 가옥은 단조롭고 원시적이다. 그래도 집집마다 사람들이 살고 있다. 나귀와 염소도 키운다. 영감님이 며느리, 손자를 비롯한 가족들의 고단한 노동을 통해 만들어진 카페트들을 집 앞에 걸어놓고는, 우리 일행을 향해 목을 길게 빼고 있다. 얼굴 전체에 깊은 주름이 새겨진 노인은 온 가족의 생계가 달려 있는 생산품을 하나라도 더 팔아보고자, 탁자 위 염소젖이 담긴 병을 손에 들고 일행들에게 일일이 권하는 친절을 베푼다. 영감님 얼굴 주름 하나에 수심 하나, 주름 둘에 수심 둘….

　아까 선물을 받아 쥔 꼬마에게 함께 사진을 찍자고 하니, 손사래를 치면서 슬금슬금 꽁무니를 뺀다. 일행들이 동네를 내려와 버스에 오르는 동안, 아까 애들을 포함하여 더 많은 꼬마들이 어디에 있다가 나왔는지도 모르게 우르르 몰려와 버스 앞에 일렬로 늘어섰다. 고마운 마음에 작별인사를 하려는 것인지, 아니면 또 한 번의 행운(?)을 시도하려는 것인지? 나로서는 그들의 눈빛을 제대로 읽을 수가 없다. 이런 것 같기도 하고, 저런 것 같기도 하고…. 굳이 더 따져볼 필요가 없을 것 같아 차창 밖을 향해 웃는 얼굴로 손을 흔들어주었다.

2시간 반 남짓 걸려 티무르의 고향 샤흐리사브즈에 도착했다. 도시 주변에 해발 2,900미터 대의 산들이 버티고 서 있어서, 그곳에서 불어오는 바람으로 인해 한여름에도 시원하단다. 우뚝우뚝 솟은 산들의 상층부에는 채 녹지 않은 눈이 밝은 태양 아래 새하얗게 빛나고 있다.

콕쿰바스 모스크. 우르그 벡 재위 시 건축되었단다. 모스크에 새겨진 별 문양의 별 꼭지가 5개가 아니라 8개이다. 우리가 통상 그리는 별과 다르다.

이동하여 이번에는 티무르 광장. 광장 주변이 좀 어수선하다. 광장을 더 확장하여 정비하려는지, 주변 허름한 건물들을 철거하는 포클레인 등 장비들의 기계음이 요란하다. 먼지도 풀풀 날린다. 대리석으로 단장한 광장의 중앙에 티무르의 동상이 우뚝 솟아 있다. 타슈켄트 도시 한복판의 청동상은 기마상인 데 반해, 이곳의 그것은 두 발로 땅을 밟고 서 있는 자세이다. 일부러 걸음마 자세를 취함으로써 티무르의 탄생지를 상징하고 있단다.

널찍한 광장은 사람들로 가득 차 그야말로 인산인해를 이루고 있다. 오늘이 마침 이 나라의 어린이날이란다. 광장 부근에 놀이 시설도 있어, 어린이들을 대동한 가족들이 쏟아져 나온 탓이다. 하트 모양의 문과 두 줄의 나란한 꽃 장식으로 보아 동상 앞에서 결혼식도 거행된 모양이다. 남녀노소를 불문하고 곱게 단장하고 나와 삼삼오오 모여 앉아서, 싸온 음식을 먹거나 멋진 포즈를 취한 채 사진을 찍느라고 주변이 그야말로 시끌벅적이다.

변신과 임기응변에 능수능란했던 티무르가 풍운아의 과정을 거쳐 대제국을 일으켜 세우기는 했으나, 칭기즈칸의 직계 후손은 아닌 까닭에 감히 '칸'의 칭호를 내걸진 못했다. 칭기즈칸의 한 후예의 딸을 취한 바 있으므로 '구르간(사위)의 아미르(지배자)'라고 칭했다. 무려 30년간의 정복 전쟁에 몸소 나섰다. 서쪽으로 소아시아와 시리아의 지중해 동안으로부터 동쪽으로는 차가타이 칸국과 북인도까지, 북쪽으로는 카프카스와 킵차크 칸국까지 손에 넣었다. 이 정도면 세계적 대제국의 반열이다. 그 후 오스만 투르크와의 앙카라 전투에서 대승을 거둔다. 사마르칸트로 개선하는 티무르의 득의양양한 위용과 군중들의 열광적인 환호가 어렴풋하게나마 그려진다. 아쉽게도 티무르는 이 정도로 만족할 줄 몰랐고, 천명을 알지도 못했다. 공자님 앞에 섰다면 상당한 꾸지람을 들었을 것이다.

한껏 고무된 티무르는 70세의 노구를 이끌고 명나라를 치기 위해 원정에 나섰다가, 정작 명나라 근처에 가보지도 못하고 오트라트에서 급사했다. 역사가 반복적으로 보여주듯, 티무르가 죽은 후 제국은 급격히 와해되고 말았다.

티무르 광장에 접하여 악사라이 궁전이 버티고 서 있다. 티무르 재위 시 수도인 사마르칸트에는 왕궁이 없었고, 그의 고향인 이곳에 왕비와 자식들을 위한 여름 궁전을 지었단다. 악사라이는 '백색 궁전'이란 뜻인데, 궁전은 푸른색과 황금색 타일로 장식되었다. 원래는 높이 70여 미터, 폭 60여 미터 규모였다는데, 세월의 풍상을 견디지 못하여 현재는 높이 38미터의 일부 잔해만 가까스로 형태를 유지하면서 버티고 서 있다. 아치문의 동쪽 원주에 아랍어로 "술탄은 알라의 그림자이다"라고 씌어 있다. 티무르의 호방함인가, 아니면 그의 만용인가?

궁전 내부로 들어가니 볼 만한 것은 별로 없는데, 벽을 따라 쭉 그림들이 걸려 있었다. 20여 점의 크고 작은 유화. 유적지 주변 풍광을 그린 것들이었다. 알고 보니 젊은 화가 한 사람이 그린 유화 작품들이고, 화가는 그 안에서 관광객들에게 작품을 설명해가면서 판매를 시도하고 있었다. 평소 그림에 관심이 많은 아내가 그냥 지나치지 않는다. 나에게 양산을 맡기고는 본격적인 흥정에 들어간다. 일행들과 함께 밖으로 나왔으나, 아내와 나이 지긋한 여성 두 분이 그대로 남아있다. 아자마트도 모습을 보이지 않는다. 나를 포함한 일행이 나무그늘에 들어 20분이나 기다렸나? 다른 일행 분들은 아내와 가이드가 건물 안에서 뭐 하느라고 안 나오는지를 제대로 알고나 있는지, 적이 걱정되었다.

점심식사 시간도 한참 지난 13:30. 아내는 제법 미안한 표정을 지어가며 검은 비닐 속에 담긴 유화 3점을 들고 가이드와 함께 부리나케 일행 쪽으로 다가왔다. 버스에 오른 후 꺼내 확인해보니, 그중 제일 큰 사이즈 그림은 가로 60센티미터에 세로 50센티미터 정도 될까. 궁전을 배경으로 나무그늘 아래 전통 복장을 한 3명의 여인이 앉은 자세로 악기들을 연주하고 있고, 다른 3명의 여인들이 곁에서 차를 따르거나 과일이 담긴 소반을 날라오거나, 과일 바구니 옆에 앉아 흥에 겨워하고 있는 모습이다. 푸른색의 싱그러움이 주조를 이루고 있다.

내가 전시된 그림들을 빙 둘러볼 때 점찍은 바로 그 작품이었다. 아내와 나의 그림 보는 안목이 제법인 것인지, 아니면 둘의 취향이 엇비슷한 것인지? 어쨌든 아내가 골라온 작품이 나의 눈에도 든 그림이었다는 데서 오는 기쁨은 덤으로 얻은 것이었다. 그 그림의 절반과 3분의 1 크기의 나머지 2개도 비슷한 구도에 석양을 배경으로 우뚝 선 왕궁의 원경을 그린 것이었다. 모르긴 몰라도, 끼워 팔기식의 흥정을 거쳤을 것이다. 그림 3점에 150달러. 아내는 어느 여행에서나 이런저런 종류의 그림들을 산다. 그것도 나름대로의 기호요, 취미이니, 나로서는 그저 그때그때 맞장구쳐주면 그만이다.

때를 놓친 점심을 먹기 위해 버스로 이동했다. 포도나무와 벚나무가 시원하게 그늘을 드리운 중정에 차려진 식탁에 둘러앉아, 담소하면서 느긋하니 식사를 즐겼다. 감자가 곁들여진 닭고기가 메인 요리였다.

14:00, 다음 행선지인 부하라를 향해 출발. 농지·목초지·사막 지대를 통과하여 지루하게 이동, 19:00경 부하라에 입성했다. 우선 신시가지에 위치한 식당을 찾아가 저녁식사를 했다. 식당은 건물의 2층에 자리 잡고 있다. 수프와 샐러드, 쇠고기 구이에 와인까지 곁들여졌다. 식당 주인이 한국에 와서 의정부·포천에서 10년 일해 번 돈으로 차린 레스토랑이란다. 식사 후 사장이 몸소 건물 밖으로까지 내려와, 일행이 탄 버스를 향해 고개를 숙이고 손을 흔들어가면서 감사의 표시를

해주었다. 대한민국과의 좋은 인연이 바탕이 되어 사업이 날로 번창하기를 빌어주었다. 버스를 달려 구시가지에 진입.

20:00 넘어 라비 하우스 호텔(Lyabi House Hotel)에 도착했다. 호텔 앞까지 버스 진입이 안 되어 각자 짐을 끌고 광장을 가로질렀다. 저녁 시간인데도 거리는 인파로 넘쳐나고 있었다. 207호실 배정, 체크인. 2층 건물의 맨 위층이다. 1995년 유네스코 세계문화유산에 등재된 문화재가 즐비한 구시가지 내에 호텔이 위치하고 있어 전망이 좋다. 야경이 그야말로 일품이다. 어느새 어둠이 내려 서쪽 하늘엔 초승달과 금성이 앙증맞게 빛을 내쏘고 있다. 누군가 저문 하늘을 올려다보며 앙천대소한다. 푸하핫!

내일 아침엔 07:00 모닝콜, 08:00 아침식사, 09:00 호텔 버스로 출발하여 시내 관광.

여행 나흘째(6월 2일 월요일): 부하라

날씨가 쾌청하다. 짐을 싸지 않는 날이라 한결 여유롭다.
부하라, '신성한 도시'의 뜻이란다. 메카·바그다드·부하라의 순
으로 신성 도시란다.

이스마일 사미니 사원. 9세기 후반 압둘라 사미니가 부왕
인 이스마일 사미니를 위해 건축한 사원으로서 무덤을 겸하
고 있다. 중앙아시아 최초의 벽돌 건축물이라는데, 건축사적
으로도 의미가 크다 하겠다. 벽돌 자체만으로 기하학적 문양
을 다채롭게 표현하고 있다. 돔 또한 벽돌을 쌓아올리는 공
법이 적용되었다. 단청 없는 사찰 건물의 고졸함이랄까, 가히
매력적이다. 현지인들이 소원을 비는 뜻으로, 왼팔을 사원 안
쪽 방향을 향해 선 자세로 사원 건물을 세 바퀴 돈다. 번갯
불에 콩 구워 먹듯이, 사원 건물을 부리나케 스케치해본다.

부하라의 현재 인구 40만 명. 실크로드상의 주요 거점 도
시다. 한때 어엿한 독립 왕국으로 섰었다. 시내는 내성과 외
성으로 둘러싸였다. 외성 출입문이 12개였는데, 2개가 현존
한다. 러시아 침략 전에는 무려 140개의 신학교가 운영되고

있었단다. 1860년대에 이르러 부하라의 마지막 왕은 도시 외곽에 웅장한 규모의 궁전과 사원을 건축했다지.

사스마 아유브. 욥이 지나가다가 지팡이로 땅을 찍자 샘물이 분출했단다. 건조 지역인지라 주민들과 여행객들이 대대로 식수로 요긴하게 사용했다지.

볼로 하우즈 모스크. 아미르 티무르 재위 시 건축된 목조 사원이다. 정방형의 연못과 미나렛도 구비하고 있다. 가이드는 아직 한 번도 수리하지 않았다고 강조한다. 현재도 금요일 예배를 위한 사원으로 쓰고 있단다. 사원 내부의 바닥에 카페트가 깔려 있고, 기도하는 이들의 각자 점유 영역을 무늬로 획정하고 있다. 전면 우측에 이맘이 올라앉아 기도 등 의식을 주관하는 별도의 공간이 있고, 이는 바닥에서 층계로 연결된다. 기도 의식은 아랍어로 진행된다. 종교 지도자인 이맘은 신학교 출신들이다. 사원의 규모에 따라 차이가 있기는 하나, 매월 200달러에서 700달러 정도의 급여를 수령한다고 한다. 하루 다섯 번의 기도 시간에 늦으면, 사원 내에 공간이 남아 있어도 건물 밖에서 예배를 드려야 한다지. 집에서의 기도도 상관하지는 않으나, 이맘의 지도하에 그를 믿고 하는 사원에서의 기도 쪽을 자발적으로 택한단다.

건물의 전면부 상단 지붕을 10개의 육중한 나무 기둥들이 떠받치고 있다. 사원 정면으로 꽤 넓은 도로의 건너편이 아크 성이다. 즉, 도시의 내성이다. 성 높이 32미터. 4세기에서 17세기에 걸쳐 왕족들만 거주했단다. 현재는 성의 전면 3분의 1만 개방하고 있다. 성 전면의 레기스탄 광장에는 지금도 주말에 벼룩시장이 선단다. 광장을 차지하고 있는 푸른 자귀나무들이 연분홍의 꽃들을 총총 매달고 있다.

장미와 공작새에 대한 애착이 유별났다는 부하라 왕국의 마지막 왕은 러시아의 니콜라이 황제에게 러시아와 부하라 사이의 철도 건설을 부탁했다. 러시아에 유학한 경험이 있고 러시아어에도 유창했던 젊은 왕에게는 어울릴지도 모르는 제안이었다. 철도는 5년 만에 완성되었고, 러시아는 정중한 형식을 취해가며 대가를 요구했다. 왕은 기차에 상당량의 황금을 실어 보냈다. 이에 러시아는 금을 포함한 지하자원을 탐내, 침략을 감행했다. 철도가 이번에는 침공 루트가 되었다. 타슈켄트와 히바에 이어 부하라가 함락되기에 이르자, 왕은 백성들을 버린 채 많은 가족들을 거느리고 이웃 아프가니스탄으로 줄행랑을 놓았다. 1904년의 사건이었다. 모름지기 백성은 왕을 잘 만나야 하는 법이다.

성벽은 벽돌을 위로 비스듬히 쌓아올리는 방식을 사용했다. 위쪽으로 올라갈수록 벽면이 성 안쪽으로 기운다. 성벽을 쌓으면서 중간 중간 촘촘하니 통나무들을 성 밖으로 노출된 상태로 끼워 넣었다. 정면 출입구를 지나 비탈진 통로 양쪽의 어둡고 음침한 공간에 빼곡하게 감옥을 설치하여 죄수들을 가뒀단다. 위하 내지는 계몽 효과를 노렸다고나 할까.

성 안에 왕족만을 위한 소규모의 사원 건물도 과거의 흔적을 간직한 채 자리를 지키고 서 있다. 집무실·접견실을 비롯한 각종 기능들을 갖춘 방들이 연이어 전개된다. 유물들을 전시하는 공간도 있다. 성벽에 다가가 선 채 성 아래 멀리까지 펼쳐지는 부하라 시내 풍광을 조망해본다. 쏟아지는 햇살이 이마에 부딪혀 제법 따갑게 느껴진다. 그러고 보니 삼삼오오 무리를 지어 그늘 아래 들어앉은 사람들이 많다.

성을 나와 광장을 가로지르는 도중, 멀리 보이는 칼안 모스크와 우뚝 솟은 미나렛을 스케치했다.

12:00 식당으로 이동했다. 중정 그늘막에서 여유 있게 식사하면서 담소했다. 감자 수프에 메인 요리로 러시아식 메뉴가 나왔다. 고기와 각종 야채, 당면을 버무려 얇게 편 밀가루 반죽 안에 길게 배열한 후 말아서 쪄낸 음식인데, 특유의 향신료가 들어가 있다. 사할린에서 영구 귀국하신 김 박사님의 사모님이 그간 몇 번 직접 만들어주신 것과 똑같은 음식이어서, 나도 아내도 특유의 향에 전혀 구애받지 않고 접시

를 깨끗이 비웠다. 식당은 2층의 목조 건물인데, 호두나무로 깎은 늘씬한 기둥들이 지면에 나란히 버티고 선 채 2층의 지붕 전면을 떠받치고 있다. 1810년대에 지어진 건물로서, 상당 기간 동안 유대인이 살았었다고 한다. 날씨가 더워 오후 3시까지 두어 시간 호텔 객실에서 각자 휴식을 취하기로 의견을 모았다.

낮잠을 자기에는 어느 모로 보나 아까운 시간. 객실에서 소주도 한 잔 하고 커피도 한 잔 하면서 마냥 빈둥거렸다. 유리 창문의 바깥에 가림막을 겸한 나무 재질의, 양쪽으로 여닫는 방식의 덧문이 설치되어 있다. 이를 반쯤 열어놓았더니, 객실 아래 골목을 오가는 이들의 얘기 소리가 여과 없이 쏟아져 들어왔다. 좋은 시간이 그렇게 얼마쯤 흘렀을까. 아내가 외출 채비를 하면서, 호텔 밖으로 나가자고 재촉한다.

일행은 약속 시간에 맞춰 호텔 로비에 다시 모였다. 다들 눈동자도 초롱초롱하니 생기를 되찾았다. 어느 분이 나의 얼굴이 왜 그리 빨개졌느냐고 묻는다. 객실에 올라가 숨겨온 사과를 꺼내 먹었노라고 아내가 대답을 대신 해준다.

호텔 근방이 전부 유적지인지라 오후 일정은 호텔 코앞에서 시작되었다. 제법 큰 장방형의 연못을 가운데 두고 신학교와 라비 하우스가 마주보고 있다. 동일인이 건축했단다. 신학교 건물은 원래 1620년대에 단층의 카라반 사라이로 지어 졌으나, 그 후 2년 걸려 2층이 올려져 건물 전체를 신학교로 사용했단다. 현재는 상가와 식당으로 쓰이고 있다. 건물 외 벽 모자이크에 사람 얼굴을 상징하는 태양과 행복의 새가 새 겨져 있다. 세계적으로 사람 얼굴이 모자이크로 새겨진 모 스크는 앞서 본 사마르칸트, 이곳 부하라, 이란의 어느 도시 등 단 3곳에 불과하단다.

건물 앞 정원 나무그늘 아래서 당나귀를 탄 익살스런 모습 의 나스리진 허지 청동상이 사람들의 관심을 끌고 있다. 보 는 이마다 키득거리고 서로 쑥덕공론을 나눈다. 12세기 부하 라에 살던 이야기꾼으로 유머와 익살, 해학이 뛰어났었단다.

1477년 연못가에 심었다는 뽕나무 3그루 중 하나는 처연 하니 고사목으로 서 있다. 나머지 2그루는 푸른 잎의 그림자 를 연못 위에 떨구고는 방문객들을 맞이하고 있다. 라비 하 우스는 가난한 이들을 위한 숙소로 지어졌다. 도로를 따라 양쪽으로 이런저런 상점들이 촘촘하게 들어차 있다. 큰 규모 의 시장은 바자르, 작은 것은 토키라 부른다. 부근에 식당 건 물 터가 보인다. 현재 발굴 작업이 한창 진행 중이다. 빙 둘 러 실크로드 대상들을 위한 숙박시설인 카라반 사라이가 자 리하고 있다. 러시아인들이 들어온 이후로는 이곳 시설에 은행과 병원들이 들어섰다고 한다.

지표면 아래쪽으로 마고키 아토리 사원이 보인다. '향수 시장 옆에 있는 사원'의 뜻이란다. 초기에는 조로아스터교 사원으로 사용되었다가, 이슬람교 전파 이후에는 이슬람 사원으로 쓰였다지. 12세기 형태를 유지하고 있어 12세기 사원으로도 불린단다. 현재는 카펫 박물관으로 활용되고 있단다.

우르그 벡 마드라세. 신학교이다. 웅장하고 화려하다. 200년 후 맞은편에 또 하나의 신학교를 금색 등 장식을 사용하여 더 화려하게 지었다. 그러나 장식이 떨어져 나가고 부식되는 등 훼손이 심해서 현재 보수 작업이 진행 중이다. 이번엔 미르아랍 마드라세. 1530년 축조된 신학교로 돔이 2개다. 현재까지도 신학교로 사용 중이다. 과거엔 5년 과정이었는데 현재는 3년이란다. 1층은 수업이 이루어지는 교실이요, 2층은 학생들을 위한 기숙사다. 이 신학교 건물 전면 넓은 광장을 사이에 두고, 칼얀 모스크와 하늘을 향에 우뚝 솟은 미나렛이 그야말로 위풍당당하게 서 있다. 사원은 1만 명이 들어가 동시에 예배를 볼 수 있다니, 그 크기를 넉넉히 짐작할 수 있을 것이다. 중앙아시아에서 가장 큰 이슬람 사원이란다. 미나렛은 이중으로 원형 벽을 쌓아올리고, 내부와 외부 벽 사이에 연속적으로 나무를 가로질러 나선형의 통로를 만들었다. 이렇게 함으로써 미나렛 꼭대기까지 기어 올라갈 수 있도록 했다. 미나렛 중간부에 네모 형태의 창문을 설치, 안에서 외부를 조망할 수 있게끔 배려했다.

더위가 한풀 꺾이기는 했으나 남아 있는 열기가 만만치 않았다. 미나렛 내부로 들어가 위로 기어오르는 것을 포기하는 대신, 광장에 길게 드리운 미나렛 그림자 속으로 기어들었다.

칭기즈칸이 부하라를 침략했을 당시, 우선 성 안으로 흘러드는 수로를 차단함으로써 물을 끊었다. 도시의 남성들이 일제히 기도에 든 때를 놓치지 않고, 기습적으로 성 안으로 돌진해 들어갔다. 포위 한 달 만에 도시는 함락되었고, 왕은 항복했다. 저항의 여지를 뿌리째 뽑아버린다는 미명하에, 성내에 남아 있던 5세에서 9세까지의 사내아이 전부를 거룩한 사원 경내에서 깡그리 목 잘랐다. 칭기즈칸 군대가 물러간 이후 처형 장소에 추모탑이 건립되었다. 풍상을 견뎌낸 탑은 오늘도 그 자리에 묵묵히 서 있다.

17:10까지 이곳저곳을 기웃거려 보고는, 그 이후의 시간을 아내와 단둘이서 오붓하니 쇼핑과 산책으로 채웠다. 관광객들의 동선에서 벗어나 있는 구역의 상점 건물로 이동하니, 물건도 좋고 가격도 저렴했다. 아내는 새로운 발견이나 한 듯내 앞에서 추호의 망설임도 없이 쾌재를 부른다. 여주인까지

친절하니 시종 미소 띤 얼굴로 나붓나붓하게 나온다. 이리 재고 저리 재고, 이리 밀고 저리 당기고 한 끝에, 식탁보나 벽 장식용으로 쓸 수 있는 예쁜 문양의 수자네를 중간 크기, 작은 크기로 2개를 흥정했다. 수자네는 바탕천은 목화, 무늬는 실크로 현지의 서민들이 카펫 대용으로 쓰고, 딸 시집보낼 때 혼수로 장만하기도 한단다. 다산을 기원하는 뜻이 담겨 있다나.

여주인은 자기의 오빠가 한국 건설현장에서 몇 년간이나 일하고 있음을 거듭 내세우면서 한국과의 좋은 인연을 엮어 낸다. 그리고는 화려한 실크류를 휙 하니 앞에 펼쳐 보이기 도 하고 아내 몸에 사뿐 걸쳐주기도 하면서, 의도된 유혹 앞에 점점 무너져만 가는 아내의 앙가슴을 한껏 흩뜨려놓고야 만다.

그래! 너의 몸속엔 실크 상인 후예의, 때로는 영악하고도 또 때로는 찰거머리처럼 집요한 정념의 피가 오롯하게 흐르 는구나. 결국 나는 소름끼치는 상술 앞에 방어벽 없이 노출 된 상태에서 아내에 대한 제지 임무를 방기하고 말았다. 상점 밖으로 나온 아내의 쇼핑백 속에는 실크 스카프가 무려 5 개 더해져 있었다. 가을 분위길 한껏 낼 수 있는 것들로 골 랐다나. 순간적으로 눈을 치켜뜨니, 의미를 단박에 알아차린 아내는 한 치의 주저도 없이 선물용이란다. 그러면 그냥 그런 줄 알아야 부부지간이 그런대로 편하고 무난하다는 사실이 엄연한 진리가 된 지도 꽤 오래다. 어흠, 으음!

19:00에 상가로 용도가 바뀐 신학교 건물 내 야외무대에서 춤·연주 등 공연과 패션쇼가 예정되어 있다. 공연 시각에 맞추어 입장했다. 중정에 차려진 테이블마다 남녀노소 관광객들이 가득하다. 우리 일행도 예약된 몇 개의 테이블에 나눠 앉았다. 조명 아래 무대에 선 이들의 자태와 율동이 화려하게 빛난다. 어둠이 서서히 내려앉자 황홀감도 점점 커져갔다. 붉은 당근과 건포도를 얹은, 볶은 노란 쌀밥이 메인 요리로 제공되었다.

나그네의 또 다른 하루가 이렇게 저물어간다. 식사를 겸한 공연 관람을 끝내고 건물 밖으로 나오니, 서쪽 하늘에 이운 조각달이 희끄무레하다. 참빗이 둥근 거울이 될 때까지 외로운 나그네의 여행길은 계속될 것이다. 호텔로 귀환하여 가방 속 열쇠를 꺼냈다. 객실의 열쇠 구멍은 어서 빨리 짝 맞춰달라고, 그 새를 못 참아 안달이 나 있었다. 내일 아침은 05:30 모닝콜, 06:30 아침식사, 07:10 버스 출발이다. 우리 오늘은 일찌감치 잠자리에 들 터이니, 이제부터 다들 조용히 하쇼잉.

서역 고도(古都) 순례
- 투르크메니스탄 · 우즈베키스탄 기행 -

T urkmenistan · U zbekistan I.

여행 닷새째(2014년 6월 3일 화요일): 부하라 → 마리 → 아슈하바트

　버스는 약속 시간에 정확히 맞추어 호텔을 출발했다. 오늘
은 이동 거리가 꽤나 길다. 중간에 우즈베키스탄과 투르크메
니스탄의 국경도 통과해야지, 밤 시간에는 마리에서 아슈하
바트행 비행기도 타야 한다.

　국경에 도착했다. 09:10. 그곳은 황량했다. 바람이 허공을
마구 휘젓고, 그때마다 흙먼지가 풀풀 날렸다. 출국 심사하
는 직원들이 10시가 되어야 출근한단다. 어이가 없고, 또 황
당하기 짝이 없었다. 서둘러 출발한 의미가 일거에 포말처럼
사라지는 순간이었다. 바람 부는 국경에는 용변을 해결할 만
한 시설도 없다. 남자들은 급한 대로 부근을 흐르는 하천의

우거진 수풀더미 아래로 내려 서서 참았던 요의를 해소한다. 간이 휴게소에서 차 한 잔씩을 시켜놓고는, 출국 심사가 시작되길 기다린다.

10:10에 겨우 시작된 출국 심사와 세관 검사는 지체되었다. 이것저것 따지고 확인하는 등 까다롭기가 한이 없다. 엑스레이 투시기를 통과한 트렁크를 일일이 열어 내용물을 확인한다. 나의 트렁크도 좌대에 올려진 채 개복되었다. 제복 차림의 젊은 친구가 차곡차곡 정리된 짐들을 흐트러뜨린다. 출국 심사를 어렵사리 끝낸 일행은 국경선을 넘어 투르크메니스탄 쪽 입국 심사장을 향해 이동한다. 트렁크를 끌고 가방을 둘러멘 채 땡볕으로 한껏 달아오른 아스팔트 길을 물경 20여 분 걸었다. 이쪽 입국 심사대에서도 일일이 트렁크를 열어젖혀 놓은 채 내용물들을 확인한다.

엑스레이 투시기는 아예 없다. 트렁크 안의 짐들이 마구 흐트러진 채 엉망이 된다. 정리할 엄두가 나지 않는다. 그냥 대충 쓸어담는다. 1킬로미터를 소형 버스로 다시 이동한다. 1인당 1달러의 요금이 부과된다. 그곳에서 트렁크를 끌고 200여 미터를 걸어 나와 위병이 지키고 서 있는 출입문을 통과하니, 새로운 가이드와 버스가 일행을 반갑게 맞이한다. 여성 가이드는 엘레나, 버스 운전사는 야구. 시계를 보니 12:30.

출입국 수속에 무려 2시간 반이 소요되었다. 휴게소 대기까지 포함하면 장장 3시간 반. 일행들 중 벌써 지친 분들이 있다. 지체된 일정을 만회하려는지 버스는 서둘러 출발했다.

출발한 지 20여 분이 지났을까. 아무다리야 강줄기가 시야에 들어온다. 파미르 고원에서 발원하여 타지키스탄·아프가니스탄과 투르크메니스탄, 그리고 우즈베키스탄을 통과하여 아랄해로 흘러들어 가는 강이다. 버스는 다리를 건너 강을 가로지른다. 다리는 부교이다. 버스가 이 다리를 통과할 때는 5명만 버스 안에 앉아 있을 수 있고, 나머지는 전원 하차하여 걸어서 다리를 건너야 한다. 규정이 그렇단다. 이게 대체 어느 나라 법? 투르크메니스탄 법이란다. 차량의 하중이 얼기설기 엮은 부교에 지나치게 작용하는 것을 차단함으로써 안전에 만전을 기하기 위함인가? 짐을 가득 실은 대형 트럭도 거침없이 통과하는 것을 보니, 꼭 그런 것만도 아닌 것 같다. 혹 권위주의 체제의 국민 길들이기 작업의 일환은 아닐지? 갑자기 입맛이 씁쓰레해졌다.

땡볕으로 달궈진 철판 위 인도를 따라 800여 미터를 걸었다. 대형차들이 지날 때마다 다리가 출렁출렁한다. 발밑에는 흙탕물이 콸콸 격류로 흘러간다. 파미르 고원의 설산에서 녹은 눈이 엄청난 양의 물이 되어 흘러내리는 것이다. 열기

가 훅훅 달아오르고 현기증까지 느껴지는데도, 아내는 아랑
곳하지 않고 내 뒤에 바짝 붙어선 채 쫄랑쫄랑 잘도 따라온
다. 강을 건너선 먼저 와 기다리고 있던 버스에 다시 올랐다.
13:40 차르조우를 통과한다. 일정이 지체된 탓에 점심을 도
시락으로 해결하기로 의견을 모은다.

투르크메니스탄 대통령이 차르조우 시를 방문할 예정이란
다. 도로를 넓히고 도시 환경을 개선하느라고 도시 전체가
시끌벅적이다. 번듯한 건물들마다 건물의 상단 정중앙에 대
통령의 대형 초상 사진을 내걸었다. 사진 속 신사는 국기를
배경으로 근엄한 표정을 짓고 있다. 휴대폰 연락을 통해 호
텔 직원 2명이 도로가에 잠시 정차한 버스로 도시락 꾸러미
들을 배달했다. 이들은 이를 위해 도로를 가로질러 건넜다.
달리는 버스 안에서 각자 알아서 때늦은 점심을 도시락으로
때웠다. 쌀밥에 쇠고기, 오이, 토마토에 튀김과 빵까지 들어
있다.

버스는 그 사이 카라쿰 사막에 접어들어 달리고 있었다.
14:20경 버스를 세우고는 용변을 보기 위해 우르르 몰려 내
려갔다. 남자들은 도로의 왼쪽, 여성들은 오른쪽. 사막의 관
목 숲속으로 들어가 적당하니 자리들을 잡았다. 비실대고 있
는 20센티미터 높이의 나무에 수분과 양분을 동시에 공급했

다. 살다 보니 이런 형태의 보시도 하게 되는군.

카라쿰 사막. '검은 사막'이란 뜻이란다. 밤이 되면 아무것도 안 보이고 관목 또한 짙은 어둠으로 보여 이렇게 이름 붙여졌다나. 사막에는 키 낮은 관목들이 자라는데, 뜨거운 열기를 꿋꿋하게 버틸 수 있는 것들이란다. 이 식물들은 모래바람을 억제하는 효과를 가져온단다. 봄에는 약 3주간에 걸쳐 꽃도 피운다니, 신기하기만 하다. 이 사막에도 주민들이 거주하고 있는데, 주로 낙타와 양을 기르며 유목생활을 하고 있다. 사막에는 코브라와 악어 비슷한 동물도 살고 있으며, 사막여우도 서식한다. 이놈은 더운 낮엔 모래더미 속 굴에 숨어 있다가, 어둠이 내리면 밖으로 기어 나와 먹이사냥을 시작한다고 한다. 이곳의 야생 낙타는 단봉낙타이다.

사막을 통과하는 동안 세 차례에 걸쳐 1마리, 3마리, 3마리의 야생 낙타를 도로변에서 목격할 수 있었다. 도로를 따라 양옆 모래밭으로 15 내지 20센티미터 높이의 울타리가 대여섯 겹으로 긴 띠를 이루고 있다. 잔나뭇가지나 갈대를 끈으로 길게 엮어 세운 것으로 보인다. 도로변 모래 이동을 억제하기 위한 장치인 것 같다.

사막의 한여름은 오전 4시 섭씨 22도. 해 뜨면서 기온이 급격하게 상승하기 시작하여 한낮엔 무려 섭씨 70도까지도 올라간다니, 생각만 해도 아찔하다. 사막의 밤은 제법 춥고, 겨울은 매우 춥단다. 카라쿰 사막의 서쪽엔 사람이 거의 살지 않거니와, 잘 가지도 않는단다. 길 잃고 목숨까지 잃을 염려가 몹시 많아서다. 버려진 땅이긴 해도 사막 밑엔 가스 등 천연 지하자원이 다량 매장되어 있다니, 머지않아 개발의 손길이 미칠 것이다.

사막을 뚫고 뻗은 도로는 아스팔트 포장이긴 해도 상태가 심히 불량하다. 게다가 중앙선도 방호벽도 찾아볼 수 없다. 도로의 좌측으로 500미터쯤 떨어져 철도가 나란히 달린다. 철도 양 옆으로 전신주들이 두 줄로 평행선을 그으며 뻗어나간다.

현재 하늘엔 구름이 잔뜩 끼어 있긴 하나, 그렇다고 쉽사리 이곳에 비가 내리지는 않을 것이다. 앞으로 나아갈수록 수목의 밀도가 점점 낮아지고, 나무들의 생육 상태도 좋질 않다. 모래의 이동을 막기 위한 차단벽의 높이도 높아지고, 겹 또한 늘어난다. 갑자기 달리는 버스의 앞창에 빗방울이 든다. 사막에 내리는 비? 신기하고, 신비롭다. 하지만 단 1분도 못 버티고 비는 멀리 도망가 버렸다. 여우 굴 속 여우는 자기 동네에 비온 줄도 모르겠네.

16:20경 사막은 물러가고, 이내 농경지와 마을 풍경이 펼쳐

진다. 나란히 내달리던 철도는 어느새 도로의 우측으로 자리를 바꿨다. 수로마다 물이 찰랑찰랑거린다. 이 물이 농작물 경작에 유용하게 쓰이리라.

버스는 일행들을 고대 유적지 메르브에 내려놓았다. 마리 동쪽 30킬로미터. 기원전 6세기에서 18세기에 이르기까지의 다양한 유적층이 존재한다. 실크로드상의 거점도시로 부흥했고, 면적이 1,500여 헥타르에 이른다. 남쪽 게오르 카라 성벽 유적지에서 많은 유물들이 출토되었다. 알렉산더 제국 분열 후의 셀레우코스 왕조 시대에 만들어진 고성이다. 이곳에서 불두와 사리탑·불경을 넣은 항아리 등 다량의 불교 관련 유물이 발굴되었다. 12세기에는 셀주크투르크가 이곳에 도시를 세웠다.

전성기를 구가한 술탄 산자르의 영묘가 우뚝 자리를 지키고 서 있다. 영묘 내부의 정중앙에 왕의 석관이 단정하니 모셔져 있다. 산자르 시대에 셀주크 제국의 강역이 아제르바이잔에까지 미쳤고, 수만 권의 도서를 소장한 도서관만도 8개나 있었다고 한다. 당대 최고 수준의 천문대도 갖추고 있었다니, 과연 전성기 때의 명군이라 할 만하다. 그때 세워진 것으로 보이는 얼음 보관창고 유적이 지금까지도 남아 있다.

메르브는 초창기에 아스민트 족이 도시를 건설하여 거주했다. 알렉산더 대왕의 정벌 후 대규모의 도시를 세웠다. 이 도시가 에르사르. 아랍인들이 지배하던 시절에는 쟈우르살라였다. 키즈 카라 왕궁은 아랍 지배 시절의 걸작이다. 이슬람 초기 흙으로 건축한 궁전이다. 높이 15미터의 벽을 수직으로 주름을 잡듯 쌓아 세운 위용이 세월의 모진 풍상을 견뎌내고 오늘도 빛을 발하고 있다.

1220년 '고귀한 메르브'는 칭기즈칸이 거느리는 몽골군의 침략 앞에서 절체절명의 위기를 맞았다. 3일 동안 그런대로 도시를 방어했으나, 버티지 못하고 4일째 되는 날 성문을 열었다. 몽골군은 성 안으로 쏟아져 들어왔고, 무자비한 유린으로 도시는 완전히 폐허가 되었다. 성문을 열면 죽이지 않겠다는 약속을 깨고, 6일 동안 무려 22만 명을 살육하는 만행을 저질렀다.

도시 흔적이 남아 있는 언덕 위에 올라서니, 사방이 훤히 조망된다. 여기저기에 이런저런 자취는 남아 있으나, 어떤 용도의 시설이었는지는 도통 모르겠다. 황성 옛터를 찾은 나그네가 갖는 공허함 혹은 서글픔이 이런 걸까? 가슴 속에 애잔한 막막함이 새벽녘 해무처럼 소리 없이 몰려왔다. 수박겉핥기식으로나마 부지런히 둘러보고 나니 18:20.

아슈하바트행 21:50 발 T5134편 비행기를 탑승하기 위해 일행은 마리 공항으로 직행했다. 제때에 저녁식사 할 여유도 없네그려. 공항 건물은 아담하다. 지은 지 얼마 안 돼 보인다. 분위기가 산뜻하다. 이곳에도 건물 전면에 대통령의 대형 얼굴 사진이 걸려 있다. 우리나라도 그런 시절을 겪었었지?

짐 부치고 티켓 받고 검색대 통과하니 19:20. 대합실 적당한 곳에 자리를 잡고 휴식에 들어간다. 화려한 전통 결혼식 복장 차림의 신부가 양복을 입은 신랑, 그리고 전통 복장을 한 중년 여성 2명과 함께 아슈하바트행 비행기를 타기 위해 대합실에 등장했다. 시선이 집중되었다. 시간적 여유가 있어 젊은 신부의 모습을 스케치할 수 있었으나 포기했다. 눈길을 함부로 줬다가 애꿎은 오해를 불러일으킬 수도 있겠다는 생각에서였다. 아름다운 신부여! 행복한 신혼 생활이 되길….

꿩 대신 닭이라고, 신부를 놓친 대신 노파가 나의 새로운 표적이 되었다. 머리에 히잡까지 두른 이슬람 복장을 하고 대합실에 쭈그린 자세로 앉아 있는 노파의 옆모습을 스케치하면서 지루한 시간을 때웠다.

비행기는 만석이었다. 예상보다 빠른 21:10에 출발했다. 제 시간인지 아니면 앞당겨진 것인지 정확히 알 수는 없으나, 여하튼 지친 나그네로서는 기분이 좋을 수밖에 없었다. 야간비행 끝에 22:00 아슈하바트 공항 착륙. 밤늦은 시간대라 그런지 공항이 한산하다. 짐을 찾아 바로 공항 건물 밖으로 나오니, 부근에서 대기하고 있던 버스가 곧바로 와줘 승차했다.

22:30 Ak Altyn Hotel 도착. 623호실 체크인. 호텔 내 식당에 늦은 저녁식사가 준비되어 있으나, 아내만 내려가 간단히 들고 왔다. 닭요리였다나. 그 사이 샤워와 속옷 빨래를 했다. 객실로 올라온 아내가 마저 샤워를 끝냈다. 오붓하니 마주앉아 아슈하바트의 깊어가는 푸른 밤을 만끽해가면서, 컵라면 국물을 안주 삼아 소주잔을 부딪쳤다.

아슈하바트. '사랑의 도시'란 뜻이란다. 서편 하늘에 걸린 반달은 금빛을 토해내고, 백색 건물들로 들어찬 매력적인 도시 아슈하바트의 초여름 밤은 새북새북 깊어만 갔다. 오! 여행의 즐거움이여! 와우! 방랑의 숭고함이여!

내일 아침엔 07:30 모닝콜, 08:30 아침식사, 09:30 시내 및 주변 관광 위한 버스 출발.

여행 엿새째(6월 4일 수요일): 아슈하바트

푹 자고 07:10 기상. 객실 창문의 커튼을 젖히니 시내 풍광
이 훤히 들어온다. 푸른 숲이 많다. 흰색의 외벽에 붉은 지붕
을 이고 있는 3·4층 건물들이 다수이다. 높아야 10층 안팎.
도시가 깨끗하면서도 산뜻하다. 시간 여유가 있어, 6층 객실
에서 내려다본 거리 풍경을 스케치해본다. 둥근 형태의 서커
스장 건물이 정중앙을 차지한다. 원추형 지붕 꼭대기에 대형
국기가 게양되어 있고, 그 위로는 공항에서 방금 이륙한 듯
한 여객기가 기수를 위로 치켜든 자세로 날아오르고 있다.

호텔을 출발한 버스는 시내 한복판을 가로질러 고대 도시
였던 니사를 목표로 나아간다. 아슈하바트 서쪽 15킬로미터.
시내 중심의 정부기관 건물들은 거의 10층 안쪽의 흰색 대리
석 건물이다. 이 나라에서는 중학교까지 의무교육이고, 고등
교육도 무상으로 행해지고 있단다. 전기와 수돗물은 일정한
양까지는 무료로 사용할 수 있다지.

시내 곳곳에 황금색 대형 동상들과 흉상들이 즐비하다. 건
축에 사용된 대리석은 이태리와 베트남에서 수입한 것이란

다. 시내 외곽 구릉지마다 침엽수와 활엽수를 인공 식재하여 키우고 있다. 푸른 도시 건설을 위한 범정부 차원의 노력이 엿보이는 장면이다.

지금은 고인이 된 초대 대통령이 건강을 위해 몸소 금연을 실천했단다. 결국 법으로 전 국민의 흡연 금지를 규정하기에 이르렀다. 경찰 적발 시 20달러에서 50달러 정도를 벌금으로 내야 한단다. 하지만 실제로는 많은 국민들이 경찰관의 눈에 띄지 않게끔 적당한 장소에서 적당한 방법으로 담배를 피운단다. 지나친 사생활 간섭이기도 하고, 또 지켜지지 않을 규범의 실효성도 문제가 될 것이다.

니사 부근의 소도시에는 소수민족이 거주하고 있다. 버스 진행 방향에서 보아 서남서 쪽으로 산맥이 전개되는데, 코베트다크 산맥이다. 그 너머가 이란과의 국경이 되겠다. 산 능선을 따라 건설된 산책로가 이어지고 있다. 시민들에게 건강 증진을 위해 산보와 운동을 권장하고 있단다.

니사 유적은 B.C. 3세기에서 3세기까지의 파르티아 왕국이 남긴 역사다. 전성기에는 영역이 유프라테스 강부터 인더스 강까지 망라한 대제국이었다. 로마 제국과 자웅을 겨루며 실크로드의 서단을 장악하고 있었다. 동서 교역의 매개자로서 중국 비단의 로마 수출을 차단하고, 중개무역을 독점함으로써 엄청난 국부를 축적했다.

입구의 전망대에 올라서니 드넓은 성터가 한눈에 들어온다. 건물은 구운 흙벽돌을 쌓고 겉면을 짚을 썰어 섞은 진흙으로 발라 마무리했다. 건물 벽에 프레스코화로 그려진 벽화엔 기사와 말 등의 형태가 남아 있다. 신전과 방어시설, 아치형 왕실 기둥, 중앙 홀, 물 저장고 등의 유적이 보존되고 있다. 나무를 가로 걸쳤던 흔적들이 흙벽 곳곳에 네모 또는 둥근 형태로 여지껏 남아 있다.

현재 단계적인 발굴 및 복원 작업이 진행되고 있다. 미로를 따라 이런저런 용도의 건물들과 광장이 모습을 드러낸다. 주요 건물들에 돌기둥을 세우고 기둥 겉면에 조각을 새기는 등 화려하게 장식하기도 했다. 헬레니즘의 영향을 많이 받았는데, 이는 건축과 조각 분야에 집중적으로 표현되었다. 각배, 즉 뿔잔도 헬레니즘의 영향을 받은 유물이다. 그리스 신화에 나오는 반인반마의 괴물인 켄타우로스가 겉면에 화려하게 새겨진 각배들이 발굴되었다. 당시 사람들은 그 잔들로 포도주를 따라 마셨단다.

10:10부터 11:20까지 유적지 이곳저곳을 둘러보았다. 땡볕에 온몸이 노출되었지만, 그런대로 견딜 만했다. 현재 발굴이 진행되고 있는 구역은 출입 금지다.

아슈하바트로 돌아오는 중간에 킵차크 모스크, 일명 성스러운 모스크에 들렀다. 투르크메니스탄의 초대 대통령이던 니야조프의 고향에 세워진 이슬람 사원이다. 프랑스의 어떤 회사가 건축 비용을 부담하여 2004년 완공했단다. 황금 돔에 4개의 미나렛 상부 첨탑도 황금색으로 빛난다. 사원 건물의 벽면은 흰색 바탕에 황금 장식이 가미되었다. 미나렛의 높이는 91미터로, 1991년 독립을 상징한단다. 사원 출입문이 7개로, 모두 나무로 제작되었다.

내부로 들어가 보니, 16개의 우람한 대리석 기둥이 중앙 돔을 떠받치고 있다. 고개를 꺾어 올려다보니 엄청나다. 한마디로 대단하다. 1층에 남자 신도 7,000명, 2층에 여자 신도 3,000명이 꿇어앉아 예배 보는 것이 가능하다고 한다. 사원 앞은 바닥이 온통 대리석으로 치장된 계단과 광장이다. 장방형의 연못이 좌우대칭을 이룬 채 물을 담고 있고, 분수대에서는 시원한 물줄기가 춤을 춘다.

관람을 끝내고 버스 이동 중, 전통 결혼식 장면과 조우했다. 모스크에서 얼마 떨어지지 않은 공원에서다. 신부가 차에서 내려 신랑과 함께 황금색의 초대 대통령 동상 앞으로 향하고, 하객들이 뒤따르며 악기를 연주하고 덩실덩실 춤을 춘다. 전통 복장의 신부는 흰색 망사 천으로 얼굴을 완전히 가린 채, 여인들에 의해 양 옆에서 부축을 받고 있다. 신랑 역시 전통 복장 차림이다. 하얗고 큰 털모자를 쓰고 있다. 여성 하객들은 알록달록 전통 복장, 남자들은 평상복 차림이다. 동상을 배경으로 신랑신부와 하객들이 예쁜 표정을 지어가며 기념촬영을 한다. 정오 시각에 맞춰 거쳐간 결혼 커플이 셋이나 된다. 그러고 보니 신랑신부가 필히 거쳐가는 명소인가 보다.

덩달아 한껏 흥이 난 아내가, 동상 앞에서 기념촬영 중인 신랑에게 다가가 직접 축의금을 건넸다. 그러곤 신랑신부와 나란히 서서 기념촬영. 각별하고도 의미 있는 축의금을 얼결에 받아든 신랑의 찢어진 입은 카메라 셔터 소리에도 다물어질 줄 모른다. 주변을 둘러싸고 있던 하객들이 아내를 향해 함성과 함께 박수를 보낸다. 내 곁으로 다가온 아내의 눈빛이 나를 올려다보며 '여보! 나 좋은 일 했지?' 한다. 나는 엷은 미소를 띤 얼굴로 '아무렴!' 한다.

일행은 시내로 귀환하여 호텔 객실에 들렀다가, 13:30 점심을 먹으러 식당으로 향했다. 아내를 뺀 나머지 여자 분들은 그 사이 화장을 고친 모습으로 나타났다. 야채 샐러드와 잡채 비슷한 면, 빵에 이어 메인 요리로 노란색 볶음밥이 나왔다. 후식으로는 과일과 커피. 먹고 마시면서 식도락을 즐겼다. 14:50 식당을 나왔다.

버스는 신시가지를 가로지른다. 햇빛이 강렬하다. 거리의 열기도 후끈하다. 전·현직 대통령의 집무실과 정부 청사들, 아파트와 학교 건물들이 도열해 있다. 전부 4~5층에서 7~8층의 흰색 대리석 건물들이다. 대통령궁 부근 대로상에 평양의 주체사상탑과 비슷한 형태의 탑이 우뚝하다. 초대 대통령이 명하여 세운 것이란다. 현 대통령은 2007년부터 집권 중이다. 분수와 가로등을 우아하게 꾸미고 조경에도 세심한 주의를 기울여 도시 전체를 화려하게 단장했다.

금색과 청색의 돔들이 흰 대리석 건물 외양과 조화를 이루고 있다. 제네트 바자르에 들러 서민들의 생활상도 엿보고, 국립 역사박물관에서는 전시된 각 시대별 유물들을 둘러보며 투르크메니스탄의 역사를 공부했다. 박물관에 근무하는 해설사의 설명을 가이드의 통역을 거쳐 들으면서, 17:20까지 1시간 20분 동안 전시실을 구석구석까지 휘젓고 다녔다. 박물관을 나와 버스로 이동해가면서 놀이기구인 휠, 국기 게양대, TV 중계탑, 독립기념비에 중립국 기념탑까지 둘러봤다. 기네스북에 등재되었다느니 세계 몇 번째 규모라느니, 이 나라 안에서는 자부심들이 대단한 것 같았다. 하지만 권위주의 정권들이 흔히 보여주는 전형적인 국민 호도책 그 이상도 그

이하도 아닌 것으로 보였다.

투르크메니스탄은 1995년 영세 중립을 선언했다. 스위스·오스트리아와 함께 세계 3대 중립국의 반열에 올라섰다. 중립국 기념탑 정면에 2명의 위병이 부동자세를 한 채 지키고 서 있다. 가까이 다가가 기념탑의 사진을 찍으려 하면 이들이 제지한다니, 안 되는 것들이 꽤 많은 모양이다. 대형 탑신의 양쪽에 노출형 엘리베이터가 대칭으로 설치되어 있다.

18:00 오후 일정을 끝내고 호텔로 복귀했다. 객실에서 휴식을 취한 다음, 19:00 호텔 내 식당에서 저녁을 먹었다. 그런데 이곳 호텔의 연회장에서도 결혼식이 있나 보다. 꽃 장식을 한 승용차도 보이고, 한껏 멋을 낸 하객들이 삼삼오오 짝을 이뤄 모여든다. 여성들과 어린이들의 옷단장이 화려하다.

20:00 시내 야경 투어다. 일정에는 없지만 현지 가이드인 엘레나의 고객 서비스 차원에서 성사되었다. 일행은 힘찬 박수로 화답한다. 아직 어둠이 내리지 않았고, 켜진 조명도 거의 없다. 호텔 출발 후 20~30분 지나자, 건물과 가로등 조명이 하나둘 들어오기 시작한다. 땅거미가 지고, 어둠도 드리운다. 흰색 일색인 대리석 빌딩과 아파트에 대비되어 형형색색의 조명이 화려하기 그지없다.

하지만 불 켜지지 않은 집들이 허다하다. 사람 사는 알콩

달콤한 온기가 느껴지지 않으니, 왠지 허전하다. '바보 건물'이라는 별명이 붙은 결혼식 전용 건물 앞 도로 상에 버스를 세우고 내려섰다. 그곳 지형이 꽤 높은지라, 도시가 훤히 내려다보이고 조명이 휘황찬란하다. 가로등 불빛의 밝기를 벗어난 지점에 남녀 한 쌍이 뜨겁게 포옹 중이다. 여자는 젊은데, 상대 남자의 연령은 쉽사리 확인되지 않는다. 애정표현의 정도가 지나치다. 감각이 둔한 내가 보기에도 민망스럽다. 우리 일행이 그들에겐 불청객임에 틀림없겠으나, 어설픈 헛기침만으로는 뜨겁게 달아오른 육신들을 떼어놓지 못한다.

야경 투어를 마치고 호텔로 귀환하니 21:30. 연회장의 결혼식 피로연이 한창이다. 연주 음악이 건물 밖으로 흘러나온다. 호기심에 이끌려 일행 몇 분과 함께 연회장 안으로 들어가니 반갑게 맞이해준다. 격의 없다. 테이블로 잡아끌면서 앉을 것을 권유한다. 음료수도 따라주고, 음식들을 새로 차려준다. 졸지에 우리까지 하객이 되어버렸다. 하객들이 신랑신부와 어울려 음악을 좇아 흥겹게 춤춘다. 분위기가 한껏 무르익었다. 일행 중 김 선생 부부와 가이드가 앞으로 나가 함께 어울린다. 아내는 여기서도 축의금을 신랑에게 직접 건넨다. 그러고 보니, 오늘 결혼식 두 군데에 축의금을 내주었다. 젊디젊은 신랑신부여, 축복받을지어다!

벗어놓은 겉옷을 테이블 의자 위에 두고 나왔다가 다시 가지러 가니, 웨이터가 웃는 낯으로 그대로 자리를 지키고 있는 옷을 가리킨다. 이슬람 율법이 한 달 동안의 라마단 기간 중에는 결혼식을 금하고 있으므로, 그 이전에 서둘러 결혼하느라 이곳저곳에서 결혼식 진풍경이 펼쳐지고 있는 것이었다. 올해는 6월 29일이 라마단 시작일이란다.

내일은 06:00 다쇼우즈행 비행기를 타야 한다. 03:30 모닝콜, 04:30 버스 호텔 출발.

Turkmenistan · Uzbekistan Ⅲ.

여행 이레째(6월 5일 목요일): 아슈하바트 → 다쇼우즈 → 쿤야우르겐치 → 히바

03:40 기상. 간단히 샤워한 후에 뜨끈한 컵라면 국물을 후루룩 넘긴다. 04:30 버스 호텔 출발. 하늘은 잔뜩 흐려 있고, 빗방울이 후드득 든는다. 새벽별은 구름 속에 숨었다.

호텔에서 멀지 않은 공항에 도착하여 탑승 수속을 밟는다.

이른 시간인데도 공항 내에 사람들이 많다. 다들 부지런하다. 어린 아이들도 여럿이다. 친지 결혼식에 참석했다가 고향으로 돌아가는 사람들도 꽤 있을 것 같다. 꼬마들의 눈동자가 의외로 똘망똘망하다. 06:00 T5101편은 공항 활주로를 박차고 날아올랐다.

비행 50분 만에 다쇼우즈 공항 활주로에 사뿐히 내려앉는다. 짐 찾고 화장실도 다녀온 후 버스에 올랐다. 달리던 버스는 다쇼우즈 시내 도로에 접한 호텔로 들어섰다. 호텔 안의 식당을 빌려 아슈하바트 호텔에서 준비하여 가져온 도시락으로 아침식사를 했다. 이쪽 호텔에서는 커피 한 잔씩을 제공했다.

호텔 건물을 나온 일행은 버스에 올라 고대 유적지 쿤야우르겐치를 향해 출발했다. 달리는 버스 안에서 상냥한 엘레나는 투르크메니스탄의 명마 아할 테게에 관한 설명에 돌입한다. 히잡까지 착용한 그녀는 못 말리는 골초다. 틈만 나면 담배를 꼬나문다. 참 맛있게도 피워댄다. 아할 테게는 중국인들이 '한혈마'로 일컫던 말이다. 흘러내리는 땀이 피처럼 붉게 보인다고 하여 붙여진 이름이다. 한무제도 얻으려 탐냈던 명마다. 걷거나 뛰는 폼이 우아할 뿐만 아니라, 물을 마시지 않고도 장거리를 달리는 능력이 탁월하다. 검은색이나 갈색 말

중에서도 다리 하단에 흰색의 띠를 가지고 있는 녀석들이 최상급이란다.

10:00 무렵 쿤야우르겐치 유적지에 도착했다. 아무다리야 강 삼각주에 건설된 옛 도시다. 허허벌판 위에 우뚝 솟은 쿠르그 테미를 미나렛이 멀리서부터 줄곧 시야에 들어온다.

이곳은 바로 호라즘 왕국의 영광이 상당 기간 지속된 땅이기도 하다. 호라즘 전역에서 1천여 개의 고대 도시가 명멸했다니, 역사의 유구함을 넉넉히 짐작할 수 있겠다. 이슬람화 이후 호라즘 제국은 11~12세기에 전성기를 맞았다. 그러나 아쉽게도 칭기즈칸의 몽골군과 티무르의 군대에 의해 연거푸 스러지고야 말았다. 이와 같은 불운에다가 아무다리야 강의 물길이 바뀜에 따라 이 지역이 황폐화되었다. 수도를 동남쪽 150킬로미터 떨어진 히바로 옮겼다. 호라즘은 히바 왕국으로 재탄생하여 20세기 초엽까지 300년간 번영을 누렸다.

우선 투르벡 칸 영묘. 웅대하다. 보존 상태도 좋다. 건물 안으로 들어가 돔의 천장을 올려다본다. 천문학적 문양이 장관이다. 365개의 별이 빛나고 있다. 1년을 상징한단다. 돔 아래로 12개의 개방된 창문이 설치되어 있다. 낮 시간의 상징이다. 정오경 밖의 빛이 가장 많이 들어온단다. 그 밑에 12개의 닫힌 창문이 자리하고 있다. 밤의 상징이란다. 실제로는 건물 안에 무덤이 없으나, 현지인들이 영묘라고 부른단다.

또 다른 영묘 하나를 지나니, 쿠르그 테미를 미나렛이다. 원래 높이 65미터였으나, 현재는 62미터. 벽돌을 쌓아올리는 방식으로 건축되었다. 겉면을 일일이 무늬로 장식했다. 정상 부에 목조 시설물이 있다. 육안으로 보아도 상층부가 한쪽으로 기울어져 있다. 꼭대기에서 화재가 나서 기울어졌다고도 하고, 세우는 과정에서 기울어졌다고도 한다. 몽골군 침략 이후인 14세기에 지어졌다.

또 다른 영묘 술탄 테케시 영묘. 창문이 많고 이런저런 내 부 구조로 보아 실제로는 도서관이었을 거란 설명이다. 건물 전면 출입문 상단에 세라믹 장식 흔적이 남아 있다.

천연두와 홍역의 발병 원인을 찾아낸 이슬람 의학의 선구 자 라지의 묘당도 비교적 온전한 형태로 자리를 지키고 있다. 카라반들의 숙박소인 사라이문의 잔해도 세월의 풍상을 견 뎌내고 있다. 황량한 평원 위에는 잡목만 무성하다. 띄엄띄 엄 모스크와 미나렛, 건물들의 흔적이 부서진 채 방치되고 있다. 근처에서는 6세기 때 도시의 성벽을 복원하고 있다. 이 곳의 흙이 소금기를 많이 머금고 있는 듯, 수분이 증발된 곳마 다 허옇게 드러나 있다. 호라즘은 '태양의 땅'이란 뜻이란다.

버스로 10분 이동하여 술탄 알리 영묘와 나자메딘 쿠브라 영묘를 찾는다. 길을 가운데 두고 서로 마주보고 있다. 나자메딘 쿠브라는 이슬람 수피, 즉 신비주의자로서 위대한 시인이었다. 칭기즈칸 군이 침략한 후 그를 참수했단다.

햇볕이 따갑고 바람 몰아치는 악조건 속에 12:10 쿤야우르겐치 유적 탐방을 마무리했다. 다쇼우즈 시로 되돌아왔다. 아침 도시락을 먹었던 호텔의 식당에서 점심을 먹었다. 닭고기에 볶음밥. 일행 분들이 챙겨온 반찬을 내놓았다. 멸치볶음에 고추장, 양념을 섞어 매실을 다진 것까지 식탁에 올려졌다. 많이 걸어 시장한 끝에 먹는 점심은 그야말로 꿀맛이었다.

15:00 버스는 국경을 향해 출발했다. 상냥한 엘레나와도 헤어져야 한다. 아내는 어제 준비한 선물을 그녀에게 건네주었다. 손톱깎이를 포함한 미용도구 세트. 그녀는 환한 얼굴로 감사 표시를 했다. 손톱을 예쁘게 가꾸고, 담배도 좀 줄이세요.

세관 심사를 거치면서 트렁크 안의 모든 짐들이 개봉되었다. 이제는 다들 그러려니, 무덤덤한 표정들을 짓고 있다. 출국 절차를 밟는 데 1시간 남짓 걸렸다. 이곳에서 우즈베키스탄 국경까지 소형차로 사람과 짐이 옮겨갔다.

기사에게 과자와 초콜릿을 건네주고 요금까지 후하게 지불하니, 녀석이 연신 싱글벙글이다. 차를 몰고 두 나라 국경의 출입국 심사대 사이를 왔다 갔다 하면서 먹고 사는 직업도 있구만. 우즈베키스탄 쪽으로 와서 그곳 군인들과 격의 없이 대화하며 키득거리는 것으로 보아, 우즈베키스탄인임에 틀림 없으렷다. 얼굴이 좋아 보이기는 한데, 특권(?)을 누리는 대가로 관리들에게 뜯기지나 않는지 걱정이다.

우즈베키스탄 쪽 입국 심사를 다 끝내고 나오니 17:20. 아자마트가 환한 얼굴로 일행들을 일일이 맞아준다. 며칠만의 상봉인데도 다들 반갑기 그지없다. 마치 고향에 돌아온 듯하다.

버스는 평원을 달려 1시간 만에 히바에 입성한다. 히바는 내성과 외성을 갖고 있다. 인구 10만 명. 그중 3,000명이 내성 안에 거주하고 있다. 내성 안에 무려 49개의 미나렛이 존재한다. 명성에 걸맞게 히바는 도시 전체가 유네스코 세계문화유산으로 등재되어 있다.

18:30. 숙소인 아시아 키바 호텔(Asia Khiva Hotel) 내 식당에서 저녁식사를 했다. 이 호텔은 히바 내성의 남문 바로 앞에 위치하고 있다. 수프에 야채 샐러드, 빵에 메인 요리로 계란말이 떡갈비와 쌀밥이 나왔다. 일행 중 생일을 맞은 분이 있어, 축하 케이크를 자르고 맥주를 마셨다. 축하받은 분이 기분 좋게 맥주 값을 계산했다.

느긋하니 식사를 끝내고는 객실로 올라갔다. 중정을 중심으로 ㄷ자로 배치된 3동의 건물 중 뒷동 2층 58호실이다. 3동

모두 2층으로, 황갈색 벽에 넓은 창문, 붉은 지붕이 어쩐지 그라나다풍(?)이다. 새벽부터 시작된 강행군으로 지친 육신을 샤워로 달랬다. 거기다가 속옷 빨래까지 끝.

20:40. 아내와 함께 호텔을 나와 남문을 통해 내성으로 들어갔다. 모스크와 미나렛이 등장한다. 조명 아래 고즈넉하게 드러나는 모스크. 고풍스럽다. 안으로 들어가니 새로운 모스크가 곱게 단장하고 맞아준다. 호텔 밖으로 나오길 잘했다. 골목과 골목이 이어진다. 주민들이 성 안에 거주하면서 각자 생업에 종사하고 있기 때문에 더욱 정겹다. 다만 주민 거주 주택의 증·개축이 금지되어 있다.

달밤에 동네 꼬마 녀석들이 이런저런 놀이로 골목마다 왁자지껄하다. 어른들은 대문 밖 골목으로 나와 땅바닥에 쭈그리고 앉거나, 평상에 앉고 누워 도란도란 얘기꽃을 피우고 있다. 꼬마 녀석들이 멀리서 찾아온 낯선 얼굴들 주변을 헤집는다. 앞서거니 뒤서거니 키득거리면서 호기심을 보인다. 기념품 가게, 호텔, 카페, 잡화점, 나무 조각품 작업장을 겸한 판매점이 공존한다. 방향을 꺾어 성의 서문까지 나아간다. 뒤로 돌아 다시 반대편 동문까지 천천히 걷는다. 아내와 하는 달밤의 호젓한 고성 산책, 둘 다 기분이 좋다. 타임머신을 타고 몇 백 년 세월을 거슬러 올라간 듯한 느낌이다. 여행이

주는 즐거움이란 바로 이런 것이 아닐는지? 조명 아래 빛나는 모스크와 높고 낮은 미나렛이 계속 등장한다. 내성 전체가 거대한 종교 사원이다.

호텔로 돌아오는 길에 나무 조각품 판매점에 들렀다. 느릅나무로 만든 액자틀과 조각이 가미된 도마를 흥정 끝에 40달러에 샀다. 아까 호텔을 나와 성 안으로 들어가면서, 작업장에 나와 있는 남자 주인과 부인, 올망졸망한 아이 셋과 눈을 맞추고는 손을 흔들어 안면을 터놓은 상태였다. 몸소 제작한 조각 제품을 관광객들에게 팔아 다섯 식구가 먹고 사는 것이니, 야비(?)하게 가격을 너무 후려쳐서는 안 되겠거니 했던 것이다.

내일 아침엔 07:00 모닝콜, 08:00 아침식사, 09:00 체크아웃하면서 히바 시내 탐방 출발.

여행 여드레째(6월 6일 금요일): 히바 → 우르겐치 → 타슈켄트

맑고 파란 아침 하늘이다. 호텔을 나선 일행은 걸어서 히
바 내성, 즉 이찬 퀼라의 성벽을 끼고 서문 쪽으로 나아갔다.
성벽 높이 7~8미터, 두께 5~6미터, 성벽 전체 길이 2,250미
터. 부하라 성의 5배 크기이다. 성벽 위에는 60미터 간격으로
망루와 기둥 역할을 하는 둥근 탑들이 설치되어 있다. 탑과
성벽 사이에는 톱니 모양의 난간을 세워 통로를 만들었다. 성
벽 외부에는 해자(垓字)가 버티고 있다. 도시 방어를 위한 적
절한 구조물들이다.

도시로서의 히바의 역사는 기원전 6세기까지 거슬러 올라
간다. 9세기 말에 이르러 이슬람화가 시작되었다. 10세기 후반
에 내성(이찬 퀼라)과 외성(디샨 퀼라)의 대체적인 체계가 잡혔다.

16세기 초반 히바 왕국이 세워져 그 수도가 되면서, 증·개
축이 거듭된 끝에 오늘날의 도시 구조가 완성되었다. 일행은
성의 서문, 즉 오타 다르보자 앞에 섰다. 내성의 정문에 걸맞
게 육중하고 견고하다. 히바 성 축조 초창기에는 성의 출입문
이 서문 하나뿐이었다. 이후 통행 인구가 많아지면서 나머지

3개 방향으로도 출입문을 냈던 것이다.

서문 앞 광장에는 알자브의 청동상이 우뚝하다. 알 사르디라고도 호칭되는 인물로서, 아랍 세계 전체에 명성을 떨친 수학자 겸 과학자이다. 히바 출신으로, 주로 바그다드, 사마르칸트에서 활약했다고 한다.

성문 안으로 들어서자, 도로 양쪽으로 기념품을 파는 가게들이 빼곡하다. 빨강 파랑 파라솔을 인 가판대 상인들도 아침 일찍부터 호객에 열을 올린다. 어젯밤 달빛 아래 아내와 함께 느긋하니 걸었던 바로 그 길이다. 그땐 상점들이 다 문 닫고, 좌판도 깨끗하니 철시된 상태였다.

도로 우측으로 무하마드 아민 칸 메드라세. 아민 왕이 1855년 건축한 신학교이다. 곁에 서 있는 26미터 높이의 미나렛이 웅장하다. 둥근 외벽이 청색의 기하학적 문양 띠로 장식되어 있다. 원래는 왕이 높이 109미터의 규모로 지어, 그 꼭대기에서 400킬로미터 떨어져 있는 맞수 부하라를 관찰하려고 했단다. 그런 연유에서인지, 애칭이 칼타 미나렛이다. '짧은 첨탑'이란 뜻이다.

왕의 명령을 받은 건축가가 축조를 시작하자, 주변 사람들이 적극 만류했다. 결국 제대로 완성하지 못하여 왕에게 죽임을 당할 것이라는 게 이유였다. 건축가는 왕과 자기 중 누가 먼저 죽을지는 두고봐야 안다고 호언하면서 공사를 강행했단다. 결국 왕이 1855년 페르시아와의 전쟁에서 전사하는 바람에 건축가는 살아남을 수 있었다. 당시의 공법으로는 불가능했을 듯한 109미터 높이의 공사는 더 이상 계속할 필요가 없어졌다. 미완성이긴 하나, 미나렛은 현재의 낮은 키로도 웅장하고 화려하다.

메드라세 건물은 예외 없이 2층 규모로서 1층은 강의실, 2층은 기숙사로 사용된다. 히바에만 무려 42개의 메드라세가 있다. 거의 다 원형대로 보전되고 있다.

코흐나 아르크. 풀이하자면 '낡은 궁전'. 접견실 문양과 기둥의 조각이 섬세하고도 화려하다. 기둥은 느릅나무나 호두나무를 주로 사용했다. 접견실 안의 왕좌는 은으로 제작했다. 왕과 시종들, 그리고 사신들의 출입문이 따로따로 3개가 설치되어 있다. 더운 지방인지라 건물들의 1층과 2층에 널찍하게 베란다가 만들어져 있다. 서 있기만 해도 불어오는 바람이 시원하다.

이슬람 호자 메드라세와 미나렛. 이슬람 호자는 히바의 마지막 왕 이스푼 디야르 시대의 개혁파 대신이다. 이 신학교와 첨탑이 바로 그가 건축한 것이다. 미나렛의 높이 57미터. 보존 상태도 좋고 화려하다. 죄인을 미나렛 꼭대기에서 아래로 집어던지는 방식으로 잔인하게 처형해왔단다. 이를 러시아 황제가 1910년에 이르러 잔인하다는 이유로 전면 금지시켰다.

주마 마스지드. 금요일에 집단 예배를 행하는 사원이다. 5,000명을 수용할 수 있는 규모다. 천장을 떠받치고 있는 나무 기둥이 모두 212개. 기둥마다 굵기와 받침대, 조각이 모두 다르다. 10세기에 지어진 후 여러 번에 걸쳐 증·개축이 이루어졌다.

사원 건물의 외벽에는 푸른색의 타일이 부착되어 있다. 가로세로 각 20센티미터 크기의 타일 한가운데에 구멍이 뚫려 있어, 못으로 박아 벽면에 고정시켰다. 타일의 무늬별로 일일이 고유 번호가 적혀 있어, 퍼즐 맞추듯 수월하게 부착시킬 수 있었다. 사원에는 3종류가 있다. 우선 하루 5번 기도하는 소규모 사원. 다음으로 매주 금요일마다 기도를 올리는 주마 사원. 500명에서 1,000명 수용 규모가 보통이다. 그 다음으로는 1년에 2회 예배를 행하는 명절 사원. 10,000명에서 15,000명을 수용할 수 있을 정도의 대규모 사원이 되겠다.

오전 일정을 끝마치고 성 안에 있는 레스토랑으로 자리를 옮겨 점심식사를 했다. 호박 수프에 녹색 스파게티. 감자와 당근, 쇠고기와 크림치즈가 얹어졌다. 히바 지방 고유 스파게

티란다.

13:10부터 14:30까지 산책과 쇼핑. 한낮 쏟아져 내리는 햇빛의 열기가 녹록지 않다. 성의 서문 밖으로 나간 후, 적당한 나무그늘 아래로 기어들어갔다. 그곳에 선 자세로 성벽 스케치 작업에 들어갔다. 지나가는 행인들이 하나둘 모여들어 목을 길게 뺀다. 호기심은 이 사람에게서 저 사람에게로 쉽사리 전파된다. 얼굴들이 스케치 속 성벽과 실제 성벽 사이를 왔다 갔다 하느라 바쁘다. 얼굴 마주보며 키득거리기도 하고, 고개를 위아래로 주억거리기도 한다. 다들 나름으로는, 제대로 그려내고 있는지 열심히 검증 중인 게다.

스케치를 마무리 짓고는 시원한 호텔 로비로 옮겨갔다. 아내의 제안으로 호텔로 발걸음을 옮긴 것이다. 막상 호텔 출입문을 열고 들어가 보니, 일행의 대다수가 이미 로비 이곳저곳 의자를 차지하고 앉은 채 편히 쉬고 있었다. 한낮의 열기를 뚫고 호텔로 걸어오면서 나로부터 칭찬(?)을 받기까지 했던 아내가 단박에 무안해지는 순간이었다. 호텔 로비에서 더위를 식히고 각자 제 나름의 방식으로 몸을 추슬러 생기를 되찾은 일행은 14:30 버스에 올라 우르겐치 공항을 향해 출발했다.

우르겐치 공항. 작은 규모의 시골 공항이다. 우즈베키스탄

항공 HY1054편. 16:40 이륙.

18:00 타슈켄트 공항 착륙. 짐 찾아 버스에 승차, 타슈켄트 시내로 진입했다. 가로수가 우뚝우뚝 도로 양편을 따라 도열해 있다. 속성수인 이태리 포플러가 주종을 이루고 있다. 요 며칠 동안 보아온 도시들의 풍경과는 판이하다. 숲과 농경지가 많고, 물 사정도 꽤 좋은 듯하다. 한식집인 '김씨네'에서 오래간만에 부대찌개로 성찬을 즐긴다. 밑반찬도 풍성하다. 반주로 소주 한 잔을 곁들인다. 식당 밖으로 나와 버스를 타려는데, 한 떼의 아이들이 골목에서 우르르 몰려나와 구걸 행각을 벌인다. 여행하다 보면 가끔씩 맞닥뜨리게 되는 장면이다.

시티 팰리스 호텔(City Palace Hotel) 915호실 투숙. 이번 여행 첫날 묵은 바로 그 호텔이다. 방만 12층에서 9층으로 내려왔다. 호텔 내 연회장에서 현지인 결혼식 피로연이 있나 보다. 밤 늦게까지 밴드 음악 소리가 쿵쾅쿵쾅 객실에까지 올라온다.

내일 아침엔 07:00 모닝콜, 08:00 아침식사, 09:00 시내 관광을 위해 버스 출발 예정이다.

여행 아흐레째(6월 7일 토요일): 타슈켄트

상쾌한 아침이다. 간편한 차림으로 호텔을 나섰다. 걸어서 아미르 티무르 광장으로 갔다. 타슈켄트의 중심부에 있다. 러시아 침략 후인 1865년 조성된 유럽식 광장이다. 독립 이전 에는 스탈린 광장으로 불렸다. 1875년 광장 부근에 러시아에 서 건너온 학생들을 위한 학교가 세워졌다. 3층 석조에 초록 지붕을 이고 있다. 현재는 우즈베키스탄 국립 법과대학이 들 어서 있다. 타슈켄트 시청사 건물도 근처에 자리하고 있다.

타슈켄트에서 80킬로미터 떨어져 있는 침낭 산에서 흘러내 린 물이 타슈켄트 시내를 관통한다. 초록빛 강물이다. 아름 다운 강을 가로질러 '죽음의 다리'가 걸쳐 있다. 스탈린 시대 주민 학살 장소이다. 희생자 추모 공원이 강변에 오롯이 들어 앉아 있다. 스탈린 시대에 엘리트 계층 위주로 무려 40만 명 이 학살당했단다. 장년과 노년은 학살했고, 청년은 시베리아 나 아스타나 등 혹한지로 유배를 보내버렸다.

차도와 인도 사이에 녹지를 설치했다. 가로수도 하늘을 향 해 쭉쭉 뻗어 올라 시원한 그늘을 드리우고 있다. 도시 안에 공동묘지도 공존하고 있다. 성처럼 벽돌담을 빙 둘러쳐 주변을 지나는 이들의 시선을 차단한다.

이번에는 지진 기념비. 1966년 4월 26일 오전 5시 22분 대규모 지진 발생. 도시의 70퍼센트가 파괴되었다. 이때 지진으로 타슈켄트에서만 8,000명 이상이 사망했다. 지진 기념비는 1972년에 이르러 당시 지진의 진앙지 위에 세워졌다. 기념비 위에는 부부로 보이는 성인 남녀가 어린 남자아이를 품에 안고 놀란 표정을 지은 채, 한쪽 방향으로 달아나는 모습의 청동상이 서 있다. 그날의 다급함을 실감나게 표현하고 있다.

그 뒤쪽으로는 지진 발생부터 복구까지의 장면들을 청동 부조로 새겨, 빙 둘러 설치한 반원형 대리석 기단에 부착했다. 3층 이상 건물을 짓기 위해서는 행정 관청으로부터 허가를 받아야 한다. 내진 설계도 필수. 시내에는 5층과 9층짜리 아파트가 많은데, 주민들이 고층을 기피한단다. 지진에 대한 공포 탓이리라. 그래서인지, 아파트도 고층일수록 가격이 저렴하단다. 현재도 1년에 600여 회 지진이 발생하는데, 5월의 지진 발생 빈도가 유독 높다나.

버스에 올라 에어컨 바람으로 더위를 식힌 후, 이번엔 독립기념 광장. 도로 맞은편은 오페라 하우스. 그쪽으로 향하는 일본인 단체 관광객들이 시야에 잡힌다. 음악이나 미술 분야에 관련한 일본인들의 열정은 국제적으로 알아줄 정도가 되었다. 극성스럽다고 표현하는 분들도 있긴 하다.

광장은 독립 이전까지는 레닌 광장이었다. 바닥이 전부 붉은 벽돌로 깔렸었고, 3미터 높이의 레닌 동상이 너른 광장을 내려다보고 있었다. 독립 선포 즉시 동상은 철거되었고, 명칭도 독립 기념 광장으로 바뀌었다. 입구를 통과하여 올라가다 왼쪽으로 꺾으니, '꺼지지 않는 불'이 타오르고 있다. 러시아를 포함한 15개 동유럽국 전몰자들을 추모하기 위한 제단이다. 불 뒤쪽으로 반원 형태로 대리석 벽면을 빙 둘러싸고, 그 앞에 히잡을 두른 채 앉은 자세로 무릎에 두 손을 모으고 있는 '슬픈 어머니 상'이 놓여 있다. 남편은 이미 전장에서 전사했고, 이어 징집되어 전선에 투입된 아들이나마 무사히 돌아오기만을 기다리는 어머니 모습이다. 어머니 상 양 옆에는 "너는 항상 나의 마음속에 있다"라는 문구가 러시아어와 우즈벡어로 새겨져 있다.

장소를 옮겨가니, 이번에는 '행복한 어머니 상'이 일행을 반갑게 맞아준다. 이 자리에도 상당한 세월 동안 레닌 동상이 붙박여 있었다. 역시 독립 이후 이를 제거하고 새로이 세운 것이다. 어린 아이를 무릎 위에 안고 앉아 있는 모습이다. 히잡을 착용하고 있다.

대리석 기단 꼭대기에 금색의 지구의를 올려놓았다. 세계 지도가 아니라, 우즈베키스탄 지도가 지구의 전체에 새겨져 있다. 이곳에서 보아 좌측으로 국회의사당 건물이 자리 잡고 있다. 흰색 대리석의 좌우대칭형 건물이다. 건물 중앙부 위로는 붉은 지붕이 햇살 아래 빛나고 있다. 주변으로 이런저런 정부 청사들이 밀집해 있다. 푸른 숲과 잔디밭, 시원한 분수에 화려한 꽃으로 장식된 조경이 산뜻하니 다가온다. 대로를 지하도를 통해 건너, 우즈베키스탄 국립 역사박물관으로 이동했다. 지하도에는 고급 상점들이 빼곡 들어찬 상가가 행인들의 시선을 빼앗고 있었다.

11:00부터 12:00까지 이 방 저 방 옮겨다니며, 우즈베키스탄의 역사 공부를 열심히 했다. 가이드인 아자마트의 해박한 역사 지식과 압축된 설명이 여러 모로 진가를 발휘했다. 그야말로 귀에 쏙쏙. 이 친구, 여행 말미에 시험을 보아 개별적으로 평가하겠다고 으름장(?)을 놓는다. 다들 한 번 웃자고 하는 너스레렷다.

12:15. 버스로 이동하여 '해드리' 식당으로 향했다. 발품을 많이 판 탓에 이른 시장기가 몰려와 있던 참이었다. 불고기와 보쌈 등 한식으로 풍성한 식사를 즐길 수 있었다. 보드카 2잔을 반주로 마시니, 식도를 타고 흘러내리는 술의 도수가

짜르르하니 그대로 전해져 왔다. 느긋하니 둘러앉아서 과일과 커피까지 마저 즐겼다.

한낮의 햇볕이 강렬하고 열기 또한 대단하므로 호텔로 돌아가 쉬기로 의견을 모았다. 15:30까지 호텔 객실에서 각자 휴식.

생기를 되찾은 일행은 버스에 올라 하즈라트 이맘 사원을 찾았다. '목자들의 스승'이란 뜻을 갖고 있단다. 금요일 사원이다. 9세기에 지어졌고, 미나렛의 높이가 62미터란다.

사원 뒤쪽 광장을 끼고, 12세기부터 존재하는 동네 사원이 있다. 박물관은 이미 문을 닫았다. 내일 오전 시간을 내어 다시 찾기로 한다. 하즈라트 이맘 사원 뒤쪽에 바락 칸 신학교가 있다. 16세기 타슈켄트 왕국의 왕 바락 칸에 의해 지어졌다. 지진이 발생하여 건물의 2층은 붕괴되고 1층만 남았다. 현재 그곳에는 공방과 각종 수공예품 판매점들이 들어차 있다. 이곳저곳을 건성으로 기웃거려본다. 아내는 어디로 갔는지 보이지 않는다. 계단 그늘에 들어앉은 채, 신학교의 출입구 쪽 건물과 그 앞의 하즈라트 이맘 사원의 뒷모습을 작은 스케치북에 옮겨 담는다. 스케치를 끝내갈 무렵이 되어서야 아내는 못 보던 비닐 쇼핑백 하나를 들고 내 앞에 나타났다. 그 안에는 카라반 대열과 결혼식 행렬을 아기자기하게 그린 소품 3점이 들어 있었다.

17:00 버스로 이동하여 17:20 재래시장인 조르수 바자르에 도착했다. 시장도 상당히 크고, 사고파는 사람들도 많았다. 18:10까지 구경도 하고 쇼핑도 하면서 시간을 보냈다. 농산물 시장은 공산품 시장에서 도로를 건너 자리 잡고 있다. 지붕이 있는 대형 사각형 건물에선 각종 과일과 채소를 팔고 있다. 둥근 지붕을 얹은 원형극장같이 생긴 건물의 1층에서는 육류를, 2층은 각종 견과류를 판매하고 있다. 장충 체육관 정도의 크기이다. 견과에 관심이 많은 아내는 곧장 2층으로 오른다. 가게마다 고유 번호가 붙어 있다. 견과류와 건포도를 각 1킬로그램씩 구입한다. 말로는 나와 나의 친구들을 위한 술안주라고 하나, 빈말이 될 공산이 크다.

18:40경 어제도 들렀던 '김씨네' 식당에서 된장찌개와 순두부찌개로 저녁을 먹었다. 점심 때 마시고 남은 보드카를 일행들과 1잔씩 나눠마셨다.

19:40 호텔로 돌아왔다. 씻고 난 후 휴식 시간을 갖는다. 구름 사이로 빗긴 석양이 몹시 붉다. 타슈켄트에서의 뜨거운 여름해가 또 이렇게 저문다. 오늘도 연회장에서 결혼식 피로연이 열리고 있나 보다. 하지만 어제보다는 덜 시끄럽다.

내일 아침은 07:30 모닝콜, 08:30 아침식사, 09:30 교외 관광을 위해 버스 출발이다.

여행 열흘째(6월 8일 일요일): 타슈켄트 → 침간 → 타슈켄트

아침식사를 끝내고 호텔 로비에 모인 일행은 다들 환한 얼굴과 가벼운 마음으로 버스에 올랐다. 우선 구시가지로 이동하여, 어제 못한 바락 칸 메드라세 내 박물관 견학부터 했다. 세계에서 가장 오래된 4개의 코란 중 하나를 직접 보는 것이 주목적이었다. 657년에 제작되었다. 나머지 3개는 메카·이스탄불·런던의 대영박물관에 소장되어 있단다. 일정한 사이즈로 재단된 사슴 가죽에 아랍어로 쓰였다. 박물관 1층 중앙 로비에 전시되어 있다. 유리관 속에 들어 있으며, 일정한 거리 내로의 접근을 막기 위한 봉들과 몇 겹의 끈들이 유리관을 둘러싸고 있다.

경전은 가로 50센티미터, 세로 70센티미터, 두께 40센티미터 정도로, 책의 형태로 제본되어 있다. 모두 338쪽. 80쪽이 결락되었다. 소비에트 연방 시절 러시아 순회 전시 과정에서 운송 책임자가 뜯어내 팔아먹었단다. 원래 자리에는 대신 복사본을 끼워넣었다. 그는 명색이 러시아 장군이었다고 한다.

박물관에 전시되어 있는 이 코란은 아미르 티무르가 선물

받은 것이란다. 실제로는 약탈일 가능성이 크단다. 원래 사마르칸트에 있다가 러시아 측에 넘겨져 소장되어 왔다. 독립 이후인 1993년에 타슈켄트로 이송되어 현재까지 보존되고 있다.

일행은 타슈켄트 시내를 벗어나, 80킬로미터 거리의 침간으로 향한다. 시 외곽 검문소에서는 도시의 경계를 들어오고 나가는 차량 전부를 검색한다. 침간은 '잔디가 많다'라는 뜻이란다. 침간 가는 길은 왕복 4차로의 도로다. 도로 왼쪽으로는 큰 하천이 흐르고 있다. 치르칙스 강, 즉 '작은 강'이다. 멀리 침간 산의 눈 녹은 물이 모여 흘러내리는 것이다. 수량이 꽤 많다. 수목이 울창하다. 주말 농장과 하천이 도로를 따라 계속 이어지고 있다. 도로 우측은 구릉과 농지, 과수원과 초지다. 잔디밭이 많이 보인다.

오르막길이 계속되고, 도로는 좁아진다. 버스 앞쪽으로 서서히, 침간산의 모습이 드러난다. 꼭대기에 하얀 눈을 이고 있다. 만년설이다. 최고봉은 3,309미터. 침간 산 초입에 도시가 나타난다. 자갈켄트. 산간 거주민들까지 포함한 인구가 9만 명이란다. 해발 1,700미터 이상 지역에는 나무가 전혀 없다. 고산 지역 주민들은 호두와 아몬드를 재배한다. 양봉을 하고 또 양과 소를 키우면서 생활하고 있다.

하늘은 파랗고 태양은 눈부시다. 뭉게구름은 설산 위를 흐른다. 버스는 꼬불꼬불 비탈길을 힘겹게 기어오른다. 야생화가 널렸다. 꽃송이가 앙증맞게 작다. 흰색·노랑·옅은 보라. 도로의 포장 상태가 영 안 좋다. 버스의 요동이 심하다. 이곳엔 9월부터 이듬해 5월까지 눈이 내린단다. 강설량이 매우 많고, 하루에도 7번 날씨가 바뀐다고 한다. 산 중턱에 스키장이 있고, 4성급 호텔과 리조트 타운이 자리 잡고 있다. 산간 마을이 많고, 여기저기에 놓인 벌통들이 부지기수다.

12:20 스키 리프트 출발 지점에 도착했다. 2명씩 리프트를 타고 산 위로 올라간다. 10분 만에 전망대에 설 수 있었다. 해발 2,150미터. 시원하고 주변 풍광이 수려하다. 위쪽 높은 봉우리들의 골짜기를 따라 채 녹지 않은 눈과 얼음이 아래를 향해 촘촘하니 흰 창들을 겨누고 있다. 아래로는 캠핑 텐트와 별장들, 구릉과 마을들, 그 너머로 파란 호수까지 눈에 들어온다. 풍광을 감상하고 사진도 찍은 후 리프트를 타고 아래로 내려오니 13:20.

일행을 거두어들인 버스는 점심식사를 위해 힘차게 앞으로 나아갔다. 도로변 마을에 송아지 여러 마리가 그야말로 천방지축이다. 걸음 떼기가 위태위태한 어린 녀석도 보인다. 봄에 낳아 겨울 전에 덩치를 어느 정도 키워야 한단다. 주변에서 방목되는 소들은 저 스스로 알아서 아침에 집 나와 풀

뜯다 저녁 되면 집에 들어간다고 한다. 송아지를 우리에 가둬둔 채 어미 소의 모성애를 이용하여 훈련시킨단다. 이를 반복하다 보면 습성화되게 마련이다. 급기야 관리인 없이도 소들끼리 알아서 살아가는 것이 가능하게 되겠다.

차르박 호수가 내려다보이는 언덕에 차를 세웠다. '4개 마을의 가운데에 있는 호수'라는 뜻이란다. 원래는 자연호수였는데, 1974년 댐을 쌓았단다. 6월부터 9월까지의 건기에 물을 방류하여 식수와 목화 관개에 활용한단다. 댐 바로 아래에 자갈켄트가 자리 잡고 있다. 호수의 물이 흘러내려 치르칙스강을 이룬다. 호수 위 하늘에 패러글라이더와 행글라이더들이 날고 있다. 이런저런 곡예와 묘기로 비행 실력을 맘껏 과시하고 있다. 비행 실력이 만만찮은 녀석들임에 틀림없다.

파란 호수와 하늘, 병풍처럼 호수 주변을 빙 둘러싼 산들, 그 너머 뾰족하니 하얗게 빛나는 설산들. 이 같은 풍경을 배경으로 기념사진들을 찍고는 다시 출발. 호숫물의 수위가 만수에 가깝다. 서쪽으로, 길게 누운 제방도 내려다보인다. 호숫가에 위치한 호텔 내 식당에서 때늦은 점심을 먹었다. 야채에 닭고기 고명을 얹은 국수, 쌀밥, 성인 손바닥 크기의 쇠고기에 감자 칩을 먹었다. 거기다가 과일과 커피까지. 호수가 한눈에 내려다보이는 자리에 앉아 맛있는 식사를 즐겼다. 시장했던지, 이번에는 아내도 접시를 꽤나 비웠다. 식사 후 호수 주변을 산책하면서 시간을 보냈다. 15:30 버스 출발.

도로변에 차를 세우곤 아빠, 남동생과 함께 노란 야생화를 한 움큼 꺾어든 예닐곱 살 계집아이의 얼굴 표정이 마냥 행복하다. 한 가족의 행복한 시절이 에서 펼쳐지고 있는 것이다. 어린 아이들에게는 소중한 추억으로 오래오래 간직될 것이다. 도로가에 서서 꺾은 꽃무더기를 손에 든 채, 지나가는 차들을 향해 흔들어대는 아이들과 아줌마들의 모습이 길게 이어진다. 꺾은 야생화 다발들을 운전자들에게 팔려는 것이다. 자갈켄트에서 타슈켄트까지는 철도로도 연결된다. 타슈켄트로 귀환하는 길에 김병화 집단농장 박물관을 방문했다.

1930년대 중반 스탈린의 강제이주 명령에 따라 연해주를 떠나야 했던 한인들의 절반가량이 타슈켄트 인근에 버려졌다. 김병화도 그런 슬픈 카레이스키 가운데 한 사람이다. 그는 삶의 극한 상황 아래서도 결코 절망하거나 낙담하지 않았다. 황량한 땅을 일궈 논을 만들고 집단농장을 개설하여 주민들을 지도했다. 그의 노력 끝에 1개 마을이 5개로 늘어났다. 1940년부터 무려 35년간 집단농장의 지도자로 활약했다. 2회에 걸쳐 러시아 영웅 칭호를 부여받았다. 세월은 흘러 현재 집단농장 마을에는 한인들이 노인들 위주로 600명 남짓

거주하고 있다. 젊은 층은 타슈켄트를 비롯한 도시로 이주해 나갔단다. 우즈베키스탄에는 현재 25만여 명의 한인들이 거주하고 있다. 그들을 고려인이라고 부른다고 하나, 우리까지도 그런 호칭을 거침없이 입에 담기에는 한편 부끄럽고 또 한편 야비하다.

박물관 경내에 들어서자 선생의 흉상이 일행을 맞이한다. 대리석 좌대 위에 올려진 청동상이다. '이중사회주의로력 영웅 김병화'. 좌대에는 "이 땅에서 나는 새로운 조국을 찾았다"라는 문구가 새겨져 있다. 안내인인 엠마의 인솔하에 박물관에 전시되어 있는 물건들과 사진들을 둘러보았다. 우리나라 대통령으로서는 유일하게 1994년 김영삼 대통령이 이곳 집단농장을 방문했단다. 엠마는 연해주로부터 강제 이주된 한인의 딸로서, 1940년 이곳에서 태어났다. 남원 최씨란다.

18:00까지 설명 듣고 나오면서, 성금 함에 성금도 넣었다. 지갑에서 꺼낸 돈을 들고 있는 아내를 향해 그만큼을 더 얹어 내라고 명령(?)했다. 아내는 군말 없이 시키는 대로 했다.

타슈켄트 시내로 들어와 18:40 '해드리' 식당에서 된장찌개로 저녁식사를 했다. 두부조림과 총각김치, 코다리 찜과 나물 등 반찬이 풍성했다. 반주로 맥주 2잔을 마셨다. 알코올 도수가 11도이다. 금세 취기가 오른다. 맘씨 좋은 아내가 서

빙하고 있는 한인 처녀 둘의 손에 10달러씩을 쥐어 준다. 둘 다 고마운 표정들을 짓는다. 슬픈 카레이스키의 운명을 물려받은 손녀나 증손녀임이 분명할지니, 나는 아내를 향해 미소와 함께 연신 고개를 끄덕여준다. 그녀들과 그 가족들의 평안과 행복을 빌어준다. 점심 먹은 지 얼마 지나지 않았으나, 찌개와 반찬들이 맛있어 숟가락과 젓가락을 열심히 놀렸다. 19:30 버스가 호텔에 도착했다.

　내일 아침엔 06:00 모닝콜, 07:00 아침식사, 07:40 체크아웃과 함께 버스 호텔 출발.

팬 산맥을 넘다
- 타지키스탄 기행 -

Tajikistan I.

여행 열하루째(2014년 6월 9일 월요일): 타슈켄트 → 호잔 → 두샨베

05:30 기상. 샤워 후 객실에서 소주 1잔을 곁들여 컵라면을 먹었다. 체리도 먹고 커피도 마셨다. 화장실도 다녀오고 짐을 정리하고 나니 여유시간이 별로 없다. 버스가 호텔을 출발하여 우즈베키스탄과 타지키스탄의 국경을 향해 나아갔다. 오늘 낮 최고 기온 섭씨 34도 예상. 오이백 국경까지는 버스로 2시간가량 소요된단다. 이른 아침부터 거리가 출근하는 시민들로 활기가 넘친다. 시내를 벗어나자 전형적인 시골 풍경이 전개된다. 주민들이 빗자루를 들고 도로변과 골목길을 열심히 쓸고 있는 모습이 자주 눈에 띈다. 밀밭의 밀이 누렇게 익어가고 있고, 목화밭의 목화도 제법 자랐다. 적게는

서너 명, 많게는 20여 명까지 무리지어 밭에서 일하고 있는 농부들의 모습이 버스 차창으로 속속 스쳐 지나간다. 전원 마을의 아침은 평온하기 그지없다. 방풍림이 마을과 농지를 둘러싼 채 줄맞춰 심어져 있다.

소들은 도로가까지 나와 부지런히 풀을 뜯고 있다. 출발한 지 1시간여 지났을까. 도로 왼쪽으로 타슈켄트 호수가 모습을 드러낸다. 차르박 호수에 이어 두 번째로 큰 댐이란다. 호수 건너 산맥 능선을 따라 아침 물안개가 길게 피어오른다. 드넓은 평원이 1시간 이상 이어진다. 밀밭을 가로지르는 철탑마다 꼭대기에 학이 둥지를 틀었다. 둥지마다 어미 학이 지키고 앉아 있다. 타슈켄트의 상징 새가 학이라더니, 녀석들을 이곳에서 이런 방식으로 만나게 되는구면. 다들 높이 올라앉아 우리 일행을 환송하고 있다고 생각하니, 저절로 기분이 좋아진다.

국경지역인 베카바트에 진입했다. 이곳에선 벌써 콤바인을 이용한 밀 수확이 한창이다. 09:30경 국경에 도착하여 곧바로 출국 심사에 들어갔다. 정이 들대로 든 아자마트와도 아쉬운 이별의 의식을 했다. 정들자 이별이라니⋯ 자상한 아내는 벌써 며칠 전 그에게 예쁜 선물을 건네줬다. 사각형의 빨강색 가죽 케이스에 들어 있는 깜찍한 선물은 아자마트보다는 그의 젊은 처가 훨씬 더 좋아할 것이다.

출국 절차와 뒤이은 입국 심사가 예상 외로 수월하게 진행되었다. 10:30 양쪽 심사를 끝낸 일행은 어느새 타지키스탄 영내에 들어와 있었다. 짐은 다른 차량에 따로 싣고, 소형 버스에 승차한 일행은 호잔을 향해 씩씩하게 출발했다.

우리를 안내할 이곳 가이드는 라히맘 압둘. 대학에서 관광학을 전공한 20대 청년이다. 핸섬하다. 1992년에서 1997년에 걸쳐 타지키스탄에서 민족 분쟁이 발생했다. 그 과정에서 많은 숫자의 주민들이 희생되는 비극을 겪었다. 그 여파로 국민 상당수가 해외로 이주했단다. 타지키스탄은 전 국토의 95퍼센트가 산지이다. 그 대신 지하자원이 다량 매장되어 있어, 미래에 대한 희망의 끈을 틀어쥐고 있다. 평원은 자세히 살펴보니 거친 초지이다. 그 뒤로 저 멀리 양쪽으로 산맥들이 휘달리고 있다. 칭기즈칸의 몽골군이 바로 저 산을 넘어 예까지 쳐들어왔었단다. 평원 중간중간 펼쳐지는 수목 지대 위주로 마을이 형성되어 있다. 덥고 건조하다. 햇볕도 강하게 내리쬔다. 파란 하늘이 높고, 구름 조각들이 평원 위로 그림자를 드리우고 뭉게뭉게 피어나고 흐른다. 끝없는 평원을 가로지르는 편도 2차로의 도로는 포장과 차선 구획 상태가 둘 다 양호하다.

버스는 어느덧 호잔 시내에 진입한다. 오아시스 도시인 양 활엽수림이 울창하다. 도시 너머로 저 멀리 구름에 휩싸인 설산들이 우뚝우뚝 솟아 산맥으로 뻗어나간다. 비취빛 강물이 도심을 가로질러 흐른다. 강을 따라 푸른 수목 지대가 형성되어 있다.

12:40 식당 도착. 3층의 식당으로 올라가는 계단이 보수 공사 중인지 이런저런 자재들이 널려 있어 어수선하다. 수프에 야채 샐러드, 닭고기에 쌀밥이 메인 요리로 이어진다. 서둘러 식사를 마치고는 다시 출발했다.

13:20 세이드 마살라드 딘 메드라세 도착. 사원 앞 광장이 사람들로 바글바글하니 꽉 찼다. 광장에 면하여 시장도 있다. 사람들의 복장이 우즈베키스탄보다 보수적이다. 검은색과 흰색 위주로, 이슬람 풍이 훨씬 더 짙다고나 할까.

세이드 마살라드 딘은 11세기 때의 왕으로 신앙심이 돈독했다고 한다. 이 사원 안에 그의 묘가 있다. 미나렛의 높이 20미터. 사원과 미나렛이 우즈베키스탄의 도시들에서 본 것들에 비하면 소박하고 단아하다. 13세기 몽골군 침입과 그 이후 티무르 침공 시 부분적으로 파괴되었다. 현재 건물은 17세기 이후 개보수한 것이다.

금요일 사원이다. 3,000명 이상이 한꺼번에 기도할 수 있다. 사원이 시내 중심부에 위치하고 있어, 기도 시간을 알리거나 신도들이 기도를 위해 모여들기 편하다. 광장 옆 텐샨베 바자르는 1952년에 생겼다. '목요일 시장'이란 뜻이라나. 과거에는 매주 1회씩 열렸으나, 현재는 상설 시장이다.

광장 비둘기 떼의 집단 비상이 현란하다. 아내는 견뎌내지 못하고, 이번에도 시장에 가셨다. 땡볕으로 한껏 달아오른 대리석 계단에 엉덩이를 붙이곤, 사원 풍광을 스케치한다. 호기심 많은 젊은 친구들 서넛이 다가와 말을 건다. 그림 그리기가 취미냐. 그렇다고 응답한다. 함께 사진을 찍을 수 있겠냐고 묻는다. 그러마고, 순순히 허락한다. 그들과 나란히 선 채 그들의 카메라로 몇 커트 사진을 찍었다. 일일이 악수를 하고 헤어졌다. 주변에서 그 광경을 지켜본 목격자는 별로 없었다.

일행은 강변에 위치한 고고학 박물관을 찾았다. 벽돌을 쌓아 지은 건물로, 고성 형태를 갖고 있다. 이곳은 과거 알렉산더 대왕의 정복지였는데, 박물관 안에 대왕의 출생에서부터 죽음까지 풍운아로서의 인생 역정이 표현된, 천연 희귀 돌들로 꾸며진 부조가 전시되어 있단다. 하지만 오늘이 마침 정기 휴관일인지라, 아쉽게도 바깥만 휘 둘러보고는 발길을 돌린다. 맞은편 석조 건물이 극장이다. 극장 앞 분수대에 설치된 여인상이 이채롭다. 5세기에 유행한, 여자들이 강한 남성을 맞기 위해 악기를 연주하는 장면을 표현하고 있다.

자, 이제 지프에 나눠 타고 두샨베까지 310킬로미터를 달린다. 5시간 이상 걸릴 것이다. 중간에 험난한 팬 산맥을 넘어야 한다. 지프 운전사들은 모두 베테랑이란다. 일행은 1대당 3명씩, 5대에 나눠 탔다. 나는 아내와 함께 도요타 RAV4J 차종의 차량 넘버 EX3036, 02PT 지프에 탑승했다. 내가 조수석에 앉고, 아내는 무거운 트렁크 운반 과정에서 기분이 어긋나는 바람에 오늘 하루 냉전 중인 커플의 마나님과 함께 뒷좌석을 차지하고 앉았다.

14:30. 5대의 지프는 대열을 지어 굉음과 함께 박물관을 박차고 앞으로 달려 나갔다. 그로부터 얼마 후 시내를 벗어나 평원을 달린다. 톨게이트도 통과한다. 출발한 지 45분 정도 되자, 황무지와 띄엄띄엄 밀밭이 나온다. 농경지는 급격히 줄어든다. 구릉이 높아진다. 수목 지대는 점점 좁아진다. 앞으로 좌로 저 멀리 하얀 눈을 이고 있는 산들이 시야에 들어온다. 전봇대 행렬과 도로만 평원을 가로지를 뿐, 그야말로 일망무제다.

지프는 바람을 가르며 대평원을 달린다. 구릉이 다시 낮아지며 수목 지대가 확장된다. 푸른 들판이 전개되고, 마을도 다시 조밀하게 펼쳐진다.

출발한 지 1시간여, 읍 정도의 자그마한 도시가 나타난다. 도로 옆 개울을 따라 물이 시원하게 흐르고, 소가 망아지와 함께 목을 축이고 있다. 두샨베까지 232킬로미터. 차량 정면으로 팬 산맥의 설산 풍광이 병풍처럼 펼쳐진다. 도로 주변으로 낮은 곳은 마을과 농지요, 좀 높다 싶은 구릉엔 황무지가 전개된다.

15:50. 차들을 도로가에 세우고 10분간 휴식했다. 남자는 왼쪽, 여자는 오른쪽으로 나눠, 적당한 방식으로 요의를 해결했다. 저 아래 조그만 호수가 내려다보인다. 호수를 향해 조준하고 배출하니, 아으 시원하다. 나말고도 두 분이 똑같은 짓거리(?)를 하고는 머리를 뒤로 젖힌 채 진저리를 쳐 댄다. 어느새 나타나 키득거리는 2명의 꼬마에게 사탕을 나눠주었다. 녀석들이 무척이나 좋아한다. 공짜로 받을 수는 없다는 듯, 묘기를 부린다. 한 녀석이 가뿐하니 공중제비를 돈다. 그러자 또 한 녀석이 곁에서 풀을 뜯고 있는 염소를 낚아채 와 훌쩍 등에 올라타고는 함박웃음을 짓는다. 그래, 잘들 하는구나. 꼬마들아! 잘 있거라.

16:30. 지형이 구릉과 평원에서 서서히 산악으로 바뀌기 시작한다. 도로 옆 산세가 점점 가팔라진다. 도로와 계곡을 흐

르는 물과의 낙차도 점점 커진다. 요금 정산소를 또 하나 지나며 요금을 지불한다. 여기저기 야생화가 군락을 이루고 있다. 선홍빛 꽃잎이 섬뜩한 느낌까지 준다. 활엽수와 침엽수가 공존한다. 침엽수가 점점 많아진다. 바람은 시원하고, 계곡을 따라 눈 녹은 물이 흐른다. 계곡과 도로를 따라 고압선 철탑도 달린다. 고도가 꽤 높아졌는지, 귀가 멍멍해지기 시작한다.

지프는 좌측으로 절벽을 끼고 꼬불꼬불 이어진 도로를 따라 산을 기어오른다. 가까이 산 능선을 따라 설경이 연출된다. 지프는 터널 안으로 들어섰다. 해발 2,700미터상에 개설된 터널이다. 5킬로미터 길이의 터널을 벗어나자마자 우선 눈이 부셨다. 원래의 초점을 찾는 데 시간이 걸렸다. 정면 저 멀리 수려한 설산의 늠름함이라니! 이번에는 우측으로 계곡 절벽을 끼고는 지그재그로 마구 내려간다. 저 아래 계곡으로 눈 녹은 물이 백사처럼 하얗게 기어 내린다.

17:00. 적당한 곳에 차를 세웠다. 일행들을 위한 휴식이라고 하나, 내가 보기에 정작 휴식이 필요한 쪽은 운전자들이다. 상쾌한 공기를 폐부에 채우고, 또 설산을 배경으로 기념사진도 찍는다. 돌무더기 사이로 피어난 진노랑 야생화들이 앙증맞다. 야생 튤립이란다. 17:10, 지프는 대열을 지어 힘차게 달려 나갔다. 날카로운 예각을 드러내고 있는 산은 표면

이 흙과 돌이다. 경사면을 따라 풀과 키 작은 관목이 자라고 있다. 소와 양을 치는 주민들의 가옥이 군데군데 산개된다. 얼기설기 허름하게 엮은 외양이 눈부신 햇살과 대비되어, 초라하니 앙상하기만 하다. 까마득하니 계곡 저 아래로 푸른 숲과 마을도 보이고, 도로도 있다. 협곡 사이의 상승 기류를 타고 활공하는 매와 독수리가 하늘 위에서 빙빙 선회한다. 먹이를 찾고 있는 것이리라.

해는 서편에 기울었다. 지프 대열은 설산을 정면으로 바라보면서, 남쪽을 방향삼아 꼬불꼬불한 도로를 달려 내려간다. 17:20, 차가 길가에 멈춘다. 그곳에서 주민들이 각종 견과류와 말린 과일을 팔고 있다. 이번엔 주민들의 소득 증대에 기여하기 위한 목적이렸다? 일행 중 몇 분이 기꺼이 사주었다. 아내도 몇 분 중에서 빠지는 것을 원치 않았다. 사주는 것은 좋은데, 그러다 트렁크 배 터지는 건 아닌지? 이번에는 왼쪽으로 계곡을 내려다보며 지프를 달린다. 이리 꺾고 저리 꺾으며 계속 내려간다.

17:40이 돼서야 겨우 계곡 바닥에까지 내려왔다. 마을이 있고, 수목이 자라고 있다. 마을을 가로질러 제법 많은 수량의 탁한 격류가 요동치며 흘러내린다. 마을 뒷산의 토양이 켜켜이 시루 속 떡처럼 비스듬히 층을 이루고 있다. 주변의 토양

에 비해 유난히 붉다. 격류를 가로질러 출렁다리가 얹혀 있다. 지프들은 시종 비상 라이트를 깜박이며, 대열을 지어 빠른 속도로 질주하고 있다. 경광봉을 들고 서 있던 경찰관이 어리둥절한 상태에서 수상한 차 5대를 연거푸 놓치고 만다. 주민들과 소들이 집으로 돌아가는 풍경이 무척이나 한가롭다. 계곡물이 흐르는 주변으로만 숲과 마을이 함께 붙어 있다. 타지키스탄의 전통 음악이 흐르는 가운데, 차는 다시 격류를 거슬러 난 도로를 따라 오르막행을 시작한다. 저 앞 능선 너머로 우뚝 버티고 선 설산이 자태를 드러낸다.

17:50. 양쪽 산 능선 가운데 계곡으로 제법 큰 규모의 마을들이 수목의 푸르름과 함께 연이어 쭉 펼쳐진다. 산은 척박하고, 격류는 탁하다. 다시 우측으로 계곡을 끼고 나아간다. 이내 협곡으로 빨려 들어간다. 산세가 험하고, 도로는 사납다. 격류는 소란스럽기 한이 없다. 술 취한 망나니처럼 미쳐 날뛴다. 5대 차량은 아랑곳하지 않고 질주 본능을 발휘한다. 과연 베스트 드라이버들이다.

18:00. 격류는 다시 왼쪽 편으로 자리를 옮겨 거칠게 쏟아져 내린다. 협곡 깊숙이 마을이 있다. 동네 영감님이 당나귀 등에 나뭇단을 싣고 집으로 돌아가고 있다. 붉은 층 지형이 앞에 다시 나타난다. 코앞에 설산이 턱하니 버티고 서 있다.

2

또 마을이다. 말끔하니 쇼핑백을 손에 든 청년과 물건이 담긴 까만 비닐봉지를 든 소년이 마주보는 방향에서 각자 마을로 들어간다. 광물 채석장이 도로 바로 옆에 있다. 18:15, 두샨베 104킬로미터. 계곡물이 어느새 우측으로 와 있다. 그 양쪽으로 촌락이 붙어 있다. 3층의 붉은 지붕을 얹은 벽돌집이 돋보인다. 설산의 8부 능선에 구름이 걸렸다. 석탄 광산이 도로에 바짝 코를 박고 있다.

18:40. 마을 앞에서 차는 다리를 건넌다. 계곡물을 또 다시 좌측으로 보낸다. 그로부터 얼마 지나지 않아 물과 이별하고는 산을 기어오른다. 고도가 계속 높아진다. 이쪽 벽 저쪽 벽을 연거푸 바꿔가며 위로, 위로 오른다. 기어이 산을 넘고야 말겠다고 정면 대결을 선포하기라도 한 것 같다. 도로 옆으로 폭포수가 콸콸 쏟아져 내린다. 가파른 길을 내려오다 대파된 채 쑤셔 박힌 대형 트럭을 바라보니, 내남없이 오싹해진다. 적재 화물의 하중을 이기지 못한 탓이리라. 험산의 능선 위로 만월에 가까운 달이 느긋하니 해가 지기를 기다리고 있다. 해는 높은 봉우리에만 겨우 얼룩으로 남아 있다. 석양이 설산에 반사되어, 금빛 머금은 흰 눈이 따스하게 다가온다.

도로 옆 개천을 따라 수목과 마을이 나타난다. 짧은 터널을 지나서 다시 터널 진입. 이 터널이 문제의 터널이란 사실은 직접 그 안으로 들어가서 몸소 겪어보고 나서야 인지되었다. 터널 길이 4 내지 5킬로미터. 문제는 길이가 아니라, 터널 안의 열악한 환경이었다. 어이없게도 조명이 전혀 없고, 바닥이 비포장인 데다가 심하게 패여 물웅덩이 투성이었다. 중앙선을 그을 여건도 도저히 못 된다. 진흙탕 물로 가득 찬 웅덩이들을 피해, 차들이 좌로 갔다 우로 갔다 제멋대로다. 대형 트럭들의 위협 운전과 배짱 운전에 승용차 운전자는 비상 점멸등을 켠 채 안절부절이다. 겁도 나려니와, 차체 밑바닥과 바퀴가 남아나지 않을 것 같다. 맞은편에서 대형 차량이 접근해 오거나 우리 차량이 굼뜬 대형 트럭을 추월할 때마다 가슴이 조마조마했다. 이건 도저히 차량이 통과하는 터널이라고 말할 수 없다. 두더지들이나 기어가는 땅굴이라고밖에 말할 수 없겠다.

터널이 지옥(?) 상태를 가까스로 벗어나자마자, 설산이다. 무심결에 어느 일본 소설가가 쓴 소설의 첫 도입부가 떠올랐다. 도로가 방향을 트니, 석양에 반사되는 설산의 풍광이 가히 장관이다. 찬연하고 또 장쾌하다. 꼬불꼬불 내리 내리막길이다. 석탄을 가득 실은 대형 트럭들이 대열을 이뤄 내달린다. 낙석 위험 지역은 도로 위에 터널 형태로 뚜껑을 덮었다. 채 녹지 않은 눈들이 계곡을 흐르는 물에까지 긴 꼬리를 잇

대고 있다. 노란색의 야생화 군락이 맞은편 산등성이를 통째로 뒤덮고 있다. 도로 우측의 계곡을 흐르는 물의 빛깔이 마치 파란 잉크를 풀어놓은 것 같다. 도로가 꼬불꼬불하니 경사가 가파르다. 내려온 곳을 뒤돌아보니, 흰 눈을 가득 이고 있다.

19:30, 요금소 통과. 팬 산맥은 벗어난 듯. 도로는 가파른 각도로 아래로, 아래로. 오른쪽 계곡을 따라 흐르는 격류의 수량이 부쩍 늘어났다. 이를 따라 짙푸르게 수목이 자라고 있다. 19:50. 서서히 땅거미가 내려앉는다. 산골 동네의 가로등 불빛이 유난히 밝아 보인다. 동편 하늘에 떠 있는 둥근 달이 서두르는 기색 없이 한 냥 한 냥 금빛을 토해내기 시작한다.

마을 부근 도로상에 또 요금 정산소가 떡하니 버티고 있다. 그새 많이 내려왔나 보다. 우리가 넘어온 이 도로가 호잔과 두샨베를 연결하는 유일한 도로란다. 크고 작은 마을들이 물길을 따라 전개된다. 산세도 점점 낮아지면서 안정을 찾아간다. 수목의 분포대도 점차 넓어진다. 내려올수록 마을의 규모도, 건물의 크기도 커져간다. 이젠 하천이라기보다는 강이라는 호칭이 어울리겠다. 산골의 어둠이 완연히 짙어졌다. 달은 휘황한 금빛을 마구 뿌려대고 있다. 20:20, 요금 정산소 통과. 가로등의 불이 들어오고 가로수들이 차도의 가운데에까지 심어진 것으로 보아, 두샨베 시내에 진입한 듯하다. 도시는 전반적으로 어두운 상태에 빠져 있다.

20:45 호텔 도착. 안전 운전을 해준 운전자 친구에게 팁을 두둑하게 지불했다. 타즈 팰리스 호텔(Taj Palace Hotel). 205호실 배정. 객실에 짐 옮겨놓고, 21:00 호텔 내 식당에서 말 그대로 만찬을 치른다(?). 야채수프에 닭요리가 메인으로 나왔다. 반도 못 먹고 남긴다. 험한 설산을 자그마치 6시간 걸려 넘어온 피로를 맥주 2잔으로 달래보노라. 일행들과 이런저런 얘기를 나눴다. 눈꺼풀이 자꾸만 내려앉는 아내의 재촉을 받고서야 자리에서 일어났다. 객실로 돌아오니 어느새 22:30이 넘었다. 하늘엔 휘영청 달이 밝다. 더는 못 버티고, 지친 육신을 침대에 눕힌다.

내일은 07:30 모닝콜, 08:30 아침식사, 09:30 시내 관광을 위해 호텔 출발이다.

$\text{T}_{\text{ajikistan}}$ II.

시내 관광을 위해 밴 2대에 분승하여 호텔을 출발했다. 아침부터 햇살이 눈부시다. 유적지가 있는 시 외곽으로 가기 위해 시내를 벗어난다. 고층 건물을 보기 어렵고, 수수하고 낡은 건물들 일색이다. 시내에 수목이 울창하다. 시민들이 아침부터 분주하게 움직인다. 이슬람 고유 복장을 착용한 노인들이 많이 보인다. 군 장교와 경찰관들의 복장이 화려하다. 견장과 휘장이 요란스럽다. 도시 북쪽으로 아득히 설산들이 병풍을 둘러쳤다. 보기만 해도 상쾌하다. 20여 분 달려 시내권을 벗어난다. 비포장도로를 달린다. 평원은 푸르다. 수목, 농경지, 마을이 공존하여 어울린다. 그 뒤로는 구릉 지대다. 중턱에까지 마을들이 들어차 있다. 마을 위쪽으로는 푸른 기운을 찾아보기 힘든, 그야말로 민둥산이다. 그 너머 위쪽으로는 가파른 경사의 설산들이 파노라마로 펼쳐진다. 연이은 설산들의 위용이 한눈에 들어온다. 백사들이 꿈틀꿈틀 산 밑으로 기어 내려오고 있다.

목이 아파 시선을 끌어내리니, 밀밭의 밀이 누러니 다 익었다. 감자 밭엔 하얀 감자꽃이 무더기로 피어 있다. 수확이 멀지 않았음의 징표렷다. 목화밭에서는 농부들의 김매기가 한창이다. 이곳 운전자들의 운전 행태를 보노라면, 성질 급하기가 한국인 못지않은 것 같다. 과속은 기본이고, 틈만 나면 끼어든다. 머뭇거리는 차가 있으면, 뒤 차들이 일제히 클랙슨을 울려댄다.

1시간 만에 히사르에 도착했다. 10:30. 19세기에 건립된 모스크 경내로 들어간다. 독립 직후인 1992년부터 1997년 사이에 있은 내전으로 인해 사원이 많이 훼손되었다. 내전 당시 인근 주민들 다수가 사원 안으로 피신, 사원을 지켜내려 안간힘을 썼단다. 현재는 폐허화되어 사용치 않는다. 하지만 민족전쟁의 유산으로 허물지 않고 현장 그대로 보존하고 있다.

거미줄이 꽉 들어찬 모스크의 후방에 새로 지은 모스크가 자리 잡고 있다. 상아색 벽돌 벽에 초록 지붕. 내전 희생자가 4만 명이라고 말하나, 10만 명은 될 것이란다. 내전 당시 우즈벡 족들은 현지를 탈출했다. 독립 이전에는 주민들 60퍼센트가 러시아어를 사용했단다. 독립 이후엔 정체성 확립을 위해 타지크어만 쓰게 만들었다. 러시아인들은 대부분 타지키스탄을 떠나갔다. 내전 종식 후 타지키 족의 인구가 급속히 증가했다. 국가 경제가 전쟁으로 인해 완전히 붕괴되었다. 기업인 다수가 러시아와 독일로 이주해 갔다. 지식층들도 기회가 되는 대로 러시아의 대도시로 옮겨갔다. 그 후손들까지도 그냥 러시아에 눌러앉는단다. 이러니, 경제를 비롯하여 타지키스탄의 모든 것이 어려울 수밖에 없다.

일행들은 건물들이 시시하고 볼 만한 것도 없다면서 투덜댄다. 현지 가이드의 설명도 듣지 않고, 사원 경내에 심어진 뽕나무에서 오디만 따먹고 있다. 사마르칸트, 부하라, 히바 유적에 비하면 초라하기 그지없다. 그러나 우리가 예서 보고 느껴야 할 것은 따로 있다. 그것은 바로 내전의 상처와 아픔이다.

11:10. 히사르 요새에 입성한다. 기원전 3세기 페르시아어를 사용하는 민족이 처음으로 성을 쌓았다. 그 이후 총 23회에 걸쳐 붕괴되었다. 그 횟수만큼 다시 지어졌다는 얘기가 되겠다. 히사르란 '땅의 이마'란 뜻이다. 과거 교역의 중심지였다. 당연히 실크로드상의 주요 거점지 중 하나였다. 이 같은 지정학적 특성상 강대국의 침탈이 빈번했다.

알렉산더와 칭기즈칸도, 투르크와 우즈벡도 이곳으로 쳐들어왔다. 근세에 이르러서는 히사르가 부하라 왕국에 복속된 소국으로 존립했다. 18세기에 요새가 재건되었다. 러시아가 침략하자, 왕인 아미르 올림공은 싸워보지도 않은 채 지레 겁먹고 아프칸으로 도망했다. 결국 그는 마지막 왕이 되었다. 40명 부인을 모두 챙겨 줄행랑친 그는 '형편없는 왕'이라는 비아냥까지 피할 수는 없었다.

요새 전체의 원래 면적은 75헥타르나 된다. 총 4개의 출입문이 있었다. 현재 복원 공사 중인 면적은 5헥타르이다. 우리가 찾았을 때는 귀족 거주지 건물 등 시설의 복원 공사가 한창이었다. 요새의 상부에 올라서니, 과연 사방팔방으로 주변이 멀리까지 훤히 조망됨을 몸소 확인할 수 있었다. 북쪽의 설산도 완벽한 자태로 한눈에 들어온다.

요새를 내려온 일행은 그 아래쪽에 위치한 하지 야쿠브 메드라세를 찾는다. 11세기에 세워졌다. 부하라, 사마르칸트에서 이주해 온 지식인들이 뜻을 모은 결과였다. 80명의 신학생들이 기하학·문학·역사 등을 이곳에서 공부할 수 있었다. 신학교는 70년 전 폐교되었고, 현재는 작은 규모의 박물관으로 운영 중이다. 마드라세 옆에 건물 흔적이 보인다. 카라반사라이로 사용되었던 건물 잔해란다.

우측으로는 신 메드라세 건물이다. 14세기 무렵 코카서스 출신의 부유한 무역상이 좋은 기후 환경을 찾아 이곳까지 흘러 들어왔단다. 이곳에 신학교를 세우고는, 교육과 무역업을 병행했단다. 이 신학교 건물이 바로 그가 자비를 들여 건립한 것이다. 건물 내에 히사르 전체 유적지의 조감도를 게시해 놓았다. 발굴 유물인 투구·철갑·토우·칼·음식물 저장용 항아리·토기 들을 진열해놓았다. 간이 진열실은 엉성한 상태를 면치 못하고 있다. 미국 대사관 지원에 의해 유적 복원 공사가 진행 중임을 나타내는 표시판이 건물 입구 벽에 큼직하니 붙어 있다. 진행 중인 공사는 2015년 끝나게 되고, 이에 맞춰 기념 축제가 대규모로 벌어질 것이라고 한다.

12:00까지 설명을 곁들인 관람을 하고는, 부근에 있는 음식점으로 이동했다. 점심 메뉴는 꼬치구이 요리. 그런데 아무리 기다려도 메인 요리가 나오질 않는다. 귀한 손님 왔다고 식당 밖으로 나가 살아 있는 것들을 사냥해 와 요리하는 중이신가? 아무래도 현지 가이드의 수작(?)인 것 같았다. 밖에 나가봐야 날은 뜨겁고 관광객들은 시큰둥하니 별 흥미도 없는 것 같고…. 차라리 식당에 오래 머물러 시간을 때우는 편이 너에게도 좋고 또 나에게도 좋은 것 아니겠니? 이심전심. 그렇게, 그렇게 애매한 상황을 묻어두기로 했다. 목이 빠질 대로 빠져 두어 자가 되었을 때가 되어서야, 썩 맛있다고 말할 수도 없는 문제의 꼬치구이가 테이블 위에 놓여졌다. 장장(?) 2시간에 걸친 오찬은 그렇게 마무리되었다.

다시 두샨베 시내로 이동. 15:00부터 국립고박물관 소장

유물 관람에 나섰다. 한낮 일정으로는 안성맞춤이다. 박물관 건물은 2층의 아담한 규모이다. 2세기 내지 3세기경 사라즘 지역에 섰던 왕국 공주의 인골이 유리관 속에 전시되어 있다. 사망 당시 19세로 추정된단다. 뱃속에 태아를 잉태한 상태로 보아 출산 과정에서 사망했을 듯하다.

석기와 청동기, 그리고 뒤이은 철기 시대의 각종 유물들이 체계적으로 분류되어 관람객을 맞이하고 있다. 5세기에 제작되었다는 프레스코화 부조는 말 탄 무사들의 전투 장면을 실감나게 표현하고 있다.

삐걱거리는 나무 계단을 통하여 2층에 오르니, 이 방 저 방 크고 작은 불상 파편들이 이런저런 형태의 삼매경을 드러낸다. 2층 전시 유물의 백미는 1990년대에 타지키스탄 남부 지역에서 발굴되었다는 목조 와불이 되겠다. 5세기에 제작된 불상으로 길이 13미터, 무게 5,500킬로그램이다. 눈 감고 왼쪽 팔을 벤 채 옆으로 누워 있는 자세다. 중앙아시아에서 가장 큰 구원의 불상이라나. 2층엔 에어컨이 없어 찜통이다. 마룻바닥에 카펫을 깔아, 시종 신발에 비닐주머니를 씌우고 관람했다.

1층으로 내려와 박물관 밖으로 나오니 16:00. 내리쏟는 오후 햇살이 따갑다. 가로수 그늘 아래 이름 모를 새가 시원하게 울고 있다. 그 아래 벤치에 앉아 있으니 귀가 즐겁다. 두 샨베 시내에는 대형 버스가 없다. 트램과 미니버스만 거리를 휘젓고 돌아다닌다. 더위로 인해 거리에 나서지 못한 채, 나무그늘에 파묻혀 빈둥빈둥 시간을 때운다.

17:00가 지나 폭염의 기세가 좀 누그러지자, 일행은 신들메를 고쳐 매고 이스마일 사마니 광장을 찾는다. 10세기에 소고드 족이 이 지역에 세운 왕국의 왕이 바로 그다. 광장 한복판에 청동상이 우뚝하다. 양 옆에 앉아 있는 사자 상을 배치했다. 동상의 뒤쪽에 굽은 자석을 세워놓은 형태의 대형 석조·황동 구조물을 세웠다. 그 꼭대기에 찬란한 황금빛 왕관을 올려놓았다. 광장 정면의 도로 건너편에 국회의사당 건물이 버티고 서 있다. 3층 규모의 좌우대칭형 건물이다. 붉은 벽돌에 흰 대리석 기둥. 위압적이지 않아 보기에도 편하다. 지붕 위로 둥근 달이 떠올라 어두워지기를 기다리고 있다.

페르시아 최고의 시인이었다는 루다키의 동상이 부근에 서 있다. 동상을 껴안고 있는 장미공원이 분수와 조화를 이루고 있다. 커다란 돔 건물이 한창 공사 중이다. 크레인이 올라와 있고, 대형 국기가 나부끼고 있다. 분수가 시원하게 물줄기를 내뿜고 가로수가 늘씬늘씬한 대로변 인도를 아내와 함께 여유롭게 산책한다. 분수대 옆 장미들은 제각각 짙고

옅은 빨강으로 자신들의 요염을 과시한다. 이름을 알 수 없는 노랑색 무더기 형태의 꽃들이 바람에 하늘거린다. 어른 허리 높이쯤의 키로 서 있다. 자귀나무 꽃도 줄지어 자태를 뽐내고 있다. 자귀나무 꽃은 아마 부부의 좋은 금슬을 상징한다지?

공원의 벤치에는 시민들이 삼삼오오 모여 앉아 담소를 나누거나, 느긋하니 휴식이나 사색을 즐기고 있다. 대리석으로 단장한 분수대 대열을 따라 인도에 붙여 길게 연못을 조성했다. 연못의 경계인 대리석에 걸터앉아, 앞을 지나는 행인과 차량을 바라볼 수도 있다.

저녁식사 할 식당은 근처에 있다. 18:30, 식당 도착. 식당 건물 밖 거리에까지 노천 테이블이 놓여 있다. 날씨가 더워서인지, 그곳에서도 손님들 여럿이 앉아 식사 중이다. 식당 안 테이블에도 벌써 식사 손님들이 많다. 수프에 야채 샐러드. 빵, 속이 텅 빈 채 잔뜩 부풀어 오른 빵이 보통의 빵에 덤으로 곁들여졌다. 메인 요리는 쇠고기를 가늘고 길게 썰어 볶아낸 다음 그 위에 야채와 토마토, 감자 칩을 얹은 음식이다. 식사를 마치고 밖으로 나오니 아직 훤하다. 19:30, 호텔로 귀환했다. 객실로 올라가 씻고 쉬었다.

내일 아침엔 06:00 모닝콜, 06:40 아침식사, 07:30 체크아웃과 함께 버스 호텔 출발이다.

천산과 이식쿨의 순수를 찾아가다
- 키르기스스탄·알마티 기행 -

Kyrgyzstan I.

여행 열사흘째(2014년 6월 11일 수요일): 두샨베 → 비슈케크 → 이식쿨

05:30 기상. 샤워 후 객실에서 컵라면, 빵, 체리, 살구로 아침을 때운다. 커피까지 한 잔 한다. 밴은 출발 예정 시간에 맞추어 호텔을 출발한다. 공항으로 방향을 정해 달린다. 거리가 아침부터 인파로 부산하다. 차량들의 경적 소리가 시끄럽다. 대로변 건물들도 허름하다. 언덕 위까지 슬레이트 지붕을 얹은 주택들이 빼곡하다. 경찰관들이 도로 양쪽에 일정한 간격으로 도열하여 교통정리 중이다. 그들의 제복 입은 태가 깨끗하고, 또 단정하다.

출발한 지 20분도 안 되어 공항에 도착했다. 공항 건물이 나지막하니 단출하다. 엑스레이 투시기를 통과하니 현지인이

저울대 앞에서 뭐라고 얘기한다. 트렁크를 가리키면서 저울대 위에 올려놓으라고 손짓발짓한다. 트렁크의 무게를 재려고? 얼떨결에 올려놓으니, 기계가 빙글빙글 돌아가며 비닐 랩으로 트렁크를 통째로 포장하는 게 아닌가? 아차 싶었으나, 기차는 이미 떠나버린 후였다. 으음⋯, 쯧쯧! 녀석은 눈 하나까딱 안 하고 대가로 2달러를 요구한다. 뒤늦게 주위를 살펴보니, 현지인들이 크고 작은 짐들을 똑같은 방식으로 포장하는 모습들이 눈에 들어온다. 일행의 선두에 섰다가 이런 낭패(?)도 당하는구려.

짐 부치고 티켓 받고 출국 심사대를 통과하니, 08:20. 대합실에 앉아 인물 스케치를 하면서 시간을 소진했다. 젊은 무슬림 여성과 늙수그레한 턱수염 영감님이 모델이 되어주었다. 그들은 나의 스케치 대상이 된 사실조차도 까마득하니 모르고 있었다. 좋은 보시를 베풀어준 착한 그대들에게 행복이 따를진저!

TF4849편, 10:15 이륙. 수평 비행에 들어가서 얼마 후 비행기 좌측으로 설산이 전개된다. 이제 비행기는 키르기스스탄 영공을 날고 있다. 비슈케크 쪽에 다가서자, 이번에는 비행기 우측 창문으로 눈 덮인 영봉들이 등장한다. 현지 시각 12:45 마나스 공항 착륙. 1시간의 시차가 있다. 한국과의 시차도 3

시간으로 줄어든다.

무비자 입국 심사라 간단하고 신속하다. 짐 찾아 공항 건물을 나와선 버스에 오른다. 13:10. 일행을 안내할 가이드 이름은 다니아. 원래 나오기로 했던 가이드가 사정이 생기는 바람에 대타로 나섰단다. 노랑머리의 러시아 청년이다. 버스가 동쪽을 향해 달리니, 정면으로 설산들의 행렬이 전개된다. 남북으로 뻗은 알라아트로서, 평균 높이가 해발 2,800미터란다. 키르기스스탄의 총 인구는 500만 명인데, 그중 100만 명이 러시아에서 일하고 있다.

키르기스 족은 원래의 정주지에서 살아오다가 중국의 침입을 받았다. 이에 시베리아로 옮겨가 유목 생활을 영위해가며 200년간 머물렀다. 그 후 알타이를 거쳐 현재의 키르기스스탄 지역으로 이주해왔다. 거기엔 민족 지도자 마나스의 탁월한 지도와 역할이 있었다. 원래의 키르기스 족은 머리카락 색이 노랗다. 이슬람·몽골·투르크의 침략을 거치면서 혼혈이 많아졌다. 조그만 나라에 총 40개 민족이 존재한단다. 키르기스란 '40명의 사람'이란 뜻이란다.

버스는 현재 인구 100만 명의 비슈케크로 달리는 중이다. 1960년대부터 국가적으로 나무를 심고 분수를 조성하는 데 심혈을 기울여왔단다. 그래서 그런지 왕복 2차로의 도로가 시원하고, 도로 양옆으로 키 큰 활엽수들이 푸르름을 과시하고 있다. 도로 중앙은 가로등과 화단이 설치되어 있고, 아직은 키가 작은 침엽수가 늘어서 있다. 도로 양쪽으로는 농경지와 마을들이 띄엄띄엄 자리를 차지하고 있다.

13:30 무렵 비슈케크 시내에 진입했다. 시민들이 활기에 차 있다. 이곳에도 한인들이 많이 거주하고 있단다. 도로 상에 트롤리 버스와 대·소형 버스, 밴 차량이 많다. 대형 버스들은 중국이 키르기스스탄에 팔려고 시도했던 중고 차량들이다 결국 팔지는 못하고 무상으로 기증해버렸단다. 버스는 번화가인 알라아트 거리를 관통하는 중앙로를 달린다. 대학교가 가까이 있어 젊은 학생들의 모습이 많이 보인다.

13:45, 레스토랑에 도착했다. 감자와 난자 완스가 섞인 수프에 야채 샐러드. 메인으로 면에 고기와 양념을 얹은 요리가 나왔다. 국물 없는 짬뽕 맛이랄까? 맛있게 먹었다. 거기에 과일 디저트까지 맛보았다. 점심식사를 끝내는 데 1시간이 소요되었다. 버스 출발. 오늘의 최종 목적지는 이식쿨이다. 갈 길이 멀다. 시민들의 복장이 개방적이고 종교색도 별로 없다. 러시아 정교회 건물도 보이고, 정교회 성직자 복장도 거리낌 없이 거리를 활보한다.

수력 발전이 풍부하여, 남는 전력을 카자흐스탄·우즈베키스탄·중국 등 인접국에 수출하고 있다. 가스 생산은 없어 수입에 의존한다. 전기와 가스를 바터 제로 주고받는다. 키르기스 족은 주로 농업에, 러시아인은 차량 운전을 비롯한 기술직에 종사하고 있다. 한인들은 양파와 당근 생산을 주업으로 하는 경우가 많단다.

비슈케크 주변 도로의 정체가 심하다. 상습 정체 구역이란다. 최근에 이르러 주민들이 상대적으로 저렴한 일본제 중고차를 너도 나도 구입하여 타고 다니기 때문에 빚어진 현상이란다. 1시간여 교통체증에 시달린 끝에 놓여난 버스는 교외의 편도 2차로 도로를 시원스레 질주하기 시작한다. 도로 양옆으로는 드넓은 평지다. 초록의 농작물들이 햇빛 아래 싱그럽다. 수목이 우거진 곳엔 영락없이 크고 작은 마을이 형성되어 있다.

16:00경, 고속으로 달리던 버스가 급제동한다. 왕복 4차로 정면으로 70~80마리 소떼가 도로를 횡단하는 장면이 포착된다. 후미에서 말 탄 목동이 소떼를 몰아가고 있다. 일행에겐 신기한 광경임에 틀림없지만, 운전사와 가이드에겐 일상이다. 실크로드는 현재도 운용 중이다. 각종 공산품이 중국 쪽에서 화물차로 키르기스스탄 쪽으로 운송된다. 소련 연방 시대에 도로가 개설되었고, 이후 중국이 들어와 도로를 추가로

건설했단다. 현재 우리가 달리고 있는 도로도 중국 국경 너머까지 연결된다.

도로 왼편으로 추 강이 흐르고 있다. 이 강이 키르기스스탄과 카자흐스탄의 국경을 이루고 있다. 도로의 코앞 좌측에 철조망이 쭉 늘어섰다. 도로변 여기저기 방목된 소떼들이 한가로이 풀을 뜯고 있다. 우리가 흔히 생각하는 국경의 개념과는 상당한 거리가 있다. 양국 간의 국가 관계는 좋은 편이나, 국경에 인접한 두 나라 주민들은 개인적으로 사이가 좋지 않단다. 아무래도 국민성에 차이가 있기 때문일 것이다.

일행은 이식쿨 호수 찾아가는 길 중간에 브라냐 탑을 찾는다. 비슈케크·이식쿨 간 주도로에서 남서쪽으로 10킬로미터 떨어진 곳에 위치하고 있다. 전해내려오는 얘기에 의하면, 왕이 이 지역 주민 전부를 살해했는데, 중년 여인 한 명이 유일하게 살아남게 되었것다. 그 여인이 왕에게 소름끼치는 예언을 한다. "당신의 딸이 18살 되면 죽게 될 것이다". 겁먹은 왕이 높은 탑을 쌓고는 딸을 그 안에 피신시켜 보호하면서, 사다리를 통해 매끼 먹거리를 넣어주었단다. 포도 바구니 속에 묻혀 들어간 독사에 물려, 18살 예쁜 공주는 끝내 죽음의 운명을 비켜갈 수 없었다. 듣고 보니, 이와 비슷한 전설이 이스탄불 앞바다에 떠 있는 섬에도 존재한다. 그곳에서의 주인공은 로마 황제와 그의 딸이다.

탑을 찾아가는 길은 고즈넉하다. 동네 개구쟁이들이 도로
옆을 흐르는 개울에서 벌거벗은 채 목욕을 하고 놀다가, 우
리 일행이 탄 버스가 나타나자 잽싸게 나무 뒤로 숨는다. 우
르르르, 우당탕 우당퉁탕. 녀석들은 자기네들의 민첩성을 과
신한 나머지, 안 보일 데를 추호도 보이지 않은 줄 철석같이
믿고 있다. 버스를 향해 나무 뒤로 빼꼼 얼굴을 내미는 표정
들이, 그렇게 말하고 있다.

탑은 벽돌을 쌓아올렸다. 10세기쯤 건설되었단다. 13세기
에 이르러 지진으로 무너져내렸다. 현재 20여 미터 높이를
유지하고 있다. 철 계단을 통해 탑 중간 출입문까지 직접 올
라가 보았다. 탑 내부에 개설된 나선형 계단을 통해 위로 올
라가다가 중간에 포기했다. 어두운 데다가 폭이 좁아 몸이
꽉 끼여, 잘하면 그런대로 올라갈 수는 있겠지만, 아무래도
내려오는 게 문제일 것 같았기 때문이다.

탑 주변 풀밭 위에 둥근 유르트가 서 있다. 주변에서 발굴된
각종 유적들과 사진들이 간이식으로 전시되어 있다. 사진엽서
를 비롯한 기념품도 판매한다. 여기저기 희미한 유적들의 흔적
이 복원될 때를 기다리며 꺼져가는 존재감을 겨우겨우 드러내
고 있다.

풀밭 위 탑 그림자 속에서, 어른들 따라 가족 나들이 나온 어린 소녀가 재롱이 한창이다. 카메라 앞에서 마치 공주인 양, 배우인 양 요염한 포즈를 번갈아 취해가면서 웃는다. 곁에서 지켜보던 아내가 카메라를 들이대니, 신이 난 스타(?)는 알아서 척척 이런저런 포즈와 표정을 짓는다.

버스는 시골길을 되돌아나와, 주도로에 네 바퀴를 올려놓는다. 수목과 초원 지대, 그 너머 푸른 색조의 구릉 지대, 그 너머 너머엔 설산들이 삐죽삐죽 솟아올라 있다. 대형 트럭 운전기사들이 윗도리를 훌렁훌렁 벗어부친 채 커다란 운전대를 두 손으로 부여잡고 있다. 도로가에 중년의 과일 판매상인 남자가 불룩 배의 맨살을 드러낸 상태에서 스스럼없이 여인들에게 과일을 팔고 있다.

18:30이 지나자 주변 산세가 점점 험해진다. 경사면이 눈·얼음과 함께 휩쓸려 푹 파인 채 속살을 그대로 드러낸 곳도 보인다. 양떼가 듬성듬성한 풀을 찾아 열심히 이동한다. 지형이 점점 거칠어지고, 도로는 꼬불꼬불. 옆 계곡으로는 격류가 흐르고, 도로 우측 위쪽으로는 단선 철도가 지나간다. 자갈과 흙의 맨살이 그대로 드러나고, 풍경의 색조가 갈색 톤으로 바뀌어간다. 격류가 흐르는 낮은 곳 따라 수목의 초록이 띠를 이루고 있다. 유르트도 자주 눈에 띈다. 19:00가 넘어가

자 중앙 분리대도 없어지고, 노면의 포장 상태도 안 좋다. 도로 확장 공사 구간은 그야말로 터덜터덜, 엉덩이가 편칠 않다.

19:35, 드디어 버스 전면으로 이식쿨 호수 등장. '물고기의 도시'란 뜻을 지닌 바틱이 호수 초입에 자리 잡고 있다. 호수 우측 너머의 연이은 설산들이 높아 보이지 않고, 만만하니 보인다. 호수면 자체가 고원 상에 있다는 징표렷다. 버스가 달리는 방향에서 보아 호수 왼편 위쪽으로는 분지 형태의 대평원이다. 호수 건너 설산 위로 구름이 솟구쳐오르는 모습이 석양빛에 반사되어 장관을 연출한다. 버스를 달리다가, 필요하면 차 세우고 그때그때 용변을 해결한다. 여자 분들은 급한 대로 양산을 펼쳐 대충 가리고 길가에서 일을 본다. 여행이란 때로는 여성들을 남자들보다 더 용기 있고 과격(?)하게 만든다.

20:00. 호수에 노을이 지기 시작한다. 호숫물이 염기를 품고 있어서 그런지, 평원임에도 사막 형태의 토질을 형성하고 있는 지대도 많다. 앞으로 나아갈수록 호수 폭도 점차 넓어진다. 호수와 설산 병풍 위에 만월이 떠 있다. 오늘 저녁, 달빛 받아 빛나는 설산의 감미로운 풍광을 맘껏 즐길 수 있으리라. 20:55. 카프라이스 호텔(Caprice Hotel) 도착.

4층짜리 호텔은 흰 벽에 초록 지붕을 인 형태로 길게 늘어서 있다. 코앞에 이식쿨 호수를 남쪽으로 내려다보고 있다. 저녁식사가 늦었으므로 버스를 내리자마자 호텔 내 식당으로 이동, 식사했다. 카스테라, 양파·파프리카·오이에 쇠고기 볶은 것을 얹은 샐러드. 육류(돼지고기?)에 찐 감자를 썰어 얹은 접시가 메인 요리로 나왔다. 물을 안 줘 재촉하니, 생수가 유료란다. 엄청난 양의 물로 가득 찬 호수를 지척에 두고도 물을 사 먹어야 한다니, 이런 아이러니가 있나? 생수를 시켜 마시고 있는데, 사기 주전자에 담긴 차가 제공된다. 일행들 성미가 너무 급했나?

식사를 끝내니 22:00. 신관 205호실 투숙. 객실 앞에 굵직한 자작나무가 서 있다. 호수 주변이 전부 별장촌이다. 주차장에 주차된 버스를 찾아가 직접 트렁크를 끌고 왔다. 주차장에서 객실까지가 꽤 먼데다가, 객실까지 올라가는 엘리베이터가 없다. 일행들이 한꺼번에 트렁크 끄는 소리가 주변에 드르르 울려퍼졌다. 달밤의 체조? 객실 앞 자작나무의 무성한 잎들이 달빛을 가린다. 방 안의 불을 끄고는 달빛을 방으로 끌어들여 술을 마신다. 새벽녘이 되어서야 달빛은 비로소 자작나무 그늘을 벗어나 침대 위 얼굴 위로 쏟아져내렸다. 황홀 속의 나그네는 쉬이 잠들지 못한다. 내친 김에 시원하니 오줌보를 비웠다.

Kyrgyzstan II.

06:30 기상. 아내를 객실에 홀로 남겨두고, 객실을 나와 호텔 주변을 산책한다. 아침잠이 많은 아내는 평소 자리에서 일어나 무안해질 때면, 배시시 웃음 지으며 미녀 얘기를 하곤 한다. 이식쿨 호수에 섰다. 호숫물에 손을 담근다. 두 손으로 물을 떠 입술을 축여보기도 한다. 이식쿨 호수는 세계에서 2번째로 큰 산악 호수이다. 호수의 수면이 해발 1,609미터이다. 길이 182킬로미터, 최대 폭 60킬로미터, 최대 깊이 700미터.

08:00 호텔 식당에서 아침식사. 음식이 정갈하고 맛있다. 자상한 아내가 준비해온 선물이 딱 하나 남았다. 여기 가이드에게 주자고 한다. 백인이라 아내가 대하기 쑥스럽단다. 아직까지도 백인 공포증(?)을 떨쳐내지 못했다? 손톱깎이를 비롯한 미용도구 세트를, 식사를 마저 끝내지 못한 다니아를 테이블로 찾아가 건네주었다. 자기 부인이 정말 좋아할 거라며, 땡큐를 연발한다. 09:20, 버스는 호텔을 출발했다. 물론 체크아웃도 이루어졌다.

09:40, 선착장에서 유람선 KPYN3 호를 승선한다. 배는 호수의 물살을 가르면서 앞으로 나아간다. 배의 좌측 맨 뒤 모서리 부분 의자 위에 아내와 함께 앉았다. 배가 출발한 북쪽 호숫가 마을·자작나무 수목·그 뒷산들의 풍광을 감상한다. 마을 위 뒷산 봉우리들도 흰 눈을 이고 있다. 도로변 가로수도 자작나무 일색이다. 호숫물은 어느 곳은 코발트, 어떤 지점은 쪽빛으로 색깔이 달라진다. 유람선은 설산을 마주보며 나아가다 좌로 방향을 튼다. 우측으로 설산 병풍이 쉼 없이 전개된다. 웅장하니, 천산 산맥 줄기이다. 배의 좌측으로는 호숫가 마을들의 안온함을 보여준다.

하늘은 파랗고, 뭉게구름이 한가로이 흘러간다. 아침의 태양이 빛나고 있다. 호수의 바람이 제법 차다. 배낭에서 겉옷을 꺼내 껴입는다. 여유와 행운의 시간이 이렇게 지나간다. 저 멀리 동에서 서로 휘달리는 설산은 7부 능선 위로는 전부 하얀 눈으로 뒤덮였다. 일행 중 부지런한 분은 새벽녘 호텔 밖으로 나와 설산을 온통 황금빛으로 물들이는 일출의 장엄함을 촬영했단다. 게으른 자에게는 이래저래 복이 없나니… 호숫가 백사장에는, 성급하게도 벌써 비키니 차림으로 수영이나 선탠에 돌입한 사람들이 보인다.

이식쿨 호수에 얽힌 전설. 예쁜 처녀가 살았고, 그녀에게는 백년가약을 맺은 청년이 있었다. 왕을 비롯한 다수의 내로라 하는 남성이 청혼했다. 처녀의 부모는 딸이 왕과 결혼하기를 원했으나, 그녀는 이를 거부한 채 청년에게 편지를 띄웠다. 내용인즉슨, 모처에서 몰래 만나 멀리 도망가자는 것이었다. 어찌어찌하여 편지 전달이 되지 않았고, 청년은 약속 장소에 나타나지 않았다. 실연한 것으로 착각한 처녀는 비관한 나머지, 칼로 자신의 심장을 찔러 죽었다. 처녀의 몸에서 흘러나온 피가 한데 모여 이식쿨 호수가 형성되었다고 한다. 믿거나 말거나….

날렵한 배는 10:10 반환점을 돈다. 10:45 유람선을 하선한다. 10:55 비슈케크 향해 버스 출발. 에서 비슈케크까지 250여 킬로미터. 버스를 달리다 중간에 세우곤 요의를 해소한다. 이젠 다들 알아서 남녀별로 방향을 정해 척척 편을 가르고, 말하지 않아도 엉거주춤 서거나 쪼그려 앉은 자세로 작업(?)에 들어간다.

12:45경, 갑자기 먹구름이 몰려오더니 이내 비가 쏟아진다. 국지성 소나기다. 15분 남짓, 도로가 흥건히 젖을 정도로 제법 세차다. 버스가 조금 더 달리자, 여기에는 비가 오지 않는다. 도로 상에도 비온 흔적이 전혀 없다.

13:50. 점심식사를 위해 레스토랑에 도착했다. 연못가 그늘

막에 자리를 잡았다. 배는 고픈데, 빵과 샐러드를 가져다주고는 다음 요리를 안 준다. 손님이 많아서 그런가? 맥주를 홀짝거려가며 인내심을 발휘해본다. 무려 1시간은 지나서야 닭고기·양송이 수프에 쇠고기 계란말이가 연이어 나온다. 맛있다. 후식으로 나온 아이스크림은 양이 너무 많아, 반도 못 먹고 남긴다. 웨딩드레스와 턱시도 차림의 신혼부부 몇 쌍이 친구들과 함께 식당 옆 유원지에 몰려와 사진 촬영 중이다. 무더위에 고생들이 많구먼.

15:40, 비슈케크 향해 다시 버스 출발. 뜨겁기만 한 오후 시간이다.

16:50, 비슈케크 시내 국립박물관 앞 도착. 여기에서 가이드끼리의 임무 교대가 이루어진다. 새로운 가이드의 이름은 졸도시. 몽골계 청년으로 한국어가 그야말로 능수능란하다. 일행은 쉴 겨를도 없이 졸도시의 인솔 하에 국립박물관 견학에 들어간다. 박물관 건물 지하에 화장실이 있다. 수세식이긴 하나, 엉성하고 지린내까지 진동한다. 일행의 피로를 간파한 가이드는 박물관 내 유물 관련 해설에 간단·압축·명쾌의 비법을 주저없이 풀어놓았다. 가이드의 속사포 설명에 대한 일행들의 반응은 두 패로 갈렸다. 머리 좋은 쪽 눈꺼풀은 삼박삼박, 안 좋은 편 거시기는 슴벅슴벅.

박물관 앞 광장에는 민족 영웅 마나스의 기마상이 우뚝 솟아올라 아래를 내려다보고 있다. 대대로 구전되어 내려온 노래를 엮은 결과물이 서사시 '마나스'이다. 도합 50만 줄로 세계 최대란다. 2010년까지 레닌 동상이 지키고 있던 자리에 키르기스 족의 영웅이 위풍당당한 자태로 올라섰다. 알라토 광장 정면과 좌우측에 농업부, 경공업부 등 정부 청사가 빼곡하니 들어찼다. 광장에 장미공원을 조성해놓았다. 장미꽃이 만개해 있다.

1992년 독립 후 취임한 초대 대통령이 3선 개헌을 강행하고, 아들딸을 국회의원 시키는 등 독재로 흘렀다. 이에 2005년 시민들이 들고일어나, 그를 대통령직에서 쫓아내고는 새로 민선 대통령을 선출했다. 하지만 그 역시 측근들 부정을 통해 축재하는 등 부패의 굴레에서 벗어나지 못했다. 2010년에 이르러 시민들은 혁명의 길을 택함으로써 부정부패에 맞섰다. 89명의 희생자를 낸 끝에 두 번째 대통령 축출에 성공했다. 부패 정권 추방을 상징하는 조형물을 혁명의 현장, 즉 89명 사망 장소에 세웠다. 인민들이 힘 합쳐 대형 사각 기둥을 밀어 쓰러뜨리는 형상이다.

조형물 인접한 곳이 대통령 집무실이다. 경비·검문도 없다. 도로 쪽만 철제 울타리로 차단하고 있다. 현재 대통령 임기는 6년 단임이다. 중앙아시아 다른 국가들과 달리, 시민혁명을 통해 민주국가의 길로 나아가고 있는 것이 키르기스스탄의 특징이자 장점이다.

일행은 18:30, '서울식당'으로 이동해가서, 해물탕과 닭도리탕으로 저녁을 먹었다. 점심을 늦게 먹었기 때문에 많이 먹기는 이래저래 부담이었다. 빨리 호텔로 들어가 씻고 쉬어야겠다는 생각만 간절했다.

19:40, 아 케메 호텔(Ak Keme Hotel) 도착, 체크인. 1511호실, 5층이다. 호텔 이름이 '하얀 배'란 뜻이란다. 객실 베란다 정면으로 알라아트 설산의 장관이 그대로 달려온다. 벌써 설산 위로 만월이 떠올라 있다. 그러고 보니 오늘이 보름이던가.

내일 아침은 06:00 모닝콜, 07:00 아침식사, 08:00 체크아웃하여 호텔 출발이다.

Kyrgyzstan Ⅲ.

05:30 기상. 일출이 설사면에 반사되어 빚어내는 금빛 풍광을 아내와 함께 즐긴다. 동쪽 하늘에 구름이 있어 기대했던 황금색에는 미치지 못한다. 그 정도의 아쉬움은 백 번이라도 참을 만하다. 샤워로 육신을 추스른 후, 객실에서 컵라면과 과일로 아침을 때운다. 호텔 내 식당으로 내려가는 부지런함보다, 때로는 느긋함과 다소간의 게으름을 즐기는 편이 더 낫기 때문이다. 짐 싸고 얼굴 모습도 다듬고, 이런저런 정리를 해가면서 시간을 보낸다. 객실 베란다 문을 열어놓으니, 바람이 시원하게 불어온다. 마치 저 멀리 설산으로부터 냉기가 밀려 내려온 듯하다. 체크아웃하여 08:05, 버스 호텔 출발.

키르기스스탄과 카자흐스탄의 국경인 악돌까지 알마타 길을 통해 달린다. 28킬로미터, 30분정도 소요. 악돌은 '깨끗한 길'의 뜻. 졸도시는 자기 이름이 '길 친구'라는 의미를 갖고 있다고 부연한다. 버스가 달리는 도로변에 한국 대사관 건물이 보인다. 태극기가 펄럭이고 있다. 신축 이전한 지 3개월 되었단다. 이전에는 카자흐스탄 알마티에만 상주 대사관이 있었다. 교민들과 키르기스스탄 내 한인들의 줄기찬 개설 요구에 답하여, 8년 전 비슈케크에도 대사관이 문을 열게 되었다.

시민들의 출근길이 활기차다. 복장도 다양하다. 젊은 층은 위아래 짧은 옷을 많이 입고, 나름대로 제각각 패션을 과시하고 있다. 도로변에 재래시장도 눈에 띈다. 이 같은 시장이 도시의 동서남북 4군데에 개설되어 있단다. 키르기스스탄은 산악 국가로, 전 국토의 85퍼센트가 해발 1,500미터 이상이다. 이식쿨 호수와 천산과 마나스로 상징되는 나라. 언제 또 올 수 있다면, 그때는 해발 3,000미터 상에 위치한 송쿨 호수를 찾아가리라.

08:45, 버스 국경에 도착. 일행은 버스에서 내려 각자의 짐을 끌고 걸어서 이동한다. 이른 아침부터 많은 사람들이 국경을 넘기 위해 부산하다. 출국 심사가 신속하고도 간단하다. 양국 간 출입국 사무소가 거리가 거의 없이 가까워서 편하기 그지없다. 이런 모습으로 양국 간 우의를 과시하고 있다. 입국 심사도 수월하다. 짐 검사도 엑스레이 투시기를 거치면 그뿐이다. 09:30, 출입국 절차가 완료된다. 빈 버스 통과에 시간이 걸려, 일행은 주유소 그늘에서 잡담하며 대기한다. 10:00, 버스에 짐 싣고 승차하여 알마티를 향해 출발한다.

카자흐스탄. 동서 3,000킬로미터, 남북 2,000킬로미터로 남한 면적의 27배. 인구는 1,600만 명. 석유와 밀 생산량 세계 4위. 1인당 GNP 1만 달러. 카자흐 족은 칭기즈칸의 후예로, 전통적인 유목 민족이다. 왕복 2차로 도로를 달린다. 표지판은 5번 도로임을 표시하고 있다. 도로 양쪽으로 활엽수를 조밀하게 식재하여, 시원하니 그늘을 드리우고 있다. 평원과 수목 지대가 이어진다. 푸르름이 넘실댄다. 좌측 평원은 끝도 안 보이고, 우측 평야 끝 저 너머는 구릉지다. 그 뒤쪽으로는 산들의 연속이다.

10:20, 버스가 주유소에 진입하여 주유한다. 화장실 갈 겸 버스에서 내리니, 바람이 시원하다. 남쪽의 떠나온 키르기스스탄 비슈케크 쪽으로 설산의 북사면에 흰 눈 뒤집어쓴 영봉들이 파노라마로 전개된다. 장엄 그 자체다. 실컷 눈요기한다.

1991년 러시아로부터 독립하여 초대 대통령으로 나자르 바예프가 집권했다. 그런데 그는 지금도 카자흐스탄 공화국의 대통령이다. 1998년에 수도를 알마티에서 북쪽의 추운 아스타나로 옮겼다. 러시아와의 친교를 도모함과 동시에 영토 수호 의지를 과시하기 위한 목적에서 천도가 단행되었단다.

11:00 무렵부터 평탄 지역이 없어지고, 구릉에 오르락내리락 도로가 이어진다. 어느새 방향이 바뀌어, 서에서 동으로 달린다. 띄엄띄엄 수목 지대와 그 안에 갇힌 마을들이 보인

다. 나머지 광활한 구릉엔 억센 풀만 자라고 있다. 이런 땅을 황무지라 표현하면 제격일까? 어른 키 높이의 콘크리트 기둥 중간에 고정시켜 세운 목재 전신주가 대부분이다. 전신주의 전선이 구릉을 가로질러 뻗어나간다. 왼쪽으로는 일망무제 지평선이 드러나 있다. 우측으로는 뚝 떨어져 저 멀리 산맥이 동서 방향으로 휘달리고 있다. 말과 양들을 방목하는 장면이 심심치 않게 잡힌다. 드넓기만 한 구릉에 마을도 거의 없다. 도로 곁에만 인공 조림한 활엽수들이 늘어서 있다. 그나마 아직 키 작은 것들뿐이다. 말라 죽었는지 얼어 죽었는지, 가지에 잎을 달지 않은 것들도 많다. 태양은 머리 위에서 빛나고, 하늘에는 뭉게구름이 마구 피어오른다.

11:55, 휴게소에 정차하여 유료 화장실을 다녀온다. 바람은 불고 있으나, 열기가 후끈후끈하다. 섭씨 30도가 훌쩍 넘어갔다. 날씨가 더워서인지, 양떼들도 좁은 나무그늘 아래 오물오물 비집고 앉아 휴식 중이다. 12:10, 다시 출발. 졸도시의 역사·문화 수업이 이어진다.

티무르가 킵차크 칸국을 붕괴시킨 후, 민족 이동이 시작되었다. 우즈벡 족은 남쪽으로, 카자흐 족은 동쪽으로 방향을 잡아 옮겨갔다. 키르기스 족은 몽골족과 더불어 알타이에서 현재의 키르기스스탄 지역으로 이동했다.

16세기부터 준가르 왕국이 수시로 침략해오자, 이들 민족들은 자구책으로 러시아의 보호령이 되기를 요청했다. 이에 러시아가 남하했다. 1924년까지 러시아 지배 하에서 민족 구분 없이 투르크어를 사용하고 이슬람교를 신봉했다. 그 이후 국가 분리가 이루어졌고, 공용어도 키릴어로 바뀌게 되었다. 우즈벡 인들은 집을 크게 짓고, 차는 작은 것을 탄단다. 카자흐 인들은 이와 반대로 집은 작고 차는 큰 것을 선호한단다. 카자흐 인들과 키르기스 인들은 같은 가문끼리는 결혼하지 않는다. 우즈벡 인들은 사촌끼리도 결혼한다. 가문의 재산 유지가 목적이라나.

카자흐스탄의 평균 결혼 연령이 여성은 20 내지 22세, 남성은 25 내지 27세이다. 가급적 딸들을 우선적으로 결혼시킨 후 아들들을 순서대로 분가시킨단다. 막내아들이 부모를 모시면서 가계를 이어간다. 말하자면 큰집이나 종가가 되는 것이다. 부모가 돌아간 이후에는 형제간 교류가 거의 없단다.

12:40이 지나자 도로 우측 저 멀리 설산 능선이 시야에 들어온다. 천산 산맥이다. 도로변 수목의 키가 훌쩍 높아지고 밀도가 빽빽해진다. 농경지도 전개된다. 도로도 왕복 4차로로 넓어지고, 중앙 분리 화단도 설치되어 있다. 대형 가스관이 지상에 노출되어 있다. 중국의 우루무치에서 우랄을 넘어

서유럽까지 2,000킬로미터의 도로가 새로이 건설되고 있다. 50킬로미터 단위로 국제 입찰에 부쳤는데, 한국의 3개 건설 회사도 참여하고 있단다. 다수의 키르기스스탄 인들이 카자흐스탄에서 일하고 있다. 급여가 높고 이런저런 대우가 좋기 때문이라나.

13:20, 알마티까지 10킬로미터 남았다. 설산 너머 80킬로미터에 이식쿨 호수가 있다. 키르기스스탄 쪽에서는 연결 도로 개설을 추진하고 있으나, 카자흐스탄의 알마티 시에서 거부한단다. 도로가 개설되면 이식쿨 쪽으로 관광객이 집중될 것이고, 그에 따라 알마티 지역의 부가 그쪽으로 유출될 것이 뻔하기 때문이다. 현재 알마티에서 이식쿨까지는 비슈케크를 거쳐 500킬로미터에 차로 6시간이나 걸린다. 우측의 설산 연봉들이 대략 4,000미터 높이. 천산 산맥 최고봉은 중국, 키르기스스탄, 카자흐스탄 3국이 국경을 접하고 있는 봉우리로, 해발 7,439미터란다.

13:30, 마침내 알마티에 진입. 우측으로 설산 아래 부촌이 들어서 있다. 도로에 차가 많고, 신·구 건물들이 뒤섞여 있다. 다소 지저분하달까. 하지만 시민들의 모습은 활기에 차 있다. 육교와 아파트 신축 공사 현장을 지나간다. 최근에 지은 듯한 고층 아파트도 많다. 시내에 택시가 거의 눈에 띄지

않는다. 버스와 트롤리 버스가 많다. 시민들이 길가에 서서 지나는 승용차를 향해 손을 들어, 태워줄 것을 요청하는 모습이 많이 보인다. 방향이 같으면 태워준단다. 흥정 끝에 결정된 금액을 대가로 지급한다나. 큰 도로에는 수목 그늘 사이로 인도가 설치되어 있다. 보행자들이 그늘 아래로 여유롭게 걷고 있다.

14:00경 알마티의 한인이 운영하는 식당에서 육개장으로 점심을 먹었다. 늦은 점심이긴 하나, 식당 내의 테이블에 몇 팀의 손님들이 자리를 지키고 있다. 그 중에는 한인으로 보이는 남녀 노인 분들 여남은 명도 있다. 그분들이 우리 일행에게 호기심 어린 눈길을 보낸다. 그분들을 바라보는 나의 심정도 한마디로 말해 착잡하기 짝이 없다. 14:40 식사를 마치고 식당 밖으로 나왔다. 버스를 타고 시내 관광 출발.

중앙 광장. 대로 맞은편이 알마티 시청사이다. 웅장하고, 위압적이기까지 하다. 수도를 이전하기 전까지는 대통령 궁이었단다. 높은 대리석 기단 위에 눈표범을 타고 있는 전사 상이 버티고 있다. 좌우에 전통 복장의 남녀 좌상이 배치되었다. 빙 둘러 부조들이 감싸고 있다. 눈표범은 천산과 알타이 산에 서식하고 있다지.

박물관으로 도보 이동 중 지하상가에서 발목이 잡힌다. 쇼핑의 딪(?) 시간이 지체되고 날이 더우므로, 중간에 도보 이동 방식을 버린다. 버스로 이동. 15:40, 중앙 박물관 도착. 작은 분수와 정원에 흐드러진 붉은 장미가 그나마 한낮의 열기를 식혀주고 있다. 대리석 건물이 떡하니 중후하다. 건물 안으로 들어서니 시원도 하구나! 건물 중앙의 대형 돔을 대리석 기둥들이 받치고 있다. 바닥에까지 대리석이 깔렸다.

유물 전시실은 1층부터 3층까지인데, 전시실 바닥마다 기하학적 무늬가 촘촘하니 고급 마루로 치장했다. 시대별로 다양한 사회 계층의 생활 모습을 보여주는 유물들이 체계적으로 잘 정리되어 있다. 위층으로 올라갈수록 근대와 현대의 유물 쪽으로 옮겨진다. 3층에는 카자흐스탄에 거주하는 소수민족들의 풍습과 생활상들이 전시되어 있다. 카자흐스탄 내 한인들의 생생하고 슬픈 역사도 독립된 부스에서 관람객들을 맞이하고 있다. 건물 지하는 약식의 자연사 박물관이다. 16:45, 박물관 관람을 끝낸 일행은 다시 폭염 속으로 내던져졌다.

더위를 피해 차라리 시 외곽으로 나가, 설산 풍광이 수려한 곳의 풍취를 즐기자는 쪽으로 의견이 모아졌다. 거기에는 고급 주택과 식당, 케이블카와 스케이트장이 있다. 17:30, 도착. 지역 이름이 메데오란다. 러시아 정복 시절의 부족장 이름이라나. 곤돌라를 타면, 저 위 설산 전망대까지 15분이 걸린단다. 야외 스케이트장까지 걸어 올라갔다. 더 위쪽엔 스키장이 있다. 자작나무가 숲을 이루고 있다. 침엽수도 많이 보인다. 분수 주변에서 사진 촬영 중인 신랑신부가 여럿이다. 계단에 걸터앉아 더위를 식힌다. 바람이 시원하다. 마음이 덩달아 상쾌해진다. 이만하면 그럭저럭 살 것 같다. 신랑신부가 손잡은 채 도로를 행진한다. 차량들이 뒤따르며 일제히 경적을 울려댄다. 따져볼 것도 없이 결혼 축복의 표시이리라.

그곳에 시원함을 떼어놓고 버스는 다시 알마티 시내로 돌아왔다. 18:15. 퇴근길에 나선 시민들이 거리로 쏟아져 나왔다. 판필로브 28인 전사 추모공원. 판필로브는 장군으로서, 1943년 병사들을 이끌고 독일군과 격전을 벌여 전공을 세웠다. 젠코바 성당. 아름답기 그지없는 목조 건축물로, 추모공원 내에 위치하고 있다. 1853년 러시아가 들어온 이후 정교회 건물로 지어졌다. 한때 방송국으로 활용되기도 했으나, 독립 후 다시 러시아 정교의 성당으로 환원되었다.

드넓은 공원에는 거목들이 울울창창하다. 그늘 속 벤치마다 시민들이 걸터앉아 휴식하거나 담소를 나눈다. 어린 계집아이가 엄마 곁에 앉은 채, 둥근 거울을 들여다보며 한창 빗질 중이다.

성당 건물의 노랑과 흰색이 공원의 초록과 어울려 조화를 이룬다. 성당 건물의 삼면 앞으로, 잔디밭에 빨강·분홍·노랑의 장미들이 무더기로 심어졌다. 바람결에 꽃들의 흔들림이 나붓나붓하다. 성당 이층 정사면체 위에는 여섯 개의 화려한 목조 돔을 얹어놓았다. 이로 인해 성당은 한결 운치 있다. 관람객들을 자꾸만 동화 속으로 끌고 들어간다. 두 필의 백마가 끄는 유개 마차가 관광객을 태우고 공원 안 도로를 달린다. 말발굽 소리가 명랑하다.

18:30, 알마티 시내 관광 일정을 이렇게 끝낸다. 식당으로 이동하여 현지 식으로 저녁을 먹었다. 수프에 야채 샐러드, 두 종류의 빵이 바구니에 풍성하다 .이것만 먹어도 배부르다. 메인 요리가 올라오기까진 시간이 꽤나 걸렸다. 닭튀김에 피망·토마토 삶은 것이 나왔으나, 배가 불러 한 조각밖에 손대지 못한다. 느긋하게 식사를 끝내고 밖으로 나오니 20:30. 버스를 타고 곧바로 공항행.

21:00경 알마티 공항 도착. 샤프하고 친절한 졸도시와도 이제는 작별이다. 그대 앞날에 영광 있으라! 짐 부치고 탑승권 받아 출국 수속을 마친 후 대합실에서 대기한다. 무료한 시간을 생맥주로 목을 축여가며 보듬는다. OZ578편 탑승, 33K·33J 우측 창가 두 자리. 아내와 나란히 앉는다. 현지 시각 23:10, 비행기는 굉음을 토해내면서 알마티의 어두운 하늘 위로 냅다 날아올랐다.

그리스
이스탄불
트로이
에게해
카파도키아
터
델피
아테네
코린트
미코노스섬
밧모섬
에베소
파묵칼레
안탈리아
산토리니섬
로도스섬
크레타섬

Part 03

인류 문명의 시원에
다가서다

문명의 십자로에 서다
- 터키 기행 -

Turkey I.

독서와 여행. 서로 관계가 있을까, 없을까? 언뜻 보아 상호 간에 별다른 관계가 없을 것 같지만, 곰곰 따져보면 밀접한 관계가 있음이 금세 드러난다.

사람들은 보통 독서를 통해 지식을 쌓고, 세상을 바라보는 안목을 키워간다. 이는 타인과의 관계 설정이나 교류 없이도 가능하다. 그러다 보니 내면에 치우치기 십상이고, 그 당연한 결과로 독단이나 아집에 빠지기 쉽다. 이 같은 오류나 시행착오를 막기 위해서 여행은 아주 좋은 균형추라고나 할까. 반려자라 할 것이다. 낯선 세상으로 뛰어들어 기존에 형성된 의식과 생활의 틀을 과감히 변형시키는 행동은 의식의 영역을 넓히고, 또 지루한 일상생활에 활력을 주기도 한다. 기존의 그것들을 아예 버리고 전혀 새로운 차원으로 도약함은 신선하기도 하거니와, 가끔씩은 인류 문명에 기여하는 계기가 되기도 한다.

유난히 춥고 눈도 잦았던 1212, 2013년에 걸친 겨울, 한시(漢詩) 공부를 겸한 붓놀림으로 긴 겨울밤을 건너냈다. 이것저 것 다 독학이니, 바탕도 얕고 삐뚤빼뚤 체계도 없음은 당연지사. 어둠의 터널을 헤치고 나와 지혜의 끈을 찾을 수 있다면, 누가 뭐라 쑥덕공론을 한다 해도 오불관언이렷다.

말을 타던 시절, 오는 봄이 더뎌 아직 세상이 눈 속에 파묻혀 있는 절기에 군자는 매화를 찾아 몸소 길을 나섰다. 수도승이 동안거(冬安居)를 끝내고 만행(卍行)에 나서듯이, 겨우내 움츠렸던 어깨를 펴고 훌훌 털고 일어나 미지의 세계로 여행을 떠나보자. 이번 목적지는 터키.

여류작가 시오노 나나미(塩野七生)와 신화 연구가 겸 작가이신 고 이윤기 선생의 저작물을 통해 얻은 일천한 지식이 약간 남아 있어, 초행길에 그나마 위안이 된다. 늘 그렇듯 이번 여행도 아내와 함께 한다. 통상의 경우와 다르게 이번에는 동행인들이 많다. 매월 한 번씩 모임을 갖고 있는 수요회 회원들이 부부동반으로 한 팀을 거의 채웠다.

Turkey II.

2013년 2월 16일 토요일 09:45, 인천국제공항 이륙. 아시아나 항공 OZ551편. 12시간 20여 분 걸려 4,148마일을 비행한 끝에 현지 시각 15:12 비행기는 이스탄불 아타튀르크 국제공항에 사뿐히 내려앉았다. 한국과의 시차 7시간. 하늘은 잔뜩 흐려 있다.

입국 심사장의 대기 시간이 너무 길다. 입국 심사대들을 향해 여러 개의 줄을 서서 앞으로 움직이면서 차례를 기다리는 것이 보통 공항 입국 심사장의 시스템이다. 그런데 이곳 공항은 마치 유원지나 축구 경기장 매표소 풍경을 닮았다. 어른 허리 높이로 철제 난간을 'ㄹ'자를 계속 이어붙인 형태로 세워놓고는, 그 안으로 승객들을 한 줄로 몰아넣는다. 소떼(?)도 아닌데….

무거운 가방이나 짐을 손에 든 사람들이 애를 먹는다. 얼마 버티지 못하고 가방을 아예 바닥에 내려놓고는, 발로 밀어가며 같은 방향으로 왔다 갔다 반복한다. 실내온도가 높은 건지 승객들이 옷을 너무 두껍게 입은 건지 모르겠지만, 남녀 불문 겉옷 벗기에 바쁘다. 결국 나도 배겨내지 못했다.

입국장을 빠져나와 우리 일행을 기다리고 있는 가이드와

만났다. 가이드의 이름은 황연동. 터키인 여성 가이드 베르
나를 대동한 채였다. 공항 건물 밖으로 이동하여 승강장으
로 가니, 좁은 구역에 차량들이 한꺼번에 밀려들어 아우성이
다. 바람이 제법 차고 이따금씩 비도 흩뿌린다. 벗었던 옷을
꺼내어 다시 꿴다. 교통체증 때문에 제때 진입하지 못하는 버
스를 하염없이 기다린다. 일행 중 성미 급한 이들의 입에서
벌써 불평이 튀어나온다. 마침내 버스가 도착하자, 쭉 빠졌
던 목들이 일제히 제자리로 돌아간다. 버스는 신형으로 산뜻
하다. 앞뒤로 출입문이 설치되어 있다. 번호판을 보니 흰 바
탕에 군청색 글씨로 '34DOR19'라고 쓰여 있다. 버스 기사의
이름은 에드튜르. 발음이 쉽지 않다. 50대 초반에서 중반쯤
되겠다.

버스는 공항을 벗어나 이스탄불 시내 쪽으로 방향을 잡아
나아간다. 2~3층 규모의 빨강 지붕을 이고 있는 벽돌집들이
옹기종기 마을을 이루고 있다. 신시가지엔 고층 아파트들이
즐비하다. 완만한 구릉지가 계속 펼쳐지고, 밀밭의 초록이
이방인들의 눈에 즐거움을 부여한다. 좌측으로는 마르마라
해(海)가 파란 물감을 풀었다.

1시간 30분을 달려 이저 다이아몬드 호텔(ESER DIAMOND
HOTEL)에 도착했다. 호텔이 도로변 밀밭에 둘러싸여, 홀로

떨어져 오도카니 서 있다. 5층 규모이나, 벌판에 뚝 떨어져 위치하고 있어서 그런지 상대적으로 높아 보인다. 날씨 탓도 있겠지만, 썰렁하니 우선은 서운함이 앞선다. 내일부터 쏟아질 좋은 풍광들을 입력하고 또 제대로 소화해 내기 위해서는 충분한 휴식이 필요하다고 마음을 다독이고, 이를 위안 삼는다. 나의 손에는 3109호 객실의 키가 주어졌다. 객실에 들어서니, 싱글 베드가 무려 3개나 나란히 누워 있다. 끝내 어지럽혀지지 않을 침대가 한 개가 될지 두 개가 될지, 아직은 알 수가 없다.

샤워 후 19:00, 1층 식당으로 내려가 현지 식으로 저녁식사를 했다. 스프에 샐러드. 메인 요리는 닭찜. 감자와 쌀밥을 접시에 함께 얹었다. 가공한 단맛의 요구르트가 디저트로 나왔다. 레드와인도 한 잔 곁들여졌다. 꽤 맛있으나 한국 시간으로는 새벽 2시 시간대인지라 많이 먹기엔 아무래도 부담스럽다. 접시의 음식을 남겼다. 옆을 살펴보니, 아내는 나보다 훨씬 더 많이 남겼다. 웨이터가 다가와 접시를 치워도 되느냐고 일일이 묻는다. 일단 접시를 치워야 후식을 내놓을 수 있으니까 그러는 게지. 웨이터의 얼굴을 쳐다보니 '이 촌뜨기 녀석들, 맛있는 요리들을 도대체 왜 다 못 먹고 남기는 거야?'라고 말하고 싶어 하고 있었다.

1990년대 초반 여름 휴가철에 이탈리아를 여행한 적이 있었다. 피사의 사탑 관광 후 부근 식당에 들러 스파게티로 점심을 먹었다. 그런데 한낮의 더위에 지쳐 일행 대다수가 접시에 손댄 자국만 겨우 남기고 포크를 놓아버렸다. 그러자 식당의 종업원들과 흰 캡을 쓴 주방장까지도 식탁 주변으로 몰려와 심각한 표정들을 짓는 것이었다. 혹여 음식에 무슨 문제가 있는 것은 아닐까? 얼굴마다 송구한 표정들이 역력했다. 자초지종을 듣고 난 후에야 다들 한꺼번에 긴장의 끈을 놓고는, 이내 자기들끼리 히히덕거리며 안도의 한숨을 쉬었다. 이런 일을 회상하니, 나도 모르게 피식 웃음이 나왔다.

식사 후 곧바로 객실로 올라와 TV를 켰다. 알아들을 수도 없거니와, 눕자마자 금세 잠이 몰려와 언제인지도 모르게 곯아떨어졌다. 밤하늘은 낮게 잔뜩 흐려 있다. 12월부터 2월까지가 우기인데, 요즘이 그 끝자락이라던가. 객실 간 방음이 제대로 안 되어 대화하는 소리와 코 고는 소리가 이쪽저쪽 양쪽에서 마구 날아온다. 집 떠나면 고생이라는 말 익히 겪어봤으니, 시종 무신경으로 일관한다.

02:00, 04:00 중간 중간 저절로 깼으나, 그때마다 다시 잠을 청했다. 05:00, 더 이상 배겨내지 못하고 침대에서 등을 뗐다. 한국 시각으로는 점심 먹을 무렵이나, 모닝콜 약속 시각인 07:00까진 아직도 두 시간이 남았다. 불을 켜고 어제 일정을 메모 형식으로 정리했다. 아내와 각각 침대 하나씩을 차지하여 잠을 자 어지럽히고, 새벽녘에 남은 침대에 배를 깔고 누워 어제 일정을 정리했더니, 많아 보이던 침대가 결코 많은 게 아니었다.

모닝콜을 받았을 때, 아내와 나는 지하 2층 식당에 내려갈 준비를 완벽하게 끝낸 상태였다. 가뿐한 마음으로 식당에 내려가니, 식당 안은 벌써 부지런한 한국인 관광객들로 북적이고 있다. 뷔페식이긴 하나, 아침 식단치곤 음식이 다양하고 맛도 좋다. 기분 좋은 식사를 즐긴다. 아침부터 여유가 있다. 바지 주머니에 양손을 찔러본다. 구름이 낮게 깔리고 바람도 제법 차긴 하지만, 좋은 장면이 많이 잡히길 기대해 본다. 로마 제국 콘스탄티누스 대제의 작품이든 오스만 투르크 술탄의 그것이든, 여행자는 가리지 않는다. 09:00 에드튜르는 호텔에 이별을 고하고는 버스를 출발시켰다. 오늘의 중간 목적지 트로이, 최종 목적지 아이발릭.

버스는 E84 D110 도로를 따라 겔리볼루를 향해 나아간다.
마르마라 해안을 왼쪽에 두고 편도 2차로의 포장도로를 좇
아 서쪽으로 구릉 지대를 통과한다. 연이은 구릉들이 밀밭과
목초지의 푸르름으로 가득 찼다. 밀이 제법 자라 바닥의 흙
이 드러나지 않는다. 올리브 나무들도 꽤 눈에 띄고, 가지마
다 분홍 꽃잎을 매단 나무를 보니 반갑기 그지없다.

가이드는 맨 앞자리를 차지하고 앉은 채 터키의 지리와 역
사, 그리고 문화에 대해 설명해 나간다. 국토 면적 78만 평방
킬로미터로 한반도의 3.5배 크기요, 인구는 7,500만 명. 1인
당 GNP 8,000달러. 전체 인구의 97퍼센트가 이슬람교도로
서 일상생활에 있어 종교의 비중이 절대적이란다. 돈·물질보
다는 가족이나 개인의 자유를 훨씬 더 소중히 여긴단다. 그
러다 보니 우리들 기준으로 그들을 평가하자면, 게으른 성향
이 부각될 수밖에 없겠다. 농산물을 비롯한 식료품 가격이
저렴하다는 사실이 그럭저럭 세월을 버텨낼 수 있는 힘이 될
것이다.

10시 30분을 지나자, 구름 사이로 잠시 잠시 햇살이 내비
친다. 하지만 쥐 오줌이다. 버스는 케산이라는 곳에서 남쪽

으로 방향을 틀어 E90 D550 도로로 바꿔 탄다. 풍광이 변해 소나무들이 빽빽이 들어차 숲을 이루고 있는 삼림 지대도 보이고, 바닷가에 접근하는가 싶더니 다시 밀밭으로 돌아간다.

11:10, 트로이아(TROIA) 식당에 도착했다. 1층은 기념품 판매점이고, 2층이 식당이다. 스프·샐러드에 고등어 요리와 쌀밥이 함께 차려진 접시가 메인 요리로 나왔다. 챙겨온 소주를 반주로 곁들였다. 소주 몇 잔에 이내 얼굴이 불콰해진다. 식사 후 1층으로 내려가 가게 안을 한 바퀴 빙 둘러봤다. 전차를 탄 트로이 전사의 청동상을 깎아서 25달러에 샀다. 평소 물건값을 깎는 데는 나보다 아내가 훨씬 수완이 좋다. 이번에도 아내의 신세를 졌다.

버스는 다시 출발, 운전기사 양반은 시종 묵묵 차분하게 운전에만 집중한다. 차창 우측으로 바다가 다가온다. 에게해로 이어지는 마르마라해의 끝자락이다. 해안을 따라 붉은 지붕을 이고 있는 2층 벽돌집들이 계속 스쳐 지나간다. 이스탄불 부호들의 별장들이란다. 터키는 한국을 파키스탄과 더불어 형제 나라라고 부른다. 한국인들에게는 마치 형제를 대하듯이 친절하다. 그렇다 보니 입국 심사대에서도 유독 한국인은 신속하게 통과된다. 과거 잘못 챙긴 아내 여권을 제시한 한국 남성 관광객이 멀쩡하니(?) 입국 심사대를 통과한 사례도 있다고 하니, 터키인들의 한국과 한국인에 대한 애착의 정도를 가늠할 수 있을 것 같다.

터키는 한국전쟁 시 15,000명의 병력을 참전시켜 720여 명의 전사자를 낸 혈맹국이다. 터키인들은 돌궐족의 후예이다. 투르크의 한자식 표현이 다름 아닌 돌궐이다. 고구려가 수·당과 대립하여 전쟁을 치를 때, 고구려는 돌궐과 동맹을 맺어 중국 본토 세력을 견제하면서, 동시에 국제적인 세력 균형을 유지하려 시도했다. 이러한 역사적인 연고로 인하여, 터키인들은 오늘도 한국을 형제국이라 부르고 있다. 이런 사실 앞에 가슴 뭉클하지 않을 한국인이 어디 있겠는가.

돌궐족이 중국 변방에서 초원 지대를 따라 서쪽으로 이동해 가 현재의 터키 지역에 자리 잡았다. 셀주크 투르크가 흥했다가 몽골 제국에 의해 망했다. 그 후 일어난 오스만 투르크 제국이야말로 투르크족의 전성기였다. 영역을 최대로 넓혔을 때의 면적에 비해 현재 터키의 국토 면적이 5퍼센트에 불과하다면, 어렴풋이나마 감이 잡힐 것이다. 오스만 제국의 술탄은 제1차 세계대전 시 독일 측에 붙어 참전했다가, 연합국 측에 패배하여 항복했다. 1923년 무스타파 케말의 군사혁명에 의해 제국은 종언을 고했다. 정교 분리를 비롯한 각종 개혁이 군사 정부에 의해 추진되었다. 바다에 면한 이스탄불이 외부 침략으로부터 방어하는 데 애로가 있음을 고려하여, 수도를 내륙 깊숙한 산악 지대인 앙카라로 이전했단다.

도로변 건물에 터키 국기가 게양된 모습이 자주 눈에 띈다. 빨강색 바탕에 흰색 초승달과 별. 신선하고 또 산뜻하다. 유럽 쪽 항구에서 페리 선으로 아예 버스 통째로 승선한다. 이곳 지명이 겔리볼루던가.

배는 13:00 정각에 뱃고동을 울림과 함께 출항했다. 마르마라 건너 빤히 쳐다보이는 아시아 대륙으로 방향을 잡는다. 찬바람에 검푸른 물결의 파고가 제법 높다. 선실에 들어가지 않고 2층 선실 전면, 즉 배의 이물에 놓여 있는 벤치를 아내와 함께 차지하고 앉아 어깨동무한 채 이런저런 담소를 나눈다. 준비해온 털모자와 목도리, 장갑이 세찬 바람 속 30분 동안의 여유와 행복을 가능케 했다. 수학여행 온 것으로 보이는 일본의 남녀 학생들이 선실과 우리 곁을 들락날락하면서 영화 〈타이타닉〉의 한 장면을 흉내 내기도 하고 사진도 찍으면서, 뭐가 그리도 좋은지 까르륵까르륵 한다.

13:40 배는 아시아 쪽 자그마한 항구에 상륙하여 버스, 트럭 가리지 않고 마구 토해낸다. 이곳이 랍세기인지, 아니면 차나칼레인지 알 수가 없다. 하지만 문제될 건 아무것도 없다. 스쳐 지나가는 여행객이 한꺼번에 많은 것들을 가져가려

함은 아무래도 욕심이겠기 때문이다.

짧은 시간 호사를 누린 버스는 힘을 얻었는지, D550 E87 도로를 달려 나간다. 트로이행이다. 에게해를 우측에 끼고 서쪽을 향한다.

아시아 쪽에 오니, 다시 구름 속에서 해가 나온다. 구릉의 산세가 좀 더 가팔라지고, 밀밭 대신 올리브 밭이 점점 많아진다. 분홍빛 꽃나무들이 여행객의 눈을 즐겁게 한다. 벚꽃인지, 아니면 살구꽃인지? 어떤 꽃이든 상관없겠다. 나도 모르게 핑크에 마음이 설렘은 아직 젊음의 끈을 완전히 놓쳐버리지는 않았다는 징표이더냐!

가이드는 트로이 전쟁이 일어나게 된 원인, 영웅들의 활약상, 전쟁의 경과 등에 관하여 설명해 나간다. 이윤기 선생의 그리스 로마 신화 관련 저서 3회독의 효과가 에서 빛을 발한다. 새벽 일찍 깬 잠에 침대에 누워 아내에게 두런두런 해준 얘기가 가이드의 입에서 마이크를 통해 되풀이되니, 아내의 얼굴 표정이 유난히 밝다. 초등학교 교실 안 예습 잘해온 어린 학생의 얼굴 표정을 쏙 빼닮았다. 선생님이 오늘따라 나에게 질문은 왜 안 해주시나?

차창 밖을 내다보니, 과수원에선 부지런한 농부의 일손이 제법 바쁘다. 양떼들은 풀밭에서 한가로이 풀을 뜯고 있다.

어르신이 지나가다 눈을 부라리니, 서너 녀석을 제외하곤 다들 목을 치켜들지 못하고 계속 땅을 향해 고개를 주억거린다. 하하! 이 녀석들….

드디어 트로이 유적지 도착. 일찌감치 세계문화유산에 등재되었다. 동·서양의 관광객들이 무리를 이루어 입구를 향해 쏟아져 들어간다. 현재까지 남아 있는 유적이라고 해봐야 흙과 돌이지만, 기원전 3,000년에서 2,000년 사이의 청동기·철기 문명이 형성되었던 고대 인류 역사의 현장이다. 하나의 문명이 일어났다 스러지고, 그 위에 또 다른 문명이 세워졌다 사라지기를 무려 일곱 번이나 반복했음을, 지층의 단면을 통해 직접 눈으로 확인할 수 있다.

트로이 전쟁에 관하여는 호메로스의 문학 작품과 이런저런 영화들을 통해 널리 알려져 있다. 옛날에는 트로이 성 턱 밑에까지 바닷물이 들어왔었는데, 토사가 지속적으로 퇴적되는 바람에 바다가 점점 멀어지게 되었단다. 성 주변의 물이 썩음에 따라 전염병이 돌아, 결국 트로이는 쇠망의 길로 접어들 수밖에 없었단다.

트로이 유적의 발굴은 독일인 슐리만에 의해 이루어졌다. 그는 가난한 목사의 아들로 태어나, 무기 거래를 주축으로 하는 무역업으로 큰돈을 벌었단다. 나이 50이 넘어 몸소 그리스어를 익히고 발굴 팀을 구성하여 자금을 댔단다. 이로 인해 부인과의 사이에 불화가 생겨 결국 이혼하고, 발굴에 적극 협조키로 한 젊은 그리스 여성과 재혼했다지.

애초에 발굴될 유물 전부를 오스만 제국에 양도키로 약정했으나, 막상 금은보화들이 발굴되자 슐리만은 작업 인부들도 모르게 부인을 통해 감쪽같이 독일로 반출시켰다. 귀중한 유물들은 베를린 박물관의 소장품이 된 채 전시되는 운명을 피할 수 없었다. 제2차 세계대전 시 패전국 독일의 수도 베를린에 진주한 러시아군은 이 귀중한 유물들을 접수하여 빼돌린 후 그들의 조국으로 실어갔다. 그런 연유로 현재 모스크바의 어느 박물관인가에 억류(?)되어 있단다.

전세 반전의 계기가 되었던 '트로이 목마' 모형물은 보수공사 중으로, 통째 철 구조물과 가림막으로 둘러싸여 있다. 이윤기 선생도 여러 모로 눈에 거슬린다고 평했던 바로 그 목마이기에, 볼 수 없음에 대한 아쉬움이 한결(?) 덜하다.

15:40, 버스는 다시 네 바퀴를 굴린다. 삼림 지대 검푸른 숲을 가로질러 시원스레 뚫린 D550 E87 도로를 달려, 에게해에 면한 휴양도시 아이발릭을 향한다. 차량 우측으로 오후의 햇살이 빛난다. 제법 바람이 있는지, 유럽과 아시아 양쪽으로 조금 높은 산들의 능선을 따라 풍력 발전기 돌아가는 풍

경이 심심찮게 눈에 들어온다. 도로는 우측의 에게해를 놓치더니, 얼마 못 가 왕복 4차로에서 2차로로 좁아진다. 군데군데 도로확장 공사가 진행 중이다.

서편 하늘에 비낀 저녁노을이 시시각각 색깔의 변화를 연출한다. 해발 고도가 점점 높아지면서 산악 지역으로 진입한다. 꼬불꼬불 급경사의 바위산을 타고 소나무 숲 우거진 고갯마루에 올라서니, 오른쪽 아래로 에게해가 한눈에 들어온다. 건너편 유럽 땅도 지척이다. 하지만 최소 10킬로미터는 될 것이다. 비탈을 계단식으로 일궈 올리브 밭을 조성했다. 올리브 나무는 가지마다 푸른 잎을 총총히 매달고 있다. 저 아래로 항구를 끼고 있는 예쁘고 아담한 도시가 눈길을 끌고 있다. 푸른 숲을 배경으로 붉은 지붕을 머리에 얹은 건물과 주택들이 해안을 따라 빽빽하게 들어차 있다.

버스는 어느 새 해안가에까지 내려섰다. 해안도로는 4차로로 넓어지고, 산뜻한 가옥들과 올리브 밭이 도로의 한쪽 또는 양쪽으로 이어진다. 왼쪽 저 멀리로는 제법 높은 산들이 해안과 평행을 이루면서 산맥으로 휘달린다. 마을마다 어김없이 크고 작은 이슬람 사원을 품고 있다. 미나렛(첨탑)이 인상적이다. 작은 사원엔 조촐한 미나렛이 하나, 큰 규모의 사원엔 보다 높고 큰 그것이 두 개 우뚝. 도시의 높은 건물 밀집 지역엔 미나렛도 덩달아 더 높아져, 사방 어디에서도 치솟은 위용이 한눈에 들어온다. 버스는 중간에 휴게소에 들러 20분 휴식 후 다시 출발했다. 어둠을 가르고 숲길을 달려가는데, 버스 안 관광객들이 다들 지쳤는지 시종 조용하다. 이틀을 겪어보니, 버스 운전기사가 베테랑이다. 급출발이나 급브레이크가 전혀 없다. 클랙슨 울리는 소리도 듣지 못했다.

18:30, 그랜드 테미젤 호텔(GRAND TEMIZEL HOTEL) 도착. 5성급 호텔이다. 234호실에 짐을 풀었다. 호텔 내 식당으로 내려가 뷔페식으로 저녁을 먹었다. 시원한 맥주 한 잔씩으로 여독을 풀고, 객실로 올라가 휴식을 취했다.

Turkey IV.

05:00 모닝콜이나, 04:30 기상하여 샤워 후 짐을 정리한다. 06:00 아침식사, 07:00 호텔 출발. 여행객의 처지가 되면, 누가 시키지 않아도 늘 알아서 부지런을 떨게 된다. 오늘은 산 속 아기자기한 쉬린제 마을과 로마 유적지 에페스를 방문한 후 파묵칼레까지 이동한다. 에페스를 우리는 통상 에베소라 칭한다.

D550 E87 왕복 4차로의 도로를 달린다. 아침 햇살 아래 올리브와 밀의 초록이 생기발랄하고, 또 눈부시다. 풍력 발전기가 유유자적 돌아간다. 동북 방향으로 길을 잡아 나아간다. 초원 위 벚나무가 만개한 벚꽃 가지들을 매달고 있다. 버스는 동쪽·동남쪽·남쪽으로 방향을 수시로 전환한다. 에게해를 오른쪽에 끼고 도로가 해안으로 다가가니, 쪽빛 바다가 배경이 되어 주변 풍광이 한결 운치를 더한다.

구릉을 넘어서자, 붉은 지붕과 흰 벽 주택으로 이루어진 해안 마을들이 바다를 품은 채 햇살 아래 반짝이고 있다. 미나렛은 햇볕 아래 빛나는 송곳이다. 바다를 끼고 꽤 큰 도시가 전개된다. 유전도 도시에 접하고 있어, 유전 관련 플랜트가 즐비하다. 부근 항구엔 유조선들이 여러 척 접안해 있다. 바다 위에 떠 있는 빨강색 배는 소방선일 것이다.

도시 뒤쪽 산 능선엔 풍력 발전기들의 날개가 빙글빙글 돌아가고 있다. 이곳이 이즈미르, 옛 지명 스미르나. 인구 300만 명으로 터키 세 번째 도시란다. 호메로스의 고향으로 미남미녀들이 많기로 유명하다니, 귀가 솔깃해진다. 에게해에 접한 항구도시로 오랜 옛날부터 유럽인들이 수시로 왕래했고, 그 영향인지 무슬림의 숫자가 다른 도시에 비해 현저히 적단다. 산업시설이 즐비하고, 공장 굴뚝마다 연기가 솟고 있다. 철도도 통과하고, 그 주변엔 컨테이너 박스가 산더미처럼 쌓여 있다. 한마디로 도시 전체가 활력이 넘친다. 크고 작은 건물마다 터키 국기가 펄럭이고, 도로상에는 아침부터 컨테이너 트럭들과 액화가스 차량들이 즐비하다. 앞으로 나아갈수록 꽃나무가 점점 많아진다. 흰색·분홍색으로 분분하니 흐드러졌다. 만화방창 봄의 향연을 맘껏 누리는 자여! 그대의 이름은 행복한 여행자니라.

O30 E87 도로로 바꿔 타고 동쪽으로 달린다. 왕복 6차로의 도로로 넓어진다. 도로 양쪽으로 도시를 끼고 달리다 터널을 빠져나오자마자, 우측으로 언덕 꼭대기까지 빽빽하니

가옥들로 들어찬, 예쁜 사진 같은 풍광이 시야를 한껏 자극한다. 우와!

도시를 벗어나자, 버스는 남쪽으로 방향을 튼다. O30 도로는 우측으로 떨어져 나가고, E87 도로는 새로이 O31 도로를 끌어들여 몸을 섞는다. 계속 남진. 아담하니 목조로 지은 휴게소에 들러 화장실도 다녀오고 석류 즙도 사 마시면서, 잠시나마 팔운동 허리운동도 해본다.

제법 높은 바위산들이 위용을 드러내고, 우측 산꼭대기에 축조된 성의 모습도 눈에 들어온다. 셀주크 투르크 시대 때 세워진 고성이란다. 도로변으로 천도복숭아·무화과·오렌지 밭이 줄지어 전개된다. 에페스 방향 D550 도로로 접어들어, 쉬린제 마을로 향한다. 부근에도 고성이 있고, 사도 요한의 묘와 요한기념교회도 스쳐 지나간다. 버스는 골짜기를 통해 진입하여 산등성이 좁은 도로를 꼬불꼬불 기어오른다. 7~8부 능선까지 온통 올리브 밭이다. 일순간 시야가 탁 트이며, 마을의 수려한 풍광이 일거에 전개된다. 과거 그리스인들의 거주지로, 붉은 지붕에 흰색 벽의 이층 건물들이 햇살 아래 빛나고 있다. 깊숙이 이어지는 골목을 끼고 양쪽으로 식당과 상점, 공방들이 오밀조밀하니 손님을 끌고 있다.

골목 안으로 들어갈수록 지대가 점점 높아진다. 이탈리아

카프리 섬의 골목이 안으로 들어갈수록 내리막인 것과는 대조적이다. 스페인 안달루시아 지방의 미하스 마을 풍이긴 하나, 여기선 바다가 보이지 않는다. 와인 시음장에서 석류·복숭아·블루베리·모과주를 따라 주는 대로 홀짝홀짝 받아 마시다 보니, 한동안 발이 묶였다. 그 시간만큼 마을 안쪽까지 느긋하게 둘러볼 여유와 기회를 빼앗겼다. 후회에 겸하여 반성 또 반성.

11:00, 버스는 쉬린제 마을을 출발하여, 올라왔던 길을 거꾸로 잡아 산 아래로 내려왔다. D550 도로를 쭉 따라가다 재를 넘으니, 아담한 식당이 고즈넉하니 자리를 잡고 있다. 붉은 벽돌로 지은 단층에 목조 천장, 붉은 기와를 얹은 겹 지붕. 케밥 요리로 점심식사를 했다. 스프·샐러드에 양꼬치 구이. 식당 분위기도 산뜻하니 괜찮고, 음식도 정갈하고 맛있다. 식당을 나오면서 간판을 보니, 'AZIZIYE Restaurant'.

식사를 끝낸 후 다시 역방향으로 산을 넘어와 좌회전. 에페스 2킬로미터. 주차장에 진입하기도 전에 도로변으로 이런저런 석조 유적들이 모습을 드러낸다. 입구를 통과하자마자 가이드는 유적지 전체의 개관을 설명한다. 에페스가 한창 번성했을 때의 인구가 25만에서 30만 명이었고, 현재 도시 전체의 15퍼센트 정도가 발굴되었단다. 한 바퀴 둘러보는 데도 시간이 꽤 걸리겠군. 쪼그려 앉은 채 신발 끈을 바싹 조여 맨다.

　기원전 6세기경부터 히타이트 족에 의해 청동기·철기 문명이 이곳에 형성되기 시작했단다. 로마인들에 의해 건설된 도시는 웅장하면서도 실용적이다. 공중목욕탕과 공동수도, 공중화장실과 도서관, 아르테미스 여신전과 하드리아누스 신전, 귀족에게만 공연 관람이 허용되었던 소극장과 25,000명을 수용할 수 있는 원형극장. 원형극장에서는 각종 공연과 맹수와 검객과의 싸움, 검투사들끼리의 결투 등이 수시로 행해졌단다. 무대의 중앙에 서서 소리를 지르거나 노래를 하면, 음향 장치 없이도 그 진동이 모든 객석에 전달되는 현상을 실제로 체험해보니, 신기함과 놀라움에 감탄사가 절로 나온다.

　소아시아 총독이었던 셀수스를 기념하는 도서관도 감동적이다. 총독 사망 이후 그 아들이 아버지를 기리기 위해 건립한 도서관이란다. 원래는 3층 건물이었는데, 지진으로 무너졌는지 근세에 이르러 비엔나 학회에서 2층 규모로 복원했다지. 재미있는 것은 도서관과 유곽이 마주보며 자리하고 있고, 또 지하통로로 서로 연결되어 있다는 점이다. 공중화장실은 칸막이 없이 십여 명이 나란히 설치된 변기 위에 역시 나란히 걸터앉아 일을 볼 수 있게끔 고안된 수세식이다. 물이 흘러들어오는 위쪽 변기에 지위가 높은 자, 아래쪽 자리에 신분이 낮은 자가 앉았단다. 당시 로마인들의 다수가 변비가 심해 배변에 시간이 꽤 오래 걸렸고, 이 같은 사정을 반영하여 화장실 전면 바깥에 분수대와 정원을 설치하여 지루함을 달래주었다나.

로마인 지배 당시에는 바다가 도시에 맞닿아 배를 내려 곧장 도시로 진입했는데, 하선하자마자 정면 산 중턱에 떠억하니 버티고 서 있는 원형극장을 마주하는 사람마다 위압감을 느끼지 않을 수 없었겠다. 현재는 토사 퇴적으로 바다가 뒤로 훌쩍 물러났다는데, 바다가 어디쯤인지 여기서는 전혀 가늠할 수가 없다. 입구의 반대 방향에 설치되어 있는 출구를 나오면서 뒤돌아보니, 원형극장의 위용이 그야말로 압권이다. 부지런히 발품을 팔아, 대충 둘러보는 데도 1시간 40분이나 소요되었다.

버스는 다시 일행이 점심을 먹은 식당을 지나 D550도로를 달린다. 얼마 후 D320 E87도로를 타고선 남쪽·남동쪽 방향으로 진행한다. 마을들이 이따금씩 나타나고, 평지와 구릉은 올리브와 오렌지 밭이다. 단선철도가 도로를 따라 멀어졌다 가까워졌다 하면서 숨바꼭질에 여념이 없다. 17:30 석양

무렵이 될 즈음 풍광이 바뀐다. 나무가 거의 없는 목초지 구릉이다. 마치 대관령 목장 지역에 온 것 같은 느낌이다. 우측 멀리 우뚝우뚝 솟은 산줄기가 이어 달린다. 초원이 거의 끝나는 지점에서 도로는 분리된다. 그로부터 15분쯤 지나 파묵칼레에 다다른다.

파묵칼레. '목화의 성'이란 뜻이란다. 자연적으로 용출되는 온천수에 섞여 있는 석회석 성분이 1만 2,000년에 걸쳐 응고되고 퇴적되어 엄청난 높이와 규모로 산을 이뤘다. 산 전체가 새하얗다. 이곳 사람들에겐 그 모양이 마치 목화솜을 쌓아 만든 거대한 성으로 보였나 보다. 우후죽순 격으로 늘어난 주변 호텔들이 온천수를 마구 퍼내는 바람에, 현재는 파묵칼레의 정상부에서 늘 흘러넘치던 온천수가 거의 끊어질 지경이란다. 인간 탐욕의 당연한 결과이리라. 고육지책으로, 관광객들이 많이 모여드는 시간대에만 기계를 이용하여 온천수를 뿜어 올리고, 제한된 수량의 물을 아래로 흘러보낸단다. 사진 속 끊임없이 이어지는 곡선 형태의 계단식 하얀 지면을 따라 흘러내리는 옥빛 물길은 인간들도 모르는 사이 아련한 옛 추억이 되어버렸다.

이곳이 지진이 자주 발생하는 지역이므로, 터키 정부가 주민 대부분을 다른 지역으로 강제 이주시켰단다. 관광지 내 호텔들도 내진 설계에 따라 예외 없이 저층으로 건축되었고, 그 당연한 결과로서 건물 내에 엘리베이터가 없다. 어둠이 내리는 가운데 파묵칼레를 우측 차창을 통해 응시하면서, 중앙선 없는 오르막 도로를 꼬불꼬불 기어오른다.

18:05, 폴라트 테르말 호텔(POLAT THERMAL HOTEL) 도착. 2층 건물인 대신, 구조가 좀 복잡하다. 1에서 8까지의 블록이 얼기설기 뻗어나간다. 1층 로비에서 통로를 따라 직각으로 꺾고 꺾기를 몇 번 하니, 1블록 저 안쪽에 배정된 객실 107호실이 허리 굽은 늙은 영감의 자세로 들어앉아 있다.

호텔 내 2층 식당에서 뷔페식으로 저녁식사를 마치니, 아내는 나를 1층 기념품점으로 끌고 들어간다. 객실 배정 전 로비 대기 시간 중에 나 모르게 벌써 서로 간에 말문을 텄는지, 아내는 남자 종업원과 격의 없다. 아내는 매장 진열대를 우로 좌로 전후로 몇 번 왔다 갔다 하더니, 손 안에 들어오는 사이즈의 도예품을 하나 골라냈다. 한쪽은 웃는 낯으로 옴팡 바가지를 씌우려 하고, 다른 한쪽은 되레 역공에 나서 가격을 냅다 후려치면서, 밀고 밀리는 신경전을 벌인다. 팽팽하니 한동안 긴장이 풀리지 않는다. 다른 손님을 소개해주겠다는 아내의 영악(?)한 제의에 어리숙한(?) 사내는 결국 두 손을 들었다. 물건을 파는 사람도, 사는 이도 다정한 얼굴 표정으로 웃었다. 나는 계산대 곁에 버텨선 채, 기념품을 정성껏 포장하고 있는 종업원을 아래로 내려다보며 배시시 웃음 지었다. 다른 손님을 연결해주겠다는, 어느 나라 말인지도 모르는 아내의 똑 부러지는(?) 표현과, 이 같은 미끼에 의외로 쉽게 속아 넘어가는 상대의 아둔함이 나를 웃게 만든 것이다.

호텔 건물 밖으로 나오니, 구름의 터진 틈새로 음력 여드렛날의 예쁜 달이 중천에서 빛을 내뿜고 있다. 산보 겸 걸어서 언덕을 내려가니, 다른 호텔들과 기념품점들이 도로를 따라 조명을 밝히고 있다. 한국인 관광객들이 꽤나 많이 찾는지, 한글로 표시된 현수막에 이런저런 음식명과 노래방까지 인쇄되어 있다. 한 바퀴 빙 돌아 호텔로 돌아오니, 배가 한결 편해졌다.

온천수에 몸을 담근 후, 아내와 마주 앉았다. 기분 짱! 챙겨온 소주 몇 잔으로 회포를 풀었다. 파묵칼레의 전설이 달빛 따라 새하얗게 내려앉는 이 밤, 철모르는 귀뚜라미가 나의 왼쪽 귓속을 파고 들어와 계속 울어댄다.

아직까지도 한국 시간에 익숙하다. 06:00 모닝콜인데 5:30 기상하여 샤워와 면도를 끝내고는, 짐을 정리한다. 느긋하게 아침식사 후 08:00 호텔 출발. 버스는 5분도 되지 않아 파묵칼레 부근에 도착했다.

파묵칼레를 왼쪽에 두고 도로를 따라 빙 돌아 올라가니, 전체가 고대 도시 유적지다. 히에라 폴리스. 도시 유적 대부분이 현재 지하에 묻혀 있는 상태란다. 유네스코 지정 세계 자연문화유산인 파묵칼레만으로도 수많은 관광객들을 끌어모으고 있으니, 도시 유적을 당장 발굴할 필요성을 별로 느끼지 못하고 있단다. 한창 땐 도시 인구가 50만 명이었단다. 현재까지도 그 대략의 형태를 유지하고 있는 두 개의 대형 원형극장을 통해서도 도시 규모를 추정해볼 수 있을 것 같다.

고대부터 피부병 치료를 위한 온천이 존재했고, 치료 중 머무르다 사망하는 사람들도 많아 자연스레 무덤 도시도 형성되었단다. 네크로 폴리스. 아까 버스 이동 중 보았던 드문드문 남아 있는 석관묘의 흔적들이 그 증거인 것이다. 관광객들에게 족욕을 허용하는 구역이 지정되어 있다. 대부분의 관광객들이 아침부터 족욕에 여념이 없다. 아내도 당연하다는 듯 족욕 대열을 따라 나선다. 나는 망설였다. 오랜 기간 동안의 등산으로 인해 비틀리고 군살이 박인 못생긴 발을 남들 앞에 내놓는 것도 그렇거니와, 여기저기 둘러보면서 멋진 풍광을 찾아보는 편이 훨씬 더 나을 것 같았다.

일행 몇 명과 함께 사람들이 거의 없는 구역으로 발걸음을 옮겨갔다. 빙 돌아 한참을 나아가니, 와! 바로 이거네. 벌어진 입이 다물어지질 않는다. 마치 계단식 다랑논 같은 수많은 석회석 흰 공간들을 비취빛 온천수가 가득가득 채우고, 아래로, 아래로 흘러내리고 있었다. 뜨거운 증기가 계속 피어올라, 일대는 몽환적 분위기가 한껏 고조되었다. 이 장면을 놓친 이들은 모두 오늘 아침밥을 헛먹었구나.

아침 일찍 서두른 덕에, 느긋하니 둘러보고 출구 밖으로 나와 시계를 보니 09:30. 그 새 날씨도 개어 해가 모습을 드러낸다. 빙 돌아 내려오는 버스 안에서 올려다본 파묵칼레는 햇살을 받아 더욱 눈부시다. 햇빛이 흰 단면에 닿아 무지갯빛으로 산산이 부서진다. 대자연이 연출해내는 찬란함의 극치라고나 할까. 만월 아래 파르라니 빛나는 파묵칼레의 맨살을 대면하게 된다면, 나도 애리조나 카우보이도 단박에 뇌쇄되어버릴 것이다.

내려와보니, 산 아래는 위험했다. 예상치 못했던 함정이 도

사리고 있었느니. 의류 등 면세품 판매점이 똬리를 튼 채 일행들을 향해 혀를 날름거렸던 것이다. 이브의 후예들은 쇼핑의 늪에 빠져, 그곳에서 무려 1시간 30분을 허비(?)했다. 아이구머니! 아침밥 일찍 먹은 보람도 없이….

Turkey V.

11:00, 안탈랴를 향해 출발. D585 E87 도로를 따라 달린다. 주변 밭에 목화 재배의 흔적이 군데군데 흰색으로 남아 있다. 출발한 지 30분쯤 지나자, 타울로스 산맥의 초입이다. 지그재그 식으로 오르막길을 올라간다. 도로 양쪽으로 우뚝우뚝 험산의 풍광이 전개되기 시작한다. 7부 능선 이상의 고지엔 하얀 눈이 빛나고 있다. 타울로스는 '누워 있는 소'라는 의미다. 산맥은 동서 방향으로 길게 전개된다.

12:00, 버스는 도로가 음식점에 정차한다. 일행은 느긋한 자세로 점심식사를 즐긴다. 뷔페식 식사.

13:00, 다시 출발. 사방 해발 1,500미터 대 이상 산 위는 눈

으로 하얗다. 버스 안에 앉은 채 따뜻한 햇살을 고스란히 받는다. E87 표시는 어느 새 사라지고, 도로 표지판에는 D585 표시만 살아남았다. 왕복 4차로의 아스팔트 포장도로도 콘크리트 도로로 바뀌었다. 산악 지역 침엽수림 사이로 난 도로를 주행하여 남으로, 동남으로 계속 오르막길이다. 앞쪽 저 멀리로, 우뚝 솟은 설산 능선이 한눈에 다 들어온다. 오수에 빠진 사이 도로는 D350으로 또 바뀌었다. 안탈랴까지의 거리 표지가 85킬로미터를 나타내고 있다.

14:55, 안탈랴의 시계(市界)에 들어섰다. 연평균 기온 20℃. 인구 100만 명의 휴양도시. 독일의 관광객이 매년 300만 명씩이나 방문한단다. 물가도 저렴하고, 세계 5대 골프장에 꼽히는 골프장도 있단다. 도로 양 옆으로 잘 가꿔진 소나무 숲이 계속 이어진다. 시내로 진입하는 D650 도로가 지나는 언덕 위에 서니, 도시가 한눈에 내려다뵌다. 버스는 도시를 가로질러 곧장 해안가 선착장으로 향한다. 일행은 유람선에 승선하여 상쾌한 바닷바람과 코발트빛 파도에 몸을 맡긴 채, 절벽으로 이뤄진 해안과 그 위에 버티고 서 있는 크고 작은 건물들을 감상한다. 풍광의 수려함을 눈에 담기를 45분, 우리들을 태운 배는 원점을 찾아 그리 크지 않은 항구 안으로 유유히 미끄러져 들어간다.

하선하자 이번엔 고성 안쪽 구시가지 관광이 기다리고 있다. 소형차 한 대가 겨우 빠져나갈 수 있을 정도로 좁은 골목골목을 일일이 걸어서 누빈다. 기념품점과 호텔, 식당의 아기자기함 앞에 여행객은 한껏 호기심을 표출한다. 물건을 살 것도 아닌데, 여기도 기웃해보고 또 저기도 기웃거려본다.

구시가지 관광의 백미는 하드리안 문이다. 로마 황제 하드리아누스의 방문을 기념하기 위해 세운 석조 문이다. 3개의 아치와 4개의 코린트식 기둥으로 이루어져 있다. 새겨진 글씨와 장식의 섬세함과 아름다움이 보면 볼수록 만만치 않음을 알겠다.

중심가 도로도 왕복 4차로로 그다지 넓지 않다. 중앙 분리대를 겸한 화단에는 대추야자가 하늘을 향해 쭉쭉 뻗어 올라가 있다. 저녁시간이 가까워오자 거리가 점점 활기를 띠어간다. 다운타운의 인파를 헤집고 어슬렁거리는 덩치 큰 개들은 도대체 누가 왜 풀어놓았을까? 외모로 보아 잡견은 아니고, 그렇다면 혹시 마약 탐지견? 광장 시계탑의 시계바늘은 17:00를 가리키고 있다. 일행은 광장 지하 버스 주차장으로 내려가 에드튜르가 운전하는 버스를 찾는다. 모든 관광버스의 외면 바탕색이 흰색으로 통일되어 있어, 찾아내기가 쉽지 않다.

지상으로 올라온 버스는 일행이 묵을 호텔을 향해 서서히 이동을 시작한다. 시내를 벗어날 무렵, 갑자기 낮은 먹구름이 몰려와 제법 세차게 빗줄기를 뿌려댄다. 얼마를 더 달리자, 아예 비가 한 방울도 내리지 않는다. 터진 구름 틈으로 음력 아흐렛날 배부른 달이 푸른 빛을 토해내고 있다. 18:10쯤 어둠이 짙게 내려앉은 호텔에 도착했다.

베라 스톤 팰리스(VERA Stone Palace). 객실이 1,000여 개 되는 제법 큰 규모의 5성급 호텔이다. 로비는 한꺼번에 쏟아져 들어온 투숙객들로 초만원이다. 한참을 대기한 끝에야 객실 열쇠를 겨우 손에 넣을 수 있었다. 6402호실. 짐 끌고 객실 찾아가는 일이 만만찮다. 우선 엘리베이터를 이용, 지하 1층으로 내려간 다음, 그곳에서 지하 2층으로 연결되는 통로를 따라 걷는다. 마치 서울 지하철의 환승 통로 같다.

한참을 이동하니, 6,000번대 객실 표지가 보인다. 6,400번대 객실은 과연 어디에? 헷갈리다가 그로부터 4층을 위로 더 올라가야 오늘 묵을 나의 객실이 위치하고 있다는 사실을 알아냈다. 무슨 일이든 막상 해보면 다 별게 아니지만, 처음은 역시 어렵다. 이번엔 또 승강기가 문제다. 짐과 함께 타기엔 단 두 명도 비좁기 짝이 없다. 어제 파묵칼레 호텔 객실을 미로로 표현한 것에 실소가 절로 난다. 역방향으로 아름아름 찾아내려간 호텔 내 식당은 투숙객들의 와자함으로 대목장의 분망을 빼닮아 있었다.

먹는 둥 마는 둥 뷔페식 식사를 서둘러 끝내고는, 객실로 돌아와 몸을 씻었다. 그러곤 아내와 함께 한 잔의 맥주로 느긋하니 여유를 부렸다. 그렇게, 그렇게 이국에서의 밤은 깊어 갔다. 여행 시작한 지 며칠이나 되었다고, 벌써 한 줄기 향수가 낭만과 방랑의 터진 틈 사이로 날름날름 붉은 혀를 내밀고 있다.

2월 20일 수요일, 하루 종일 비와 눈

새벽 잠결에 비바람과 천둥소리를 듣다. 05:00 모닝콜까지 견디지 못하고 04:30 기상. 06:00 아침식사. 07:00 호텔 출발. 오늘은 갈 길이 꽤 멀다. 타울로스 산맥을 넘는다. 콘야를 경유하여 카파도키아까지, 버스 이동 약 8시간 예상. 세찬 바람에 비에 젖은 나뭇가지가 마구 흔들린다. D400 도로를 타고 동북으로 방향을 잡아 터키 중부 내륙으로 깊숙이 들어간다.

버스는 어느 새 D695 도로로 갈아탔다. 꼬불꼬불 산악도로의 고도가 점점 높아진다. 소나무를 비롯한 침엽수림대가 펼쳐진다. 저 아래 계곡으로는 격류가 흐른다. 석회석 성분을 포함하고 있는 듯 물이 옥색을 띠고 있다. 남향의 낮은 경사지엔 어김없이 마을들이 자리 잡고 있다. 주민들 대다수가 목축업과 양봉업에 종사한단다.

간간이 비가 뿌려대고, 이에 따라 버스의 와이퍼가 템포를 조절해 나간다. 08:20 버스는 휴게소 주차장에 코를 박았다. 장대비가 쏟아지고 천둥까지 친다. 15분 휴식 후 재출발. 콘야까지 180킬로미터. 10분도 못 지나 비는 눈으로 바뀌고, 이내 설경이 펼쳐진다. 검푸른 가문비 숲은 흰 옷을 껴입는다. 해발 고도가 점점 높아지고 있다는 증좌렷다.

버스는 봄의 세계에서 겨울의 한복판으로 들어간다. 온통 눈 속에 파묻힌 산간 마을의 풍경이 아름답기 그지없다. 회교 사원의 두 개 미나렛이 멋지다. 쭉 뻗어 올라간 흰색 기둥에 초록의 첨탑 지붕이 대비되어, 창공에서 그 위용이 당당하다. 보는 이의 마음도 덩달아 흔연해진다. 버스는 가파른 눈길을 거침없이 기어오르고, 멋진 설경이 파노라마로 전개된다. 산록의 경사면마다 가문비 숲이 빽빽이 들어앉아 있다. 마치 무장한 군사들이 하얀 눈밭에 겹겹이 도열하여 열병식을 거행하는 것 같다. 크리스마스 시즌을 맞은 분위기를 느낌은 나만의 생뚱맞음에 불과한 것인가? 앞으로 나아갈수록 온몸으로 무거운 눈을 이고 있는 가문비 숲이 그야말로 울울창창이다. 내려쌓인 눈의 양도 점점 많아진다. 도로를 따라 눈높이를 표시하는 막대기가 일정한 간격으로 꽂혀 있다. 소형차나 트럭들이 비상 깜빡이등을 켜고 이리저리 마구 미끄러지거나, 아예 뒤틀린 채 도로가에 멈춰서 있다. 도로 표지판의 글씨도 거센 눈보라에 가려 도대체 읽을 수가 없다. 천리사방 온통 눈의 세상이다. 애야, 우리는 이렇게 요술 주머니 속에서 묵은 겨울을 끄집어내는 마술을 부려가며 타우로스 산맥을 넘어가고 있단다.

지금 눈은 온 천지 하염없이 흩날리고, 한껏 고양된 나의 마음은 속절없이 달뜬다. 도로의 최고점이 해발 2,300미터란다. 09:35, 설경의 흰색이 점점 묽어지고, 그조차도 사라져간다. 산맥을 넘었다는 의미가 되겠지. 콘야까지 110킬로미터. 09:50, 버스는 휴게소에 진입하여 일행에게 15분간의 휴식을 허락한다. 그곳엔 차가운 겨울비가 추적추적 내리고 있었다. 산맥을 넘어서면서 기후도 해양성에서 대륙성으로 바뀌었다. 지세도 변하여, 산세가 완만해지고 구릉이 많아진다. 나무 없는 돌산이다. 10:30 다시 설경이 펼쳐진다. 눈도 흩뿌린다. 도로 옆에 차를 세우고 바퀴에 체인을 감는 운전자들의 모습이 심심치 않게 눈에 들어온다. 콘야는 과거 인구 2만 명의 농업 도시였으나, 현재는 인구 100만 명으로 대규모의 공단과 미 공군 기지가 위치하고 있다. 도시의 해발 고도가 600미터라니, 사람 살기에 아주 좋은 조건이겠다.

11:15, 콘야 부근에 다다르자 눈은 사라지고 도로변으로 인공 조림 흔적이 보인다. 어린 나무들이 무럭무럭 자라고 있다. 주변에 대평원이 전개된다. 그곳에선 밀이 대량으로 생산된단다.

11:40, 도로를 접하고 있는 식당에서 뷔페식으로 점심을 먹었다. 음식이 깔끔하고 정갈하다. 특히 감자 요리가 맛있다. 평소의 식사량을 초과했다.

12:20, 식당 밖으로 나오니, 빗줄기가 가늘어지고 또 구름 틈새로 햇빛이 삐죽 빠져나온다. 버스가 출발하니 비가 뚝 그친다. 지평선이 보이지 않을 정도의 드넓은 벌판이 이어진다. 눈 덮인 타울로스 산맥이 휘달리는 모습이 버스의 좌측 창가에 어린다. 우리가 넘어온 바로 그 산맥이다. 버스는 D300 도로를 달린다. 왕복 4차로. 옛날에는 이 길이 실크로드였단다.

13:35, 일행은 휴게소에 들렀다. 이번 휴게소는 카라반 사라이 바로 옆에 동네를 끼고 서 있다. 카라반 사라이는 옛적 실크로드 상인들의 숙소인데, 현재까지도 유적으로 보전되고 있다. 아내는 예쁜 디자인의 황동으로 된 주방용품을 고

르기에 여념이 없다. 한참 들었다 놓았다 거듭한 끝에 자그마한 것으로 몇 개 고른다. 모두 수제품으로 공방 장인의 녹록치 않은 솜씨가 촘촘하게 배어 있다. 이번에는 일행인 김 교수님의 지원 사격까지 보태져, 흥정을 이어간 끝에 가격을 꽤나 낮췄다. 도합 65유로. 아내는 흡족한 표정을 지으며 매장을 나선다. 이제 더 이상 살 것이 없겠다며, 구입한 물건들을 꼬옥 끌어안고 버스에 오른다. 버스는 다시 출발하고, 주변 풍경이 휙휙 스쳐 지나간다. 화선지에 먹물이 번져가듯 초록 바탕에 흰색이 점점 가미되어가는 걸 보니, 해발 고도가 높아짐을 알 수 있다. 또 다시 멋진 설경이 펼쳐진다. 덕분에 무료하지 않다.

메르세데스 벤츠 터키 공장을 지나간다. 공장이 대규모다. 이곳에서는 대형 트럭들을 생산하여 전량 아랍권 국가들로 수출한다고 한다. 완만한 구릉으로 이루어진 평원이 온통 흰 눈으로 덮이고, 전봇대들만 일정한 간격으로 도열해 서 있다. 마을이 이따금 나타나는데, 그 주변에만 나무와 숲이 듬성듬성 보인다. 평원은 밀밭이다. 이불처럼 덮인 눈 아래 파릇파릇 밀이 자라나고 있다. 해발 700미터, 800미터, 900미터. 완만하게, 그러나 분명하게 해발 고도가 높아지고 있다. 오늘의 최종 목적지 카파도키아는 해발 1,500미터상에 위치하고 있는 도시다. 눈은 계속 흩날리고, 버스 안엔 여가수의 애절한 노래가, 달콤한 노래가 연이어 흐른다. 이런 분위기에서는 무심한 사내의 가슴도 어쩔 도리 없이 시나브로 녹아내린다. 도로 저 안쪽 시골 마을에서 옷깃을 세우고 양손을 외투 주머니에 찌른 젊은이가 도로 쪽으로 하얀 발자국을 찍으며 걸어 나온다. 애인과 만나자는 약속이라도 한 것일까? 발걸음이 꽤나 가벼워 보인다. 좋은 시간이 기다리고 있길 빌어준다.

15:20, 마침내 카파도키아에 입성한다. 아나톨리아 고원의 중심 지역에 들어온 것이다. 도시 전체가 하얗게 색칠되어 있다. 1985년에 유네스코 세계문화유산으로 지정된 땅굴 마을로 향한다. 이곳은 오랜 옛날 화산 폭발로 반복하여 쌓이고 흘러내린 화산재가 겹겹이 응고하여 형성된 응회암 지역이다. B.C. 7~8세기경부터 사람들이 지하를 파내서 주거 공간을 마련했고, 점점 그 규모가 커져 지하 도시로까지 확대되었단다. 현재는 거주민 대부분을 다른 곳으로 이주시키고, 몇몇 장소만 제한적으로 관광객들에게 공개하고 있다. 1970년 한 농부가 놓쳐버린 암탉을 잡으려 뒤쫓던 중 갑자기 눈앞에서 닭이 사라졌다나. 구멍에 빠진 닭을 꺼내는 과정에서 우연찮게 지하주거 시설을 발견하게 되었단다.

카파도키아 내에서 찾아낸 지하 마을이 모두 열 개. 마을과 마을이 지하 통로로 연결되어 있는데, 그 길이가 10킬로미터. 이를 모두 합하면 무려 100킬로미터나 된다니, 놀라지 않을 수 없다. 우리 일행이 찾은 지하 주거지는 카이막클리 마을로, 지하 6층 규모이다. 입구에 외양간을 설치하여 외부인 접근을 경계했단다. 동물들의 예민한 감각과 탁월한 지각 능력을 이용한 발상이 되겠다. 안으로 들어갈수록 공간도 넓어진다. 예배당과 식량 창고도 있다. 침실은 물론 주방과 와이너리도 설치했다. 아래로, 아래로 계속 이런저런 생활공간이 나타난다. 이들은 미로로 얽혀 있다. 외부인이 한 번 들어갔다가 길 찾아 제대로 빠져나오기도 쉽지 않았겠다. 비상 탈출용 수직 사다리도 준비해놓았다.

특이한 장치는 스톤 도어(stone door)다. 지름이 얼추 성인 키 크기 되는 맷돌 모양의 돌을 세워놓았다. 한가운데에 작은 구멍이 뚫려 있어 내부에서 상대의 식별이 가능하다. 긴급 상황 시 돌을 돌려세워 통로를 차단한 채 적을 방어하고, 또 내부인들이 탈출할 시간을 확보할 수 있게끔 기능했단다. 지하시설이다 보니 햇빛을 볼 수 없고, 활동 공간이 협소할 수밖에 없었다. 그래서 그런지 거주인들의 체격이 다들 왜소했고, 단명하여 평균수명이 30년에 불과했단다.

16:30, 일행은 광명을 되찾았다. 빛의 소중함을 새삼 깨달

는다. 16시 이후에는 관광객 입장을 시키지 않는다. 주변 상인들도 철시 준비에 들어갔다. 얼굴 표정들을 보니, 오늘은 별 재미를 보지 못한 듯하다. 그래도 포기하지 않고 한국말, 일본말로 호객하는 젊은 상인의 우렁찬 목소리가 있어 덜 쓸쓸하다. 일본 관광객 한 팀이 우리 일행과 섞여 있다. 녹아내리는 눈으로 질퍽질퍽해진 비탈길을 느적느적 신발보다 큰 도둑 발자국을 찍어가며 내려왔다. 버스의 전조등이 잔뜩 찡그려져 있다. 너희들, 신발 깨끗이 털고 올라와.

18:00, 호텔 도착. 수한 호텔(SUHAN HOTEL). 은은한 조명에 건물 외양이 화려하다. 배정받은 객실 1508호, 6층 건물의 5층에 위치하고 있다. 짐을 푼 다음 지하 1층 식당으로 내려가 저녁식사를 한다. 이번에도 뷔페식, 물릴 때가 충분히 됐다. 이런 땐 준비해온 컵라면이 유용할진대, 터키 호텔의 대부분이 객실에 커피포트를 비치하고 있지 않다. 식당 안은 벌써 시끌벅적 활기가 넘친다. 양쪽 귀에 마구 꽂히는 말들을 거의 다 알아듣겠다 싶어서 천천히 살펴보니, 우리나라 사람들 일색이다. 종업원들도 싱글벙글한 얼굴을 한 채 웬만한 의사 표현은 한국어로 구사하고 있다. 허허! 대한민국 관광객들로 인해 돈 버는 호텔이로구려.

Turkey VI.

2월 21일 목요일, 맑음

05:00 모닝콜에도 불구하고 04:30 기상. 춥지 않게 옷을 껴입고 06:00에 호텔 로비로 내려갔다. 일행은 열기구(atmosfer ballon) 비행 체험을 위해 제공된 미니버스 두 대에 나눠 타고, 어둠이 채 가시지 않은 호텔을 나선다. 시내 식당에서 간단한 아침식사 후 차량으로 이륙장으로 이동한다. 벌써 공중으로 떠오른 열기구들도 여럿 보이고, 이곳저곳에서 헬륨가스 주입에 분주하다. 막상 가까이에서 접해보니, 열기구의 풍선 크기가 대단히 크게 다가온다. 50개 가까이 되는 알록달록한 열기구들이 아침햇살 아래 일제히 떠오르니, 하늘은 일거에 꽃밭이 된다.

어제는 비가 와서 비행이 전면 취소되었단다. 오늘은 비행을 위한 최적 조건을 갖추었다니, 복도 많은 여행객들이 국적 불문, 나이 불문하고 여기 다 모인 것이다. 한낮에는 지열로 인한 상승기류가 격해져 비행에 위험이 따르므로, 통상 아침 일찍 일출 시간에 맞춰 이륙한다. 조종 요원 2명이 서서히 고도를 높여가면서 비행한다. 그러면서 탑승객들에게 주변 풍광을 설명한다. 카파도키아의 기기묘묘한 침식 지형이 파노라마로 펼쳐진다. 아침 햇살을 받으니, 풍광의 수려함이 더욱 장관이다. 카파도키아 시내뿐 아니라 멀리 눈 덮인 설산들까지 한눈에 다 들어온다.

오르락내리락 한 시간 동안의 비행을 마무리하고는, 마땅한 착륙 지점을 물색한다. 서서히 그곳을 향해 접근하면서 하강하더니, 얼마 안 가 쿵 소리와 함께 지면에 안착. 착륙 후 성급히 뛰어내렸다가 통제 요원들로부터 제지를 당했다. 열기구 풍선 안에 가득 찬 헬륨가스를 밖으로 빼내느라 탑승객들까지 일제히 달려들어 발로 밟아 나간다. 바람에 흔들리고 여기저기 부풀어오르는 바람에 정리가 쉽지 않다. 비행을 무사히 끝낸 의미를 새기는 차원에서, 샴페인 두 병을 터뜨린다. 이를 일일이 잔에 따라 홀짝인다. 준비해놓은 간이 테이블 위 빵도 한 조각씩 씹어본다. 비행 수료증까지 건네준다. 비용 1인당 170유로. 적은 금액은 아니다. 하지만 유쾌한 체험이었던 것은 분명하다. 이 친구들, 모자와 티셔츠까지 판매한다. 일행 중 여러 명이 사니, 스태프 모두가 싱글벙글이다. 호텔로 곧바로 귀환.

09:00, 호텔 출발. 시내 권은 어제 내린 눈이 이미 다 녹았다. 우치히사르, 일명 '비둘기 골짜기'를 둘러본다. 경사면을

따라 층층이 만들어진 주거지들이 멀리서 볼 때 마치 비둘기 집들이 다닥다닥 모여 있는 것처럼 보여 붙여진 이름이겠다.

버스는 그로부터 얼마 이동하지 않아 여행객들을 '비밀정원'에 내려놓는다. 기념품도 판매하고, 카페도 겸하고 있다. 아이스크림이 쫀득쫀득하니 참 맛있다. 정원 앞에 서니 버섯 모양의 지형 풍광이 빙 둘러 드넓게 펼쳐지고, 가운데 쪽 저 아래에는 빨간 지붕의 건물들이 도시를 형성하고 있다. 동북 쪽에는 3,927미터의 준봉이 하얗게 빛나고 있다. 눈으로 보아선 여기서 얼마 안 떨어진 것 같으나, 실제 거리는 100킬로미터란다. 언덕 아래로 내려오니, 현대식 건물들이 밀집되어 있다.

시내 곳곳에도 버섯 모양의 특이한 지형과 그 안에 자리 잡고 있는 주거 시설이 여럿 있다. 여름에는 시원하고 겨울에는 따뜻하단다. 세 쌍둥이 버섯 모양 지형들이 밀집해 있는 파사바 계곡을 찾아간다. 〈스머프〉의 작가가 이곳에 와서 작품의 힌트를 얻었단다. 영화 〈스타워즈〉도 이곳에서 촬영되었다지. 과거 거주민들의 생활 흔적도 여기저기 오롯이 남아 있다. 40분 동안 이리 번쩍 저리 번쩍, 오르락내리락하면서 구석구석 살펴본다. 봉우리 봉우리 사이의 자그마한 평지 공간마다에는 어김없이 포도나무가 심어져 있다. 한마디로,

대자연의 조화와 세월의 흐름이 함께 빚어낸 예술 작품이라고 보면 틀리지 않을 것이다. 바르셀로나의 가우디, 비엔나의 훈데르트 바서의 주거 공간을 겸하고 있는 각 건축 작품도 보나마나 이곳 카파도키아에서 영감을 얻었을 것이라는 확신이 들었다.

12:00, 동굴 레스토랑으로 옮겨간다. 메뉴는 터키 전통식 항아리 케밥인 춉넵 케밥. 양고기 등 케밥의 재료와 각종 야채·버섯 등을 호리병 모양의 토기에 넣은 다음, 화덕에서 서서히 가열하여 은근하게 익혀낸 요리다. 일행의 도착 시각을 미리 알려주고 예약을 했는지, 테이블에 앉은 지 얼마 지나지 않아 메인 요리까지 나왔다. 손님들 앞에서 직접 항아리를 깨뜨린 후, 김이 모락모락 올라오는 요리를 수습한다. 출출하던 참에 딱 맞추어 식사하니, 기분이 한껏 고양된다. 레드와인도 한 잔 곁들여졌다. 나오면서 간판을 올려다보니 'ALTInoBA'. 식당 주차장에 서니, 여기서도 카파도키아 시내가 한눈에 들어온다. 시내 가운데를 따라 강이 흘러가고 있다. 강폭이 30미터 안쪽이겠다. 현재 우기라 수량이 많은 편이나, 건기 때는 좁은 강폭이 그나마 확 줄어든단다.

12:50, 버스는 앙카라를 향해 출발한다. 265킬로미터. D300 도로를 달린다. 중간에 세계에서 두 번째로 크다는 소

금호수도 들를 예정이다. 들녘에는 눈이 남아 있긴 하나, 제법 많이 녹았다. 초록빛이 선연하다. 멀리 설산의 모습도 가끔씩 시야에 들어온다. 식곤증 때문인지, 좌석에 가만히 앉아 있으니 졸음이 몰려온다. 우선 눈꺼풀이 천근만근 내려앉는다. 꾸벅꾸벅 존다. 한참을 그러다가 깨어난다.

버스는 아나클리인지 하는 도시에서 우측 직각 방향으로 꺾는다. E90 D750 도로다. 해발 고도가 많이 낮아졌는지, 이제 눈은 흔적도 없다. 밀밭의 크기가 작아지고, 집과 마을은 점점 많아진다. 미루나무인지, 방풍림이 줄지어 많이 심어져 있다. 얼마를 더 달리자 다시 대평원이다. 왼쪽으로는 지평선이 끝이 없고, 거대한 호수가 버티고 있다. 오른쪽으로는 저 멀리 산줄기가 이곳 도로와 같은 방향으로 달리고 있다. 그 중간 전부가 평원이다. 이곳 들판은 기울기가 전혀 없거나 극히 미미하다. 마을도 저 멀리 산등성이에 오밀조밀하니 띄엄띄엄 눈에 띌 뿐이다. 산에도 들에도 나무는 거의 보이지 않는다.

달리다 보니 호수가 도로의 코앞까지 다가와 있다. 호수 깊이가 2미터 정도인데, 건기에 증발하여 자연적으로 염전이 형성된단다. 사람들은 단지 소금을 모아 퍼담기만 하면 된다니, 얼마나 편리하고 좋은가. 호수 면적이 제주도보다 넓고,

터키에서 소비되는 소금의 70퍼센트 정도가 이곳 염호에서 생산되는 것으로 충당된단다. 이곳 호수의 바닥 흙이 미네랄 성분을 포함하고 있기 때문에, 호숫물과 화학반응을 일으켜 소금 결정체가 만들어진단다.

15:20, 휴식을 겸하여 버스는 유턴하여 소금호수에 인접한 휴게소에 진입한다. 지금은 우기의 끝인지라, 호수에서 소금을 찾아볼 수는 없다. 호수에 손을 담가본다. 미끈미끈하다. 물맛도 아주 짜다.

20분이 지나 다시 출발. 대평원이 끝없이 이어진다. 앙카라까지 100여 킬로미터. 평평한 들판이 이따금씩 오르락내리락한다. 그러면 그 한가운데를 뚫고나간 편도 2차로의 포장도로도 덩달아 오르락내리락한다. 앙카라 쪽으로 접근할수록 밀밭 평원은 점점 없어져가고, 대신 공장 건물들이 많아진다. 전면에 호수가 내려다보인다. 그 건너편에 밀집된 형태의 건물들이 포즈를 취하고 있다. 우측 멀리로는 설산의 능선들이 버티고 서 있다.

17:00, 버스는 앙카라 시내로 진입한다. 언덕을 넘어서자마자 내리막길이 계속 이어진다. 도로 양쪽으로는 건물들이 촘촘히 박혀 있다. 중심부로 들어갈수록 건물의 밀도도 높아지고, 높이도 점점 올라간다. 아타튀르크가 방어에 용이한 분

지 지역으로 수도를 이전하여 새로이 건설된 계획도시가 바로 앙카라다. 현대식 건물 일색이다. 인구 500만 명.

우선 한국전 참전용사 위령탑이 위치한 한국공원을 찾아간다. 석조 위령탑이 다보탑의 대형 확대판이다. 양쪽에 대한민국과 터키의 국기가 나란히 게양되어 바람에 펄럭이고 있다. 개방 시간이 벌써 지나버렸는지, 위령탑 출입문이 굳게 닫혀 있다. 안으로 들어가 참배하지는 못하고, 아쉽지만 철제 울타리 밖에 단정한 자세로 선다. 경건한 마음으로 묵념의 시간을 갖는다. 버스도 우리 일행의 얼굴 표정들을 일일이 읽었다는 듯, 갑자기 힘이 빠져 영 속도를 내지 못한다. 마음속으로 버스를 칭찬할 말을 준비하고 있는데, 누군가가 뒷좌석에서 피곤한 목소리로 지금 러시아워라고 말한다.

현대식 고층 건물인 앙카라 시청 전면 바깥에 세워져 있는 조각상이 전혀 낯설지 않다. 월트디즈니 만화에 등장하는 도널드 덕을 의인화한 형상이다. 누구의 작품이지? 게으름 때문일까, 여행을 끝내고 집에 돌아와서도 한참이나 지나서야 알음알음하여 작가의 이름을 알아냈다. 요즘 한창 잘나가고 있는 영국의 젊은(?) 작가 데미안 허스트. 현대식 호텔들이 밀집되어 있는 다운타운의 광장에 아타튀르크의 기마상이 위엄 있는 자세로 우뚝 선 채 아래를 내려다보고 있다.

17:40, 호텔 도착. 로열 캐라인 호텔(Royal Carine Hotel). 609호실 투숙. 호텔 내 식당에 내려가 또 뷔페식으로 저녁식사를 한 후, 곧장 객실로 올라와 휴식을 취한다. 내일의 긴 여정을 위해 오늘은 충분히 쉬어두어야겠다.

2월 22일 금요일, 종일 흐리고 비 오락가락

04:00 기상. 창문의 커튼을 젖히고 밖을 내다보니, 불빛 아래 거리가 비에 젖어 있다. 부지런한 청소부가 벌써 나와 묵묵히 길을 쓸고 있다. 05:00 아침식사. 06:00 이스탄불을 향해 출발을 서둘렀다. 445킬로미터. O4 E89 고속도로를 이용할 것이다.

버스가 제 속도를 찾아가자, 가이드는 버스 안 어둠 속에서 무스타파 케말과 혁명 정부의 개혁에 관하여 설명해 나가기 시작한다. 오스만 투르크 제국의 신민으로 태어난 무스타파는 조실부모하고 외삼촌 집에 얹혀 생활했다. 외할머니의 배려로 외국 유학도 하고 군사학교를 졸업할 수 있었단다. 오스만 제국의 장교가 되었다. 제1차 세계대전 시 이스탄불 방어를 지원하고 나섰다. 다르다넬스 해협에서의 치열한 공방 끝에 70만 명의 적군을 격파함으로써 이스탄불 방어에 성공했다. 그로 인해 그가 영웅이 되었음은 물론이다.

1923년 군사혁명으로 술탄의 시대는 종언을 고했다. 혁명 성공 후 왕족과 귀족들을 모조리 해외로 추방했다. 소련의 원조에 의지하여 경제발전을 꾀했다. 정교 분리 원칙에 따라 국교를 폐지했다. 남녀평등을 구현했다. 알파벳을 도입하고, 독일의 언어학자들을 초빙하여 배우기 쉬운 터키어를 창제했다. 성씨 법을 제정하여 '아타튀르크'를 스스로의 성으로 삼고, 전 국민에게 성을 부여했다. '투르크인의 아버지'라는 성이니, 거창하기 그지없다. 그래서 그런지 그는 줄곧 터키 공화국의 국부다. 그의 묘는 앙카라 시내에서 가장 높은 언덕을 통째로 차지하고 있단다. 제1차 세계대전과 군사혁명 과정에서 쿠르드 족의 도움을 꽤 받았고 그에 따라 독립을 약속했으나, 혁명 정부는 끝내 이를 이행하지 않았단다. 터키 내 쿠르드 족에 의한 무장 독립투쟁이 최근까지도 줄기차게 이어져왔음은 주지의 사실이다. 터키 정부와의 협상을 통해 무력투쟁 노선을 포기했다는 새로운 소식이 들려온다.

서서히 어둠이 걷혀가고, 버스는 톨게이트를 통과하여 고속도로에 진입한다. 푸른 평원이 이어지다가, 이스탄불 390 킬로미터 도로 표지판을 지나니 눈 덮인 구릉 지대가 전개된다. 나무가 거의 없어 지표면이 그대로 드러난다. 인공 조

림의 흔적이 군데군데 보인다. 편도 3차로의 고속도로. 나아
갈수록 산의 경사도 점점 가팔라지며 나무도 많아진다. 안개
속에 비가 내리고, 도로 이외에는 모두 눈에 덮였다. 설경 감
상에 빠진다. 버스는 서북서 방향으로 달린다. 어느 새 비가
눈으로 바뀌었다. 표지판을 보니, 이스탄불 330킬로미터다.
해발 고도가 높아졌음을 쭉쭉 뻗어 올라간 가문비 숲을 보
니 알 수 있겠다. 아마도 지금 폰투스 산맥을 넘어가고 있는
중일 것이다.

07:30, 눈은 저 멀리 고산으로 물러앉고, 다시 평원이 펼쳐
진다. 눈도 비로 바뀌었다. 얼마를 더 달리자 먼 산의 눈도
사라졌다. 우측으로 호수가 나타나고, 호수가 내려다뵈는 언
덕배기를 따라 제법 큰 마을이 한 장의 사진으로 다가온다.
도로 표지판은 O4 E80 도로를 표시하고 있다. 이스탄불을
260여 킬로미터 남겨두고 휴게소에 들른다.

07:50, 일행에게 20분간의 휴식이 허여된다. 고속도로 건너
편 마을 주민 여럿이 지하통로를 통과하여 이쪽 편 휴게소로
건너온다. 휴게소 시설에 직원으로 근무하는 이들의 출근 모
습이다. 다들 그렇게 활기찬 하루를 시작하고 있는 것이다.

Turkey VII.

재출발. 도로변 마을들이 푸른 밀밭과 방풍림에 둘러싸인 채 운무에 젖어 있다. 붉은 지붕 굴뚝 위로 모락모락 연기가 피어오르는 집들이 많다. 푸른 평원엔 안개가 자욱하다. 그새 비는 또 멎었다. 이스탄불까지 179킬로미터 남짓. 줄맞춰 심어진 과일나무들도 종종 눈에 띄고, 풀들도 온통 푸른 색이다. 산에서 자라는 나무들을 보니, 활엽수가 터줏대감이다. 버스가 좀 더 달리자 오랜만에 흰 꽃망울들을 가지마다 잔뜩 매단 나무들이 나타난다. 언뜻 보아 매화인 것 같다. 동편 하늘의 구름이 옅어진다. 이스탄불 쪽으로 다가갈수록 대형 공장 건물들이 눈에 들어온다. 자동차 생산 공장도 보인다. 우측으로 대형 호수가 등장한다. 호수를 따라 고속도로와 복선 철도가 나란히 달린다. 호숫가 풍광 좋은 곳엔 어김없이 마을이 자리 잡고 있다.

09:45, 버스는 호수를 끼고 있는 휴게소에 정차한다. 이 정도 크기의 호수라면 웬만한 축척의 지도에도 표시되어 있을 것이다. 레스토랑의 정원에는 파라솔들이 접혀진 채 일정한 간격으로 도열해 있다. 날씨가 따뜻해지고 한낮의 햇살이 눈부시게 빛날 때쯤이면, 신사숙녀들이 파라솔 아래 식탁에 앉

을 것이다. 느긋하니 호수를 내려다보면서 맛있는 식사를 즐길 것이다. 정원에 심어진 꽃나무를 살펴보니 이쪽 가지에는 청매, 저편 줄기에는 홍매가 사이좋게 꽃피어 있다.

10:00, 버스는 서둘러 출발한다. 호수는 오른쪽으로 점점 멀리 물러난다. 그 대신 도로 양편으로 마을의 주택들이 빼곡하다. 벚꽃도 보인다. 집들은 키 큰 활엽수들 아래 납작 엎드려 있다. 다시 가까이 다가오는 호수. 호수 건너편까지는 적어도 5~6킬로미터쯤 되겠다. 그쪽 길게 늘어선 산등성이 아래로도 마을의 가옥들이 촘촘히 들어앉았다. 시속 100킬로미터로 10여 분 달리자, 이내 호수는 시야에서 사라져버렸다.

10:20, 현대자동차 터키 공장이 도로 우측으로 나타난다. 반갑고 또 뿌듯하다. 유럽 여러 나라 중에서도 터키에서의 현대차 점유율이 유독 높단다. 형제나라의 차를 팔아줘야 한다는 의식이 강하게 작용한 결과라니, 가슴 뭉클하다.

얼마 지나지 않아 장면이 확 바뀐다. 현대식 건물과 주택들이 도로 양 옆 언덕 위까지 무리지어 기어올라 자리를 차지하고 있다. 이스탄불 외곽에 진입한 것이다. 대형 공장 건물도 점점 많아지고, 대규모 공단도 시야에 들어온다. 고속도로 상에도 이 방향 저 방향 불문하고 대형 트럭들이 꼬리에 꼬리를 물고 있다. 이를 통해서도 터키 경제의 활력을 감지할 수 있다. 왼편 저 아래로 마르마라해가 한눈에 잡힌다. 바다를 내려다보며 아시아 쪽 땅을 동진 또는 북동진하고 있다.

11:10, 이스탄불 입성. 운무가 내려앉고 이따금씩 빗줄기가 듣는다. 이곳 사람들은 웬만한 비는 다 맞고 다닌단다. 톨게이트를 통과한 버스는 O2 E80 도로를 찾아 방향을 잡는다. 도로 정체로 인해 차량들이 길게 늘어선다. 양쪽 언덕을 따라 4~5층 규모의 주택들과 그보다 더 높은 층수의 아파트들이 빽빽이 들어차 있다. 회교 사원의 규모도 덩달아 커지고, 미나렛도 건물의 숲을 헤치고 하늘을 향해 우뚝 솟아올랐다. 보스포러스 제1대교를 통해 유럽 쪽으로 넘어간다.

11:40, 갈라타 다리를 건너 구시가지로 들어간다. 구시가지는 로마 시대 때 일곱 개의 언덕 위에 건설되었단다. 시대의 흐름에 따라, 제국의 흥망에 따라 도시의 이름도 바뀌었다. 그래서 여러 개의 지명을 갖고 있다. 비잔티움·콘스탄티노플·이스탄불.

유럽 쪽 이스탄불은 금각 만(Golden Horn)을 경계로 구시가지와 신시가지로 구분된다. 금각 만을 가로질러 갈라타 교와 아타튀르크 교가 두 시가지를 잇고 있다. 갈라타 교는 큰 배통과 시 다리를 들어 올릴 수 있는 구조다.

12:15, 드디어 식당 도착. 마르마라해를 바라보고 남향으로

들어앉은 2층의 산뜻한 건물이다. 새벽밥 먹고 오전 시간 내내 400여 킬로미터를 달려왔으니, 보나마나 다들 접시를 싹싹 깨끗이 비울 것이다. 닭요리를 즐기면서 두런두런 담소를 나눴다. 오후 일정을 보니, 아무래도 발품을 많이 팔아야 할 것 같다. 그러니 든든히 먹어두어야겠다. 식사 도중 1990년대 중반에 북유럽 여행을 함께 한 적이 있는 이 변호사님과 해후했다. 사모님과 함께 여행 중이시란다. 아내와 함께 두 분께 정중히 인사를 드렸다. 과거 여행 시 우리가 애들을 동반했다는 걸 기억해서인지, 애들 결혼시킬 나이가 되지 않았느냐고 물어보신다.

일행은 13:15부터 이스탄불 시내 관광에 돌입했다. 오벨리스크, 히포드롬 광장, 블루 모스크, 성 소피아 사원, 톱카프 궁전. 이들 모두가 구시가지의 한 구역에 밀집되어 있다. 당연히 걸어서 이동, 이동.

골목을 빠져나오니 히포드롬. 옛날 전차 경기장이다. 현재는 널찍한 광장이다. 광장 중앙에 오벨리스크가 우뚝 섰다. '끝이 뾰족하다'라는 뜻이라나. 서기 390년경 이집트에서 옮겨와 세웠단다. 원래 30미터 높이였으나, 운송 과정에서 훼손되는 바람에 현재는 19미터. 투투모스 3세가 태양신에게 바치는 비문이 사면에 새겨져 있다. 오벨리스크의 기단부가 주변의 지표면보다 4.5미터 낮다. 마치 정방형 우물의 밑바닥에 세워놓은 것 같은 우스운 모양새가 되어버렸다. 콘스탄티노플 함락 이후 술탄 아흐메트 1세가 성 소피아 사원 옆에 블루 모스크를 건립하는 과정에서, 주변 일대를 성 소피아 사원의 지반 높이와 같게 높여버리는 바람에 생겨난 결과이다.

오벨리스크 옆에 뱀이 뚤뚤 감아 올라가는 형상의 청동 기둥이 서 있다. 그리스 군이 페르시아 군으로부터 노획한 무기를 녹여 만들었단다. 원래 델포이 신전에 있던 것을 옮겨왔다지. 동로마 제국을 멸망시킨 술탄이 꽤나 기고만장했던 모양이다. 성 소피아 사원보다 크게 블루 모스크를 짓게 하고, 또 기존의 오벨리스크를 하나 더 만들라고 명령했다. 파손되기 전의 30미터짜리 오벨리스크가 제작되어 전차 경기장 한편에 세워졌다. 겉면이 전부 청동으로 장식되어 있었는데, 십자군이 침입했을 때 겉의 청동을 전부 뜯어가 무기 제작에 사용했다지. 당시 함께 약탈된 청동 기마상 두 개가 현재 베네치아에 있단다.

술탄 아흐메트 모스크는 내부의 파란색 타일과 어우러진 조명으로, 블루 모스크란 애칭으로 더 유명한 곳이다. 줄을 길게 늘어선 끝에 신발을 벗어들고 내부로 들어가니, 찬란함에 감탄사가 절로 나온다. 200개가 넘는 창을 통해 쏟아져

들어오는 빛이 스테인드글라스와 어우러져 발하는 색과 빛
이 가히 환상적이다. 이 빛이 반사하고 산란하여 아름답기
그지없는 푸른빛을 만들어내기에 블루 모스크란 이름을 갖
게 된 것이란다. 블루 모스크는 미나렛을 무려 여섯 개 가지
고 있다. 세계에서 유일하단다. 블루 모스크 완공 이후 이슬
람교의 본산인 메카 사원의 미나렛이 여섯 개에서 열 개로
늘어나긴 했지만.

아야 소피아, 즉 성 소피아 사원은 적갈색 건물로서, 한마
디로 말해 고졸하다. 원래 서기 360년경 세운 목조 건축물
이었는데, 서기 404년 화재로 소실되었단다. 유스티니아누스
황제 치세 시인 서기 532년에서 537년에 걸쳐 석조 건물로
건축되었단다. 거대한 지붕 돔을 떠받치는 기둥이 하나도 없
다. 바로 이것이 세계 7대 불가사의 중의 하나다. 성 소피아
는 '성스러운 지혜'의 뜻이란다. 오스만 제국 치하에 사원 건
물이 무너져내릴 것을 우려한 나머지, 측면으로 증축에 증축
을 거듭하여 현재의 모습에 이르렀다나. 그리스정교 사원인
이 사원의 건물과 설교대는 다 함께 정확하게 예루살렘 방향
을 향하고 있었다.

이곳 사원에서 예루살렘과 메카는 방향이 5도 차이가 난
다. 그래서 오스만 제국은 궁여지책으로 사원 내 설교대의

방향을 그 각도만큼 메카 쪽으로 틀었다. 그 결과 현재까지도 건물 방향과 설교대 방향이 5도 어긋남을 계속 유지하고 있다. 어긋난 각도가 5도였기에 망정이지, 20도 30도 되었다면 아야 소피아는 남아나지 않았을 것이고, 그 자리에 블루 모스크가 버티고 서 있을 것이다.

이슬람 정복자들은 사원 내 비잔틴 문화를 상징하는 다수의 모자이크 벽화를 파괴하지 않았다. 그 대신 표면을 5센티미터 두께의 회칠로 가렸다. 벽 안의 모자이크 화는 1931년 미국의 고고학 조사단에 의해 발견됨으로써 다시 세상에 그 존재와 가치를 알릴 수 있었다.

다음은 톱카프 궁전이다. 15세기 중반부터 20세기 초반까지 막강한 권력을 휘두른 오스만 제국의 술탄들이 거주했던 왕궁이다. 각종 금은보화와 화려한 헌상품들이 드넓은 진열대에서 빛을 발하고 있다. 무기 박물관도 곁에 있어 둘러보았다. 칼과 창, 투구와 각종 총기류가 전투용이나 살상용이라기보다는 오히려 신분 과시용 장식품에 가깝다. 금은보석이 너무 많이 박혀 있어, 그로 인한 무게도 상당하겠다.

버스 편으로 이동하여 그랜드 바자르를 구경했다. 4,000여 개의 상점이 들어차 있단다. 관광객들을 싣고 온 크고 작은 차량들이 주차장에 가득하다. 전통 시장은 넓고, 미로처럼 안으로 안으로 이어진다. 이스탄불의 남대문 시장이라고나 할까. 황동으로 만든 주방용품점 점원 녀석이 아내에게 바가지를 씌우려 용을 쓴다. 자꾸 핸드 메이드를 내세우나, 그런다고 넘어갈 군번이 아니다. 녀석은 절호의 기회를 날려버리는가 싶어, 원망 어린 눈길로 나를 응시한다. 계속 아내를 나로부터 떼어놓으려고 수작을 건다. 나와 아내의 반응은 이랬다. 미련 없이 단박에 돌아섬.

저녁식사 장소는 '고려정'이다. 교포가 운영하는 한식당이다. 고등어조림과 비지찌개, 그리고 낯익은 반찬들을 곁들여 맛있게 식사를 했다. 일행 중 김치찌개를 찾는 분도 여럿 있지만, 아무래도 설겅설겅 씹히는 돼지고기가 빠진 김치찌개는 별로일 것 같다.

식사 후 야경 투어에 나선다. 신시가지의 다운타운 입구에서 버스를 내린다. 인파를 헤치고 번화가를 걷는다. 걷기가 불편할 정도로 사람들이 운집했지만, 젊음과 활력이 있어서 좋다. 화려한 조명 아래 어둠은 끝내 군상들 속으로 끼어들지 못한다.

한 칸짜리 빨강색 미니 전차인 트램을 타고 탁심 광장 쪽으로 이동한다. 세계에서 두 번째로 오래된 지하철이라는 튜넬 전철도 타본다. 무동력이다. 선로는 스키 점프대 두 개를 대칭으로 붙여놓은 모양을 상상하면 이해가 쉽겠다. 이쪽 역에서 출발, 내려가는 탄력을 이용하여 저쪽 역까지 밀어 올린다. 승객들을 태우고 두 역 사이를 왔다 갔다 반복 운행하는 방식이다.

짙게 내린 어둠 속에 빛나는 갈라타 교에 서서 구시가지의 사원들과 궁전을 올려다본다. 은은한 조명 아래 푸르게 빛나고 있다. 마르마라의 검은 물결이 불빛 아래 일렁인다. 교각 아래의 노천 카페에 삼삼오오 자리를 차지하고 앉는다. 생맥주를 시켜 홀짝거린다. 누구는 더 진한 낭만을 구가하려는 듯 커피 향을 즐긴다. 이스탄불의 푸른 밤공기가 두 뺨을 스쳐 흘러간다. 이에 질세라 달뜬 마음은 끈 끊어진 연이 되어 휘이휘이 별빛 속으로 날아오른다.

20:20, 호텔 도착. 클라스 호텔(KLAS HOTEL). 앙카라에 이어 4성급 호텔이지만, 시내에 위치하고 있어 여러 모로 편하다. 109호실 투숙. 숫자만 봐선 1층일 것 같지만, 2층이다.

Turkey VIII.

2월 23일 토요일, 흐림

06:00 모닝콜에 맞추어 기상. 07:00 아침식사. 07:50 호텔 출발. 일행을 태운 버스는 보스포러스 해협 크루즈를 위해, 구시가지 해안에 위치한 선착장으로 이동한다. 오리엔트 특급 열차의 종착역인 이스탄불 역이 고즈넉하니 자리를 지키고 있다. 역사 건물이 고풍스럽기는 하나, 세월의 흐름을 피하지 못한 채 쇠락의 그림자가 짙다.

갈라타 교 부근 선착장엔 크고 작은 배들이 정박한 채 승객들을 맞이하고 있다. 너무 이른 시간이어서 그런지 유람선엔 우리 일행들뿐이다. 유람선은 K. BEGO SEVKET 호. 느긋하니 롤링을 즐긴다.

배는 유럽 쪽 해안을 따라 보스포러스 해협으로 거슬러 올라간다. 계속 가다 보면 흑해에까지도 나아갈 수 있을 것이다. 보스포러스, '소가 건너다'라는 뜻이란다. 이럴 땐 그리스 신화가 꽤나 쓸모 있다. 천하의 바람둥이 신인 제우스는 애인인 하백의 딸 이오를 헤라에게 감추기 위해 암소로 변신시켰다. 헤라의 꾀와 재치로 인해 암소, 즉 이오는 끝내 헤라의

240

충복 아르고스에 의해 억류, 감시되었다. 몸이 단 제우스는 아들 헤르메스의 도움에 전적으로 의지하여 아르고스를 처치하곤 사랑하는 애인을 구했다. 구출된 이오의 그 후 행적은 보스포러스(해협)와 에게(바다)로 현재까지 남아 있다.

제우스는 황소로 변신하여 에우로페를 납치한 적도 있다. 에우로페를 등에 태운 채 온 유럽 땅을 다 돌아다녔다. 마침내 크레타 섬에 상륙, 본색을 드러내고는 버짐나무 밑에서 에우로페와 사랑을 맺는다. 크레타의 버짐나무는 제우스의 축복을 받고 늘 푸른 나무, 즉 상록수가 된다. 유럽이라는 단어는 에우로페라는 이름에서 유래한 것이다. 에우로페가 제우스의 아들을 낳았으니, 그가 바로 크레타의 왕 미노스이다. 테세우스와의 사랑으로 유명한 아리아드네는 미노스 왕의 딸이 되겠다.

해안을 끼고 최고급 빌라들이 자리 잡고 있다. 겨울에도 옥외 수영이 가능하게끔 풀장에 온천수가 공급된단다. 수증기가 계속 피어오르는 것으로 보아, 지금 당장이라도 풀장에 뛰어드는 게 가능하겠다. 아타튀르크의 전용 요트도 해안가에 전시되어 있다. Savarona호. 바다 위에 자그마한 섬이 있고, 그 위 건물은 레스토랑이다. 옛날에는 고급 학교 시설이 들어서 있었단다. 돌마바흐체 궁전. 술탄이 모친을 위해 베르사유 궁전을 모방하여 건축했단다. 세계 최고 수준의 호텔과 국제학교도 지나간다. 여름 별궁은 화재 후 복원, 호텔과 연회장으로 사용 중이다. 보스포러스 제1대교가 머리 위로 모습을 드러낸다. 1,074미터 길이의 현수교다. 해협을 흐르는 조류의 유속이 빨라, 현수교 이외의 공법으로는 다리 건설이 불가능하단다.

배는 반환점을 돌아, 이번에는 아시아 쪽 해안에 붙어 서쪽을 향한다. 성벽과 건물 벽의 흔적들과 잔해들이 해안을 따라 이어진다. 로마 시대 때의 유적들이다. 6·25 한국전쟁 당시 유엔군으로 참전한 터키군 부대가 출항했다는 항구도 스쳐 지나간다. 뱀에 물려 죽을 것이라는 예언이 실현되는 사태를 피해, 바다 한가운데 고립된 섬 속 작은 성에 유폐되었다는 로마 황제의 딸 얘기를 듣는다. 공주는 외부에서 조달되는, 생활물품이 담긴 바구니 속에 묻어 들어온 독사에게 물려 숨지는 슬픈 운명을 끝내 비켜갈 수 없었다.

여객선과 화물선, 유람선들이 오고 가기에 분주하다. 나폴리에서 출항한 화물선이 흑해 방향으로 나아간다. 지중해와 흑해를 연결하는 좁은 폭의 해협과 내해가 만국 공해(公海)로 설정되어 있단다. 모든 배들이 항해의 자유를 실컷 누려 좋긴 하겠지만, 아무래도 강대국들의 논리와 입김이 강력하게 작용한 결과가 아니겠나 싶다.

　낚싯배들이 여남은 척 몰려 있다. 알고 보니 조류 교차 지점이어서 물고기가 많단다. 꾼들은 세찬 바람과 높은 파도의 위험도 기꺼이 감수한 채 낚시에 몰입하고 있다. 갈매기들이 두 날개를 고정한 채 요리조리 바람을 탄다. 배는 방향을 틀어 빙 선회한다. 그리곤 금각 만으로 진입한다.

　09:10, 하선. 버스는 피에르 로티 언덕을 향한다. 금각 만 안쪽 깊숙이 유럽 쪽에 숨어 있다. 주차장에서 내려 곤돌라를 타고 올라간다. 경사면은 공동묘지 일색이다. 언덕 위에 올라서니 분위기가 싹 바뀐다. 저 아래로 바다를 낀 도시가 한눈에 들어오고, 찻집과 카페가 즐비하다. 이곳에는 20세기 초반엔가 있었다는, 젊은 프랑스 사관과 무슬림 여성과의 애절한 사랑 이야기가 전해져 내려오고 있다. 남들의 시선을 피해 밀애의 장소로 정한 곳이 이곳 외떨어진 공동묘지. 사관은 명령에 따라 본국으로 돌아갔다가, 끝내 그녀를 잊지 못하고 다시 이스탄불로 되돌아왔다지. 이룰 수 없는 사랑인 그 여인이 생각날 때마다, 이곳을 찾아와선 추억을 반추하기도 하고, 또 사랑의 시도 지었단다. 11:30까지 차를 마시고 풍광도 감상하면서 이리 기웃 저리 기웃, 여유로운 시간을 갖는다.

12:10, 블루 모스크 입구 부근에 위치한 레스토랑의 목조 계단을 밟아 2층으로 올라간다. 삐그덕 찌그덕. 'PRINCE CAFE' 간판을 달고 있다. 오늘의 점심 메뉴는 술탄 정식, 프리미엄 양갈비 특식이다. 과거 오스만 제국의 술탄이 즐겨먹던 음식이란다. 빵·스프·샐러드·양갈비·양고기 시시·쾨프테·돌마·과일·견과류. 여기에 레드와인이 곁들여진다. 형제나라에서 온 손님들이라고 사장님이 팔 걷어붙이고 직접 나섰다. 일일이 와인을 따라주고, 팔짱을 끼고 건배도 한다. 대머리에 콧수염, 맹꽁이처럼 배도 나왔지만, 어깨동무한 채 활짝 웃는 낯으로 카메라를 응시한다. 서로 간에 반갑고도 고맙다. 이렇게, 이렇게 이번 여행의 일정이 마무리된다. 정찬을 즐긴 일행은 흡족한 표정들을 지어가며 식당 계단을 내려왔다.

버스는 중간에 쇼핑 센터를 들른 후, 곧바로 아타튀르크 국제공항으로 이동했다. 아시아나 항공 OZ552편. 16:20 공항 활주로를 박차고 날아오른 비행기는 한껏 고도를 높이더니, 이내 그리운 고국 인천국제공항을 향해 길고도 지루한 수평비행을 시작했다.

역사와 신화의 현장을 가다
- 그리스 기행 -

G_{reece} I.

2015년 7월 3일, 금요일

KE9925편, 11:05 인천국제공항 출발. 12시간 비행 끝에 현지 시각 16:55 아테네 마르코폴로 국제공항 도착. 맑음. 한국과 6시간의 시차. 써머타임 제 시행 중이다.

공항의 크기가 아담하다. 입국 절차가 신속하여 좋다. 입국 심사대를 통과하니, 현지 가이드가 반갑게 일행들을 맞이해준다. 그리스 생활 18년째인 60대 초반의 목사님이다. 존함이 차인수.

버스를 타고 고속도로를 따라 아테네 시내로 이동한다. 우선 '귀빈식당'에서 한식으로 저녁식사가 예정되어 있다. 음식점 사장님은 한인회장을 역임할 정도로 현지 사정에 익숙한 분이다. 식당 밖에 줄을 서서 기다렸다가, 안으로 들어가 자리를 잡을 수 있었다. 몇 년 만에 대한항공 전세기가 처음으로 들어온 날이라, 평소와 달리 한식당이 붐비는 거란다. 음식이 정갈하고 맛있다. 식사 후 버스를 타고는 호텔로 이동. 도로가 넓지 않은 데다 이동 차량들이 많아, 지·정체를 반복한다. 메트로폴리탄 호텔(Metropolitan Hotel) 407호실 투숙.

비행기와 버스에서 에어컨 바람을 오래 쐰 덕분(?)에 콧물과 재채기의 고통을 맛보고 있다. 눈도 침침하고 뱃속도 별로 좋지 않아 짜증이 앞선다. 낼름 샤워한 후, 아내가 몸을 씻고 나오기도 전에 앞뒤 가릴 겨를조차 없이 챙겨온 소주 팩 하나를 간단히 처치한다.

TV 속 CNN 뉴스는 디폴트에 빠진 그리스 정국 보도로 도배를 하고 있다. IMF와 유로존의 이행 권고안 수용 여부를 묻는 7월 5일의 국민 찬반투표를 앞두고, 찬성파와 반대파 양측의 집회 현장을 생중계하고 있다. 반대 측 집회에 참석하여 연설 중인 치프라스 총리의 모습이 화면에 클로즈업된다.

우리는 내일의 여정을 위해서라도, 이쯤에서 불을 끄고 잠자리에 들어야 한다.

Greece II.

7월 4일 토요일, 맑음

자다 깨다를 반복한다. 몸은 피곤한데 아직 시차 적응이 되지 않은 탓이다. 아내도 옆 침대에서 계속 꼼지락댄다. 침대에 누운 채 아내에게 테세우스와 아리아드네 신화를 얘기해준다.

05:50, 기상하여 샤워와 면도를 하면서 몸을 추스른다. 짐을 정리하고는, 아내와 함께 식당으로 내려가 아침식사를 한다. 툭 터진 중정의 테이블에 자리를 잡고는, 커피까지 곁들여 조찬을 즐긴다. 아침 공기가 상큼하다.

08:30, 버스가 호텔을 출발한다. 중간 경유지인 델피와 오늘의 최종 목적지 메테오라를 향해 북쪽으로 방향을 잡는다. 아테네의 토요일 아침은 평온하다. 한가롭기 그지없다고나 할까. 유칼립투스의 분홍 꽃과 오렌지나무의 노란색 열매가, 가로수로서 제 역할을 톡톡히 하고 있다. 가이드인 차 목사님이 그리스 지도를 버스 앞쪽 TV 화면에 펼쳐 걸어놓고는, 델피에 관련된 설명을 해나가기 시작한다.

델피란 '세계의 배꼽'이란 뜻이다. 헬라와 이집트, 페르시아

등 고대의 강대국들이 각자 자신들의 세력을 떨치기 위해, 델피 지역을 손에 넣으려고 각축을 벌였다. 델피의 신전에 모셔진 아폴론은 여 사제를 통해 신탁을 내렸다. 그 위력은 실로 대단했다. 델피가 번창하다가, 페르시아 전쟁을 계기로 판도가 바뀌었다. 그리스의 도시국가들이 연합하여 페르시아에 대항했고, 아테네가 피레우스 군항을 건설한 이후 그리스의 중심 도시로 우뚝 서게 되었다. 고대 올림픽 경기가 시작되었고, 아테네는 비약적인 발전을 이루어 마침내 헬라권의 중추가 되었다. 아크로폴리스와 파르테논 신전도 이 시기의 산물이다.

버스는 아테네 시내를 벗어나, 고속도로에 진입한다. 델피까지 2시간 반 소요될 예정이다. 페르시아와의 전쟁을 승리로 이끈 아테네의 오만과 방종이 하늘 높은 줄 몰랐던가? 스파르타와의 대립 끝에 30년간의 펠로폰네소스 전쟁에 돌입했고, 결국 아테네는 패배했다. 피레우스 군항을 건설한 테미스토클레스 장군이 함대를 이끌고는, 아테네를 탈출하여 페르시아 왕에게 투항하기에 이르렀다. 이를 계기로 페르시아는 안타키아를 거점으로 해군을 집중 육성했다. 그리고 마침내 막강한 해군력을 앞세워 그리스를 멸망시킬 수 있었다.

그 후 마케도니아의 필립 2세가 등장하여 그리스를 점령

하고, 마케도니아 왕국의 성세는 알렉산더 대왕의 시대로 이어졌다. 대왕의 동방 원정으로 인해 페르시아가 멸망한 것은 물론이요, 아프간, 인도 서부, 이집트까지 영역을 넓힐 수 있었다. 이를 계기로 헬레니즘 문화가 싹터 번성기를 누렸음은 물론이다.

그리스는 오랜 옛날부터 선박을 기반으로 하여 해상 무역에 나섰고, 군사적으로는 막강한 해양 세력을 형성할 수 있었다. 근대 이전까지야 바람에 의존하여 추진력을 얻는 범선이 주축이었다. 따라서 뱃길에 나선 그리스인들은 철저하게 자연 순응적이었다. 이 같은 숙명은 자연스레 민족성과 국민 성격 형성에 결정적으로 영향을 끼쳤다.

그리스는 EU에 가입한 후 EU의 지원에 의존하여, EU 국가 기준에 걸맞게 고속도로를 건설했다. 프랑스 등 국가에서 건설 장비와 자재를 가져와 고속도로를 닦아 개통하고는, 징수되는 통행료로 조금씩 조금씩 지원금을 갚아나가는 중이란다.

편도 3차로의 E-75 고속도로더니, 09:20경에는 슬그머니 2차로로 좁아져 있었다. 그리스에서는 결혼할 때 통상적으로 신부 부모가 딸에게 지참금 형식으로 신혼부부가 거주하게 될 주택을 사준단다. 그래서 그런지 처의 부모는 수시로, 남편의 부모는 눈치를 봐가며 자녀 집을 방문하게 마련이란다.

그리스 남성들은 재산 관리를 직접 맡아 한단다. 일상용품 구입까지도 그때그때 직접 챙긴다나. 우리와 달리 처에게 경제권이 전혀 없다니, 그리스 주부들이 너무 순종적인 건지, 아니면 그리스 남성들이 고리타분한 건지 도통 알 수가 없다.

그리스에선 여름이 건기라서, 도로 주변의 풀들이 누렇게 말라 있다. 밭에는 밀 수확의 흔적들이 길게 남아 있다. 트랙터로 그루터기 밭을 갈아엎는 모습도 보인다.

한창 자라고 있는 옥수수와 목화도 눈에 띈다. 초록빛이 싱싱하니 눈의 피로를 풀어준다. 구릉지에는 태양광 발전을 위한 집광 판이 많이 설치되어 있다. 풍력 발전기가 돌아가는 모습도 눈에 띈다.

09:40, 버스는 휴게소에 진입한다. 일행에게 20분간의 휴식이 주어진다. 아내는 매점 건물 안으로 들어가고, 나는 나무그늘 아래에서 바람을 쐬어가며 몸을 상하좌우로 움직여 뭉친 근육을 풀어준다. 일행이 탄 버스 번호판을 보니, IKE-6963. 흰색 바탕에 검정색 글씨다.

휴게소를 출발한 지 10여 분 후, 버스는 고속도로를 벗어나 지방도로 접어든다. 델피까지 90㎞. 북쪽으로 올라갈수록 밭과 구릉의 푸른색이 점점 짙어진다. 10:40이 지나자 산세가 제법 험해지고 터널도 통과한다. 도로의 양편으로는 선홍빛

유칼립투스 꽃이 만개해 있다. 숲과 산록의 풍경이 운치 있다. 여행객은 이렇게 여유 있는 토요일 오전을 즐기고 있다. 대리석 바위산이 우뚝 솟아 있고, 구릉지에는 올리브나무 밭이 자리하고 있다. 구름이 산봉우리에 걸려 있다. 건기라서 계곡은 바싹 말라 있다. 10:55, 델피까지 22㎞.

그리스는 유럽판과 아시아판이 충돌하는 지역이라 지진이 잦단다. 건물들이 높지 않아, 기껏해야 4~5층 규모다. 도시 지역에서는 건물들을 연이어 붙여서 세우고, 고층 건물은 예외 없이 내진 설계공법에 따라야 한단다.

11:10경 버스가 도로가에 정차한다. 사방이 탁 트였다. 저 아래로는 풍광 좋은 마을이 한눈에 들어온다. 다들 버스에서 내려 이를 배경으로 사진도 찍고, 상쾌한 공기를 폐부 가득 들이마시기도 한다. 보랏빛 야생화들이 앙증맞게 자리 잡고 있다.

버스가 마을을 통과한다. 지붕에 주황색 세라믹 기와를 얹은 2~3층의 건물들 사이로 꼬불꼬불 뻗어나간 도로를 따라 버스가 빠져나간다. 저 밑으로 까마득하게 협곡이 내려다보인다. 수백여 호 되는 규모의 꽤 큰 마을이다. 동네 골목을 누비는 관광객들도 다수 보인다. 부근에 스키장이 있어, 겨울에 관광객이 많단다. 버스는 지그재그로 뻗은 도로를 따라 아래로, 아래로 내려간다.

11:30, 옴파로스 레스토랑(Restaurant Omparos) 도착. 현지식으로 점심식사를 한다. 빵과 샐러드, 익힌 가지 등의 재료를 넣어 밀가루 반죽으로 싼 요리·T본 스테이크에 후식. 시원한 맥주까지 곁들여 맛있는 식사를 즐긴다. 아직 이른 시간이어서 그런지 식사 손님이 우리 일행 외에는 별로 없다. 하지만 식당이 넓은 데다 분위기도 좋다. 한 시간 동안의 식사를 끝낸 후 버스가 다시 출발한다. 계속 내리막길.

G~reece~ III.

델피. 1987년 유네스코 자연문화유산 등재. 사시사철 관광객들로 인산인해를 이룬다. 도시 유적은 병풍처럼 펼쳐진 파르나소스 산맥의 바위산을 배경으로 산중턱에 남향으로 자리 잡고 있다. 계단식 축대를 부분적으로 보수·복원했으며, 지상의 건물 잔해들은 원형 그대로 보존하고 있다. 도시는 시장과 음악당, 신전과 경기장 등으로 구성되어 있다. 유적지 초입에 아고라가 위치하고 있다. 옛날에는 시장이었단다. 유적들이 하늘로 솟아오른 사이프러스 나무들과 어울려 조화를 이루고 있다. 벽돌마다 표면에 문자가 빽빽하게 새겨져 있다.

목욕장 건물도 보인다. 좀 더 위쪽으로 올라가니, 옴파로스가 눈에 들어온다. 폭탄의 탄두 모양이다. 여기 있는 것은 모조품이고, 진품은 부근의 델피 박물관에 보존·전시되어 있다. 스핑크스 좌대도 보인다. 스핑크스는 역시 박물관으로 옮겨 전시하고 있다. 스핑크스 때문인지 몰라도, 델피 문명의 시원을 이집트로 보는 고고학자들도 있단다. 델피는 초창기에 크레타 국의 식민지였다.

건축양식으로 볼 때, 도리아식은 가로지른 보가 두껍고 육중하다. 따라서 보에 석조 장식물들을 부착하고, 배흘림기둥에는 따로 장식할 필요가 없다. 이런 양식은 주로 대규모 건축물에 적용되었다. 파르테논 신전이 대표적인 예. 이에 반해 이오니아식은 보의 무게가 가벼우면서 얇다. 보가 장식물의 무게를 버티기 어려우므로, 보 대신 기둥에 화려한 장식을 새기거나 부착한다. 위 두 건축 양식은 동시대 양식이라 할 수 있는데, 건물의 용도에 따라 취사 선택했다고 보면 무난하겠다.

아폴로 신전은 도시 유적의 중심부에 제각각 길고 짧은 열

주 6개의 모습으로 관람객들을 맞이한다. 남아 있는 기단 위 기둥들과 주춧돌을 조합하여 신전의 원형을 머릿속에서 그려내야 한다.

신탁은 신전의 전실 지하에서 행해졌다고 한다. 이 공간에는 신으로부터의 신탁을 구하기 위해 피티아, 즉 무녀만이 들어갈 수 있었다. 사제가 옆방에서 피티아의 주문을 듣고는 시로 통역을 해주었단다. 차 목사님은 이 지역이 화산 지대이므로, 무녀가 땅속에서 뿜어져 나오는 에틸렌 증기를 마셔 취한 상태에서 신비로운 말들을 내뱉었다고, 그럴듯한 해설을 곁들이신다.

경사면에는 돌 축대를 쌓고는, 겉면에 회칠을 한 후 프레스코 화를 그려넣었다. 아폴론 신전의 위쪽에 반원형의 음악당이 들어앉아 있다. 음악과 연극 공연이 수시로 행해졌던 곳이다. 언덕을 지그재그로 힘겹게 기어오르니, 원형 경기장이다.

긴 타원형의 경기장을 관중석 스탠드가 감싸 안고 있는 형태를 갖추고 있다. 경기장의 길이가 192미터란다. 마치 영화 〈벤허〉의 전차 경기장 같다. 그리스인들은 신을 경배하기 위한 축제의 일환으로 이곳에서 달리기, 창던지기, 포환과 원반던지기 등의 경기를 벌였다. 유부녀의 경기장 출입은 허용되지 않았다고 한다. 선수 또한 남자에 국한되었고, 옷을 벗은 맨몸으로 시합을 벌였단다. 일행 중 나이 지긋한 신사분이 우스갯소리를 하신다. "남자 선수가 전력을 다해 경기를 하고 났더니, 자신도 모르는 사이에 여자가 돼버렸다. 왜? x 빠지게 뛰었더니 그렇게 되었다나."

1시간 40분 동안 땡볕을 마다하지 않고 유적지 구석구석을 돌아보았다. 14:30.

아래로 내려와 입구 쪽 델피 박물관으로 이동했다. 전시물이 많지는 않아 관람에 그다지 시간이 걸리진 않는다. 원래는 델피 신전이 위치한 산 바로 아래까지 바다였으나, 그 후 바다가 융기하는 바람에 현재는 바다가 뒤쪽으로 쑥 물러나 있는 상태다. 여하튼 공부 많이 하고 간데이.

15:00, 버스는 델피 유적을 뒤로 하고 메테오라를 향해 출발한다. 지그재그로 이어지는 도로를 따라 내리막길을 달린다. 저 아래로 이오니아해의 파란 바닷물이 시야에 들어온다. 야트막한 구릉지에는 올리브나무가 숲을 이루고 있다. 산을 넘고 넘어 구불구불 편도 1차로를 따라 버스는 북으로 달린다.

16:00경 산맥을 넘어선 버스는 리니아를 향해 달려 나간다. 버스는 산맥의 북쪽 초입인 테르모필레 협곡을 통과한다. B.C. 5세기 크세르크세스 대왕의 페르시아 침략군에 맞서,

스파르타의 사자 왕 레오니다스가 300명 결사대를 이끌고 항전하다, 전원이 장렬하게 최후를 마친 역사의 현장이다.

버스는 중간에 휴게소에 들러 20분 간 휴식 시간을 갖는다. 매점에서 파는 바닐라 아이스크림이 쫀득쫀득하니 맛있다. 다시 출발한 버스 안에서 가이드는 이런저런 설명에 열중하지만, 막무가내로 잠이 쏟아진다. 한국 시간으로는 벌써 한밤중이다. 비몽사몽간에 목사님의 친절과 호의를 연거푸 걸어차고 있는데, 버스의 전면 차창으로 메테오라의 산봉우리가 자태를 드러낸다.

19:00경 디바니 메테오라 호텔(Divani Meteora Hotel)에 도착하여 곧바로 체크인. 336호실.

객실로 짐을 들이고, 19:30에 호텔 내 식당에 내려가 뷔페식으로 저녁식사. 식사 후 아내와 함께 거리로 나가 산책 겸 아이쇼핑을 즐긴다. 디폴트와는 무관한 듯한 거리 표정이다. 시민들과 관광객들이 뒤섞여, 마시고 떠들면서 여흥을 즐기기에 여념이 없다. 신발가게에 들러 딸의 구두를 산다. 가죽으로 만든 노란색 수제화. 한참을 돌아다닌 후 호텔 객실로 돌아와 샤워를 마치고 확인해보니, 구두의 한쪽 앞부분 연결부가 좁고 또 얇다. 바꾸러 가야지. 밤 10시가 가까운 시각, 혹시 문 닫지 않았을까? 부리나케 옷을 꿰차 입고는 서둘러 찾아간다. 관광객들을 상대하는 가게들이라서 그런지, 아직 문 닫은 집은 없는 듯하다. 구둣가게도 다행스럽게 문을 닫지 않았다. 같은 사이즈의 노란색이 없어 궁리 끝에 블루로 교환한다. 아내와 다정하니 손을 잡고는 씩씩하게 호텔로 돌아간다.

호텔이 위치한 동네에서 메테오라 봉우리 꼭대기의 불 켜진 수도원들이 빤히 올려다보인다. 우리가 투숙한 객실은 반대편 방향이라, 호텔 경내의 실외 풀장만 눈에 들어온다. 오늘 밤 산봉우리 위에 뜬 달을 감상하긴 글렀구만. 아내와 마주앉아 느긋하니 소주 한 잔으로 회포를 풀어본다. 좋은 밤이다.

Greece IV.

7월 5일 일요일, 맑음

05:50, 기상. 물 마시고 팔굽혀펴기 50회 실시. 이어 샤워와 면도로 잠의 흔적을 털어낸다.

07:00, 식당으로 내려가 호텔식 조찬. 연세 드신 어르신 부부와 한 테이블에서 식사해가면서 담소를 나눈다. 손자손녀 키우는 재미, 아주머님이 마흔 살 때의 교통사고로 인해 한쪽 다리를 절게 된 사연, 바깥 어르신의 이런저런 트래킹 이력 등 얘기들이 이어진다.

08:30, 버스가 호텔을 출발한다. 건물들의 창문마다 알록달록 꽃장식된 마을 한가운데를 가로질러 난 도로를 통과한 버스는 이내 계곡으로 진입한다. 깎아지른 절벽 중간 지점에서 순교자 게오르규의 추념 행사를 갖고 있는 이들의 모습이 시야에 들어온다.

메테오라 지역은 원래 해저였다. 그런데 융기하여 바닷물이 가둬져 있다가 터져, 일시에 물이 쏟아져 나가면서 현재의 지형이 형성되었다. 퇴적암이다. 2세기 말 무렵부터 기독교인들이 종교적 박해를 피해 숨어들었다. 14세기 초부터는 수도원이 세워지기 시작했다. 1300년대에 마지막으로 신앙인들이 숨어들어왔단다. 사제들이 미혼인 데다 그 숫자가 늘어나면서 인구가 감소하고, 그에 따른 세수 감소가 심각한 지경에 이르렀다. 이에 오스만 투르크 제국이 대대적으로 수도원들을 정비했단다. 수도원에서는 도르래 시설을 통해 산 밑의 물자와 사람을 실어 날랐다. 메테오라는 1988년 유네스코 세계문화유산으로 지정되었다. 세계 10대 불가사의 건축물에도 올라 있다.

09:00, 이른 시간인데도 벌써 부지런한 관광객들로 붐빈다. 걸어서 벨렘 수도원으로 향한다. 돌계단을 기어오른다. 앞서 온 관람객들로 빼곡하니, 마치 콩나물시루 같다. 수직의 낭떠러지 구멍 속에 둥지 튼 새들은, 제비? 무리지어 협곡 사이를 날고 있다. 150년 전까지만 해도 진입 도로가 없었단다. 그 시절 사용하던 도르래 시설이 아직도 제자리를 지키고 있다.

천연 요새인 메테오라는 오스만 투르크 군에 의해 함락되었다. 직접 공격이 아닌 장기 봉쇄 전술에 따른 어쩔 수 없는 항복이었다.

제2차 세계대전 시 독일군이 수도원 내 보관된 금괴를 노리고 공격했으나, 끝내 함락시키지 못했다. 당시에 수도원 경내에 대포를 설치하여 독일군의 공격을 격퇴시켰다는데, 현재는 수도원 분위기상 대포가 치워진 상태이다. 전시실 내에 군복과 총·칼 등 무기도 전시하고 있기는 하다. 식수는 빗물을 받아 저장고에 저장하여 사용한다. 상당 기간 동안 외부에 의존하지 않고 독립적으로 생활할 수 있을 정도로 이런저런 생활시설들이 구비되어 있다.

현재까지 남아 있는 수도원은 십여 개 되는데, 관광객들에게 개방하는 수도원이 매일 바뀐다. 개방하는 수도원이 도합 여섯 곳. 하루에 두 곳으로 한정.

10:10까지 벨렘 수도원의 구석구석을 살펴보고는 돌계단을 내려온다. 버스에 올라, 달리는 버스 안에서 수도원을 다시 올려다본다. 10:30경 도로가에 버스를 주차시키고 절벽 봉우리에 직접 올라서본다. 저 아래로, 어제 묵었던 호텔 동네가 봉우리 두 개 사이로 내려다보인다. 붉은 기와지붕의 건물들이 빼곡하니 군락을 이루고 있다. 부근에 버스에서 내린 한 무리의 일본인 관광객들이 수다를 떨며 사진 찍기에 열중이다. 여자들은 처녀고 아줌마고 간에 거의 다 군이 치마차림이다. 올라간 길과 다른 길로 내려간다. 깎여 휩쓸리지 않은 지형 상에 개설된 도로다.

버스는 메테오라를 벗어나 남쪽으로 방향을 잡아나간다. 한참을 달린 끝에 12:30, 대로변에 위치한 카넬리스 레스토랑(Restaurant Kanelis)에 도착한다. 시장기 끝에 너른 공간에서 맛있는 오찬을 즐긴다. 닭죽과 샐러드에 감자를 곁들인 생선튀김. 맥주를 반주 삼아 담소하면서 여행의 느긋함을 향유한다.

이 마을은 그리스 독립전쟁 시 그리스 군이 연패를 거듭하다가, 오스만 투르크 군에게 최초로 승리를 거둔 싸움이 있었던 곳이다. 독립전쟁에 대한 국내외적인 열기가 고조된 계기가 된 전투이기도 하다.

식사 후 버스는 다시 출발하여 어제 올라온 길을 거꾸로 내려간다. 얼마나 지났을까. 버스가 유턴하더니, 도로 옆 주차장에 멈춰선다. 스파르타 왕 레오니다스의 청동상이 일행을 맞이한다. 투구를 쓰고, 오른손에는 예리한 창을 머리 위로 치켜세워 꼬나 잡고, 왼손으로는 방패를 움켜쥔 채 전면을 주시하는 자세로 당당히 서 있다. 테르모필레 협곡의 시작점이 여기서 가까이에 있다.

버스는 채 5분도 안 되는 시간에 이동하여 일행을 내려놓는다. 협곡 초입에 위치한 노천유황 온천이다. 계곡을 따라 콸콸 흘러넘치는 온천수. 노독도 풀 겸, 족욕의 시간을 갖는다. 현지인들은 아예 수영복 차림으로 물속에 들어앉거나, 폭포수를 온몸에 뒤집어쓰고 있다. 버스는 이곳에서 어제 넘어왔던 델피 쪽 산악 길을 버리고는, 곧장 E-75·1 고속도로에 진입하여 시원스레 뚫린 도로를 빠른 속도로 내달린다. 좌측으로 에게해와 그 건너편 섬의 풍광이 스쳐 지나간다.

차 목사님은 그리스인들의 역사의식과 국민성, 자녀들에 대한 가정교육과 중산층의 개념에 대해 구수하게 설명을 풀어나간다. 한국인들이 재산 규모, 월수입 등 경제적인 지표에 편중된 중산층 개념을 도출하는 것을 당연시하는 현실에 비추어볼 때, 목사님의 지적은 따끔하다. 그리스에서는 가문에 대대손손 이어져 내려오는 고유의 자녀교육 방식이 있느냐가 중산층 여부를 판가름하는 첫 번째 조건이란다.

에게해와 관련한 신화, 테세우스의 탄생과 아버지인 에게우스 왕과의 해후에 얽힌 사연, 아들 테세우스가 아버지를 죽일 것이라는 신탁의 숙명적인 실현, 테세우스와 아리아드네의 사랑, 아리아드네의 도움에 힘입어 미노타우로스를 처치하고 귀환하는 테세우스, 아버지와의 약속에 따라 귀환선의 깃발을 흰색으로 바꿔 달아야 함에도 깜박 잊었다. 검은색 깃발을 단 채 귀환하는 배를 발견한 에게우스 왕이 아들이 죽은 것으로 오판하여 자살하고 만다는 얘기는 시종 흥미진진하다. 에게해는 '에게우스의 바다'라는 뜻이것다.

이곳에서는 오토바이도 바람을 가르며 고속도로를 질주한

다. 젊은이들이야 좋아하겠지만, 아무래도 교통사고의 위험이 커지겠지. 교외의 급커브길마다 철제 모형집들이 자리 잡고 있고, 그 위 지붕에는 십자가가 세워져 있는 모습이 종종 눈에 띄어 호기심을 불러일으킨다. 알고 보니, 교통사고 희생자 가족들이 망인의 명복을 빌기 위해 사고 지점에 설치한 것이란다.

그럭저럭 아테네가 가까워온다. 메테오라에서 아테네까지 425킬로미터. 꽤나 멀리 달려왔다. 17:30, 첫날 들른 '귀빈식당'에 도착하여 한식으로 저녁식사를 한다. 사장님이 몸소 반찬그릇을 손에 들고 테이블을 돌면서, 부족분을 일일이 채워주는 친절을 베푼다. 식사를 마치곤 걸어서 호텔행.

디바니 카라벨 호텔(Divani Caravel Hotel) 119호실.

시간상의 여유가 많다. 느긋하니 샤워를 마치고, 아내와 함께 둘러앉아 술 한 잔. TV에선 그리스 국민투표 결과 화면이 내보내지고 있다. EU의 이행 제시안에 대한 거부 의견이 찬성보다 근소하게 많은 것으로 보도하고 있다.

G_{reece} V.

05:20, 기상하여 팔굽혀펴기 40회 실시. 샤워와 면도를 끝내고 06:35, 아내와 함께 즐거운 마음으로 호텔 지하 1층 식당으로 내려간다. 아내는 오늘따라 얼굴을 곱게 그린다. 에게해 크루즈를 시작하는 날이라, 설레는 마음을 그렇게 표현하는가 보다. 왠지 모르게 아침 식단이 잘 차려졌을 거란 예감이 든다. 느낌이 적중한다. 준비된 음식이 다양하면서 맛도 좋다. 아내의 고운 자태를 마주한 채, 테이블에 앉아 기분 좋은 식사를 즐긴다.

객실로 올라와 짐을 정리한 후 로비로 내려간다. 07:50, 버스가 피레우스를 목표로 하여 호텔을 출발한다.

피레우스 항 도착. 항구에는 크루즈 선 여러 척이 정박 중이다. 키프로스 선적의 셀레스 올림피아(Celestyal Olympia) 호 티켓을 받아 탑승 수속에 들어간다. 벌써 많은 승객들이 길게 줄들을 서 있다. 6065호실 배정. 트렁크에 수하물표 부착하여 검색대에 밀어넣으니, 운신의 폭이 커진다. 마그네틱 티켓을 받아 보안 검색대를 통과, 부두에 정박 중인 선박에 탑승

한다. 09:20, 차 목사님과는 여기에서 헤어진다. 에게해 크루즈 일정이 끝나는 날, 바로 이곳 항구에서 재회할 것이다.

일행이 탑승한 크루즈 선은 4만 톤급. 700개 객실에 500명 남짓의 승무원이 서비스한다. 9층 높이다. 배에는 올랐으나, 10:00부터 객실 입실이 허용된다. 위층으로 올라가 이곳저곳을 기웃거려본다. 9층 위에 있는 갑판으로 올라서니, 풀장과 선탠장, 음료수 매장 등이 펼쳐져 있다. 그늘 아래로 숨어들어 피레우스 항구 주변의 풍광을 조망한다. 빈둥빈둥 시간을 보내다, 6층의 객실을 찾아 내려간다. 마그네틱으로 된 승선 티켓이 객실 열쇠를 겸하고 있다. 객실 내부의 시설을 점검하는 사이에 짐이 배달된다. 짐을 풀어 이곳저곳에 비품들을 배치해본다. 여기가 바로 4박 5일 동안 묵을 숙소다.

10:45, 객실에 비치된 구명조끼를 착용한 후 7층에 집합. 승객 전부가 모여, 선원들의 지도하에 비상 탈출 요령을 숙지하고 실습한다. 선원들의 근엄한 얼굴 표정도 끝내 승객들의 왁자지껄한 잡담을 통제하지는 못한다. 비상사태 시 내가 아내와 함께 탑승해야 할 5호 구명정이 배의 우현 쪽에 얹혀 있다. 143명이 탑승할 수 있는 크기다. 교육을 마친 승객들이 각자의 객실을 찾아 뿔뿔이 흩어진다. 11:30, 우렁찬 뱃고동과 함께 출항. 목적지는 에게해의 보석 미코노스(Mykonos)

섬. 아내와 함께 오붓하니 들어앉은 객실은 배의 우현 앞쪽이다. 밤에 달도 볼 수 있겠다.

12:00부터 점심식사가 시작된다. 뷔페 식당이 9층에, 정찬 식당은 4층에 있다. 평소에 이것저것 직접 날라다 먹어야 하는 번거로움 때문에 뷔페를 별로 좋아하지 않는 데다, 아내도 나의 의견에 별다른 꼬투리를 달지 않으므로 정찬 식당으로 향한다. 웨이터들이 레스토랑 입구에 나비넥타이 차림으로 죽 늘어서서 손님을 맞는다. 지정 테이블까지 안내하고, 물잔 채워주고, 음료와 음식 주문받고, 접시 날라 오고 날라가고… 신속하고도 절도 있게 처리해나간다. 샐러드에 생선요리. 후식으론 아이스크림을 선택한다.

맛있다. 아내도 맛있다는 말을 몇 번이나 한다. 느긋하니 오찬을 끝낸 후, 산보 겸해서 데크를 오르내리며 배의 구석구석을 훑는다. 미로 찾기 하듯 한 끝에 숨어 있는 피트니스 클럽을 찾긴 했으나, 설치된 트레드밀 세 개가 전부 작동이 안 된다. 젠장! 평소의 습관대로 크루즈 기간 동안 매일 5킬로미터씩 뛸 준비를 해왔는데, 계획에 차질이 생기게 되었군. 배 안에서 맛있는 음식 덕분(?)에 살찌는 것 아닌지 모르겠네.

13:40, 객실로 돌아와 커피 한 잔하고 소주도 두어 잔 따르면서, 나붓하니 휴식의 시간을 갖는다. 배의 엔진 소리가 꿈

결에 들려오는 것처럼 아득하다. 배의 흔들림도 거의 없다. TV도 켜놓고 바깥의 바다 풍경도 감상하면서, 침대 위에 삐딱하니 걸터앉았거나 눕는다.

17:45, 5층의 뮤즈 라운지에 모여 하선 대기한다. 18:15, 미코노스 도착. 팀별로 순서를 정해 차례대로 하선한다. 서틀버스를 타고 섬의 중심부로 이동한다. 걸어서 해안선 도로를 따라 미코노스의 상징인 풍차언덕으로 이동한다. 여섯 개의 풍차가 관광객들을 맞이한다. 그중 왼쪽 끝 풍차는 갈대 지붕이 날아가고, 바람개비가 통째로 부러져 어디로 갔는지 보이지도 않는다. 돈키호테의 라만차 풍차를 판박이했다는 인상을 지울 수 없다.

골목골목 미로를 누비며 풍광을 즐기고 아이쇼핑도 한다. 해적이 침입했을 때, 주민들의 피난을 돕고 해적들의 퇴각에 혼란을 야기시킬 목적으로 의도적으로 채택된 공법이 되겠다. 노천 카페에 앉아 피자와 맥주 두 병을 시켜놓고, 담소하면서 허기를 채운다. 아내의 볼이 발그레해진다. 서서히 어둠이 내려앉고, 조명등이 하나둘 들어온다. 건물 외벽들의 흰색에 반사되는 불빛이 그윽한 분위기를 연출한다. 카페와 골목은 관광객들로 빼곡하다. 서쪽 하늘에는 저녁노을의 잔영이 설핏 남아 있다. 벌써 금성이 빛나고 있다.

22:00 넘어 마지막 셔틀버스에 탑승하여 크루즈 선으로 귀환한다. 그 사이 내일 일정 위주로 편집된 선내 신문이 객실에 배달되어 있다. 긴 뱃고동이 부두에 울려 퍼진 후 22:30, 크루즈 선은 터키의 쿠사다시(Kusadasi)를 향해 힘차게 출항한다.

잘 있거라, 미코노스의 밤이여! 골목 안 옷가게의 눈 큰 꼬마친구여!

하루 일정을 정리하고는, 이런저런 심사를 소주 몇 잔으로 다독여본다. 객실 출입문 아래 틈으로, 인솔 가이드가 내일 일정과 관련한 역사·종교 등 나름대로 정리한 여러 페이지의 자료를 쓰윽 밀어 넣어준다. 고맙소.

동녘에서 바다 위로 떠오르는 음력 스무이튿날의 하현달을 맞이하기 위해, 일부러 객실 창문의 커튼을 열어놓은 채 잠든다. 자다 깨어보니, 달빛이 휘황하니 객실 침대로 쏟아져 들어오고 있다. 상반신을 일으켜 창밖을 내다보니, 와우! 파도 결에 달빛이 금빛으로 마구 깨어져선 흩어지고 있다. 탄성이 지나쳐 신음이 된다.

03:00, 배에 탔다고 누구나 이 장면을 접할 수 있는 건 아니다. 부지런하거나, 아니면 운이라도 좋거나 해야지. 눈이 부신 나머지 머리를 침대 반대쪽에 놓은 채 잠을 청해본다. 설핏 잠이 들었다가 잠결에 다시 보니, 달빛은 여전히 정면으로 쏟아져 들어오고 있다. 05:00, 그새 달이 중천으로 이동했는가, 아니면 배의 진행 방향이 틀어졌는가. 그것도 아니라면 달이 나를 애모하는 건가?

서서히 어둠이 걷히고, 동쪽 하늘에 붉은 기운이 감돈다. 곤히 잠들었던 아내가 부스스 일어나 창밖을 내다본다. "육지네!" 어느새 쿠사다시, 터키 영역에 들어선 것이다. 해안의 코앞 조그만 섬에 외적 방어용 성이 위치하고 있다. 그곳에 터키 국기가 나부끼고 있다. 어제 저녁 배달된 자료를 읽어 숙지하고는 샤워를 한다. 객실에 헤어드라이어가 비치되어 있지 않아, 머리 다듬는 게 영 불편하다. BBC 뉴스를 시청하고 있자니, 우리가 타고 있는 크루즈 선과 비슷한 크기의 또 다른 크루즈 선이 부두에 접안하고 있다.

07:40, 아침식사. 조찬은 어느 식당이든 다 뷔페식이다. 이번에도 4층 식당으로 향한다. 아침식사치곤 음식이 다양하고 또 푸짐하다. 특히 빵이 맛있다. 지정된 9번 테이블에 아내와 함께 앉으니, 두 명의 일본 여성이 이미 앉아 식사 중이다. 서툰 일본어로나마 떠듬떠듬 대화를 나눈다. 모녀가 함께 여행을 왔단다. 내가 일본말을 알아듣는 줄 알고 반가워하더니, 신이 난 나머지 말이 점점 빨라진다. 미안하지만, 더 이상 못 알아듣겠네요.

08:45, 객실을 나와 쿠사다시 자유 관광에 돌입한다. 에페스 관광 팀이 있기는 하나, 아내와 나는 몇 년 전 그곳을 다녀온 터라 자유 관광 선택. 우리는 에페스라는 지명보다는 에베소라는 표현에 더 익숙하다. 해안도로를 따라 배 정박 부두의 우측으로 빙 돌아가니, 대기 중인 다수의 크루즈 선들이 한눈에 들어온다.

방파제로 이어진 섬에 요새로 보이는 성이 떡하니 버티고 있다. 아내와 함께 방파제를 따라 건너갔으나, 성벽 보수공사 중이라 성문이 굳게 닫혀 있다. 아쉬움을 뒤로 한 채 돌아 나와, 바다를 끼고 뻗은 도로를 따라 언덕을 오른다. 호텔과 고급 주택들이 산재해 있다. 쪽빛 바다와 섬의 풍광이 눈부신 태양 아래 한눈에 들어온다. 산꼭대기 청동상으로 올라가는 길을 찾지 못하곤, 돌계단의 뽕나무 그늘 아래 들어앉아 바다와 항구를 내려다보며 오순도순 담소를 나눈다. 바다를 내려다보고 있는 늠름한 청동 기마상의 주인공은 아타튀르크. 케말 파샤라는 애칭이 더 낯익은 인물이다.

이제 겨우 10:00. 자리를 옮겨 스케치를 해보기로 한다. 햇살이 따갑지만, 이 정도 수고야 감수해야겠지. 언덕 위 콘크리트 도로 위에 쭈그리고 앉아, 저 아래로 내려다보이는 요새와 방파제, 정박 중인 유람선으로 보이는 배들의 풍경을 열심히 스케치해 나간다. 승용차 한 대가 언덕길을 올라와 도로가에 주차하던 중, 도로의 경계석 쪽으로 밀린다. 결국 좌측 앞바퀴 부분이 부서졌다. 운전자가 우리를 의식하다가 자기 차를 망가뜨렸나? 괘념치 않고 스케치에 열중한다. 꽤 괜찮은(?) 그림 같은데, 아내의 반응이 더디다. 한동안 눈길을 주니, 그제야 상황을 알아차리곤 제법 잘 그렸다고 한 마디 보태준다. 11:00 무렵 바자르 지역으로 이동, 이 가게 저 가게 기웃거리며 시간을 보낸다.

11:30, 크루즈 선으로 귀환. 객실에 들자마자 샤워를 한 후 휴식을 취한다. 내친 김에 또 소주 한 잔. 아내는 시도 때도 없이 술 마시다가 술꾼이 될지도 모르겠다며 걱정이 태산이다. 임자! 내 언제 낮에 술 마시던가? 땀 흘린 끝에 스케치 하나 완성했느니, 뿌듯한 마음에 한 잔하는 거지. 여행자만이 누릴 수 있는 자유요, 여유가 아니겠나.

12:50, 4층 식당으로 내려가 정찬을 즐긴다. 몇 번 보았다고 웨이터들이 먼저 알은체를 하며 생글생글 웃는다. 테이블에 앉은 아내 앞에 일본어로 표기된 메뉴판 페이지를 손수 펴주는 친절을 베풀어가며, 연신 마담 호칭을 입에 문다. 이번에는 스테이크 요리 선택. 양이 많아, 파스타 비슷한 밀가루 음식에는 손이 잘 가지 않는다. 객실로 돌아와선 컵라면 하나 끓여 뜨거운 국물을 안주 삼아 소주 두 잔, 캬아!

아내는 그 사이 예술가의 처가 되었는지, 아니면 나의 일탈된 행동에 아예 두 손을 들었는지, 군소리도 하지 않고 더 이상의 타박도 없다. 그 대신 스테이크 먹은 것이 느끼하다면서 라면 국물을 덥석 빼앗아 마신다. 입을 하, 벌리더니 시원하다는 말을 내뱉는다. 잘하면 임자도 서방 따라 술꾼 되겠구만!

TV 보면서 빈둥거리다가 16:40, 5층 라운지로 내려가 대기
한다. 17:00, 밧모스(Patmos) 섬 도착. 12사도 중 한 사람인 성
요한이 로마인들에 의해 추방되어 이 섬으로 들어왔다. 동굴
에 기거하면서 신의 계시를 받아 묵시록을 썼다. 구술하는
것을 제자가 받아 적었다고 한다. 이것이 바로 그 유명한 「요한
계시록」.

크루즈 선을 위한 부두 시설이 없는지라, 소형 배들이 바다
한가운데 떠 있는 크루즈 선에 접근하여 선체를 붙이고는 승
객들을 옮겨 태우는 방식으로 하선한다. 이런 용도의 배를 '텐
더보트'라 부른다. 이런 시스템이다 보니, 하선 순서를 기다리
는 데 상당한 시간이 소요되는 불편을 감수해야만 한다.

17:30, 섬에 상륙하여 서틀버스 탑승. 현지인 전문 관광 가
이드가 버스 숫자만큼 따라붙는다. 버스는 도로를 따라 산
언덕을 오른다. 구릉 중간쯤에 요한계시록 동굴이 위치해 있
다. 에페스에서 추방되어 이 섬에 유배되었을 때 사도 요한의
나이 90세. 요한의 구술을 받아 적은 제자의 이름은 프로코
러스란다.

성 요한 수도원은 산 정상부에 있다. 1088년에 사도 요한

을 기념하여 세워졌다. 프레스코 벽화의 보존 상태가 꽤 양
호하다. 유네스코 세계문화유산에 등재되었다. 전문 가이드
의 해설을 듣고 수도원 아래쪽 동네의 골목길을 가로질러 내
려오니 19:20. 부근에서 대기하던 버스에 올라 다시 해안으
로 내려온다. 텐더보트에 탑승하여 바다 한가운데 정박 중인
크루즈 선으로 이동한다.

객실로 올라가니 20:10. 저녁식사를 미뤄둔 채 우선 샤워
부터 하기로 한다. 21:00가 넘어서야 아내를 대동하고 정찬
식당으로 향한다. 정찬 식당에 가기 위해서는 복장에 신경을
써야 한다. 특히 만찬 자리에는 더욱 그렇다. 반바지나 슬리
퍼는 허용되지 않는다. 내쫓지는 않지만, 신사숙녀 입장에서
는 지켜야 할 기본적인 에티켓이요, 넘어서는 안 되는 불문
율이다.

입장 순서에 따라 6인용 테이블 안쪽에 우리 부부가 마주
보며 앉는다. 가운데 자리에 일본인 노부부, 바깥쪽에는 젊
은 백인 남녀. 앉다 보니 일본인 부인은 좌우로 코 큰 남자
친구와 나를 끼고 앉았고, 일본인 남편은 양 옆으로 노란 머
리 여자와 나의 처를 거느리는 꼴이 되고 말았다. 노부인이
상기된 나머지, 상대방이 알아듣는지 여부를 불문하고 일본
어로 계속 얘기한다. 그러자 노신사께서 이를 수다로 여겼는

지, 금세 얼굴 표정을 바꾸며 뾰로통해진다. 세 팀의 샐러드가 제각각. 노부인이 우리 부부의 것이 가장 좋다고 언급한다.

백인 팀 앞에는 닭요리가, 우리 부부와 일본 팀에게는 생선요리가 놓인다. 마나님의 수다에 삐친 건지, 아니면 젊은 (?) 남자들 사이에서 한껏 달뜬 부인에 대해 질투하시는 건지? 잘 알아듣지는 못했지만, 식사 후반부에 노신사가 마나님께 면박을 준 듯하다. 노부인의 언성이 높아지고 표정이 굳어진다. 노신사가 그만 일어나자면서, 대화 중인 부인을 자리에 남겨놓은 채 휑하니 식당을 나가버린다. 아이구야! 할머님이 우리들 앞에서 영감의 흉을 보며 흥분한다. 노부부가 객실로 돌아가 아무것도 아닌 일로 인해 밤새 부부싸움하시는 건 아닌지, 적이 걱정이다.

객실로 올라가는 길에 5층 뮤즈 라운지에 들른다. 무대의 현란한 조명 아래 가수들의 공연 열기가 가득하다. 객석의 승객들은 삼삼오오 모여앉아 너나없이 술에 젖는다. 칵테일, 칵테일….

23:00 가까이 되어서야 객실로 기어든다. 아내도 공연이 재미있었다고 하니, 그나마 다행이다. 객실에서 소주 한 잔 해가면서, 하루 일정을 마무리한다. 새벽에 또 다시 달빛이 찾아와선, 나의 속을 온통 휘저어놓겠지?

배는 21:00, 밧모스 섬을 출발하여 로도스(Rhodes) 섬을 향해 에게해의 밤바다를 가르고 있다.

Greece VIII.

새벽달은 있으나, 배의 진행 방향이 남 또는 남동인지라 각도상 대면에 불리하다. 월광의 운치가 전날보다 못하다. 05:30 기상하여 샤워와 면도를 한다. 식당에서의 식사를 포기하고는, 느긋하니 객실에서 컵라면을 끓인다. 아내가 이번 여행에 커피포트를 챙겨왔길 망정이지, 객실에는 따로 끓일 만한 도구가 비치되어 있지 않다. 꼼꼼한 아내 덕분에 이런 호사를 누린다. 컵라면 맛이 참 좋다. 곁들인 한 잔 술은 그야말로 금상첨화. 배가 서서히 항구에 접근한다. 도선사가 승선한 배가 우현 쪽에 나타나, 크루즈 선의 접안을 유도한다. 07:00 입항 완료.

겉옷을 챙겨 입고 5층 라운지로 내려가니, 벌써 부지런한 관광객들로 꽉 차 있다. 요한 기사단과 연관된 로도스 섬 유적이 일행을 기다리고 있다. 쪽빛 바다와 맑은 공기, 찬란한 아침 햇살. 자매 크루즈 선인 셀레스 오디세이(Celestyal Odyssey) 호도 우리가 타고 있는 배와 같은 방향으로 정박한다. 버스 타고 이동. 섬의 동쪽 해안도로를 따라 남서 방향으로 달린다. 해안가에 호텔과 리조트 단지가 연이어 펼쳐진다. 차량들이 빽빽하니 주차되어 있는 걸 보니, 피서 휴양객들로 가득 들어찬 모양이다.

로도스 섬은 길이가 70킬로미터, 최대 폭이 32킬로미터 되는 돌고래 모양의 섬으로, 터키의 남서 해안과는 불과 10킬로미터 떨어져 있다. 고대 그리스 시대에 해상교통의 요충지였다. 십자군 전쟁에 참전한 예루살렘의 성 요한 기사단이 1309년 로도스에 정착했다. 그 후 1522년 몰타로 떠나기까지, 오스만 제국의 공격에 저항해가며 섬을 지켜냈다. 오스만 투르크의 지배는 1912년까지 무려 사백 년 가까이 계속되었다. 1943년까지는 이탈리아 령이었다가, 제2차 세계대전이 끝난 후 비로소 그리스 령으로 복귀할 수 있었다.

섬은 자체적으로 국제공항까지 보유하고 있다. 도로 옆 인도를 따라 아침 공기와 햇살을 즐기며 조깅하는 사람들이 많다. 핑크색 꽃무더기로 인해 기분이 더욱 고조된다. 유칼립투스, 야자수와 올리브 등 수목이 제법 푸르다. 해안선 쪽 평지와 구릉에 마을들이 산개해 있다. 소나무도 많이 보인다. 부지런을 떤 덕에 이른 아침부터 좋은 장면과 풍치들을 만끽하고 있다. 55분 걸려 섬의 남쪽 끝 리도스까지 내려간다. 요한 기사단 성채의 아랫마을에서 버스를 내린다.

요새는 구릉의 정상부에 철옹성으로 버티고 서 있다. 동네의 안길을 통과하여 성을 오른다. 길의 양쪽으로는 상가가 빼곡하고, 좁은 길을 헤쳐 나가는 관광객들로 부근이 미어터진다. 당나귀들이 줄지어 대기 중이다. 녀석들은 주인의 주머니를 불려주기 위해, 관광객들을 등에 태우고 성에 오르는 수고를 마다하지 않을 것이다.

가파른 돌계단 길을 씩씩하게 올라간다. 주민으로 보이는 여인들이 통행로 주변에 자수 제품을 펼쳐놓고는 손님을 기다린다. 성벽은 그런대로 원형을 유지하고는 있으나, 붕괴와 축조를 반복한 흔적이 여기저기 남아 있다. 성 안의 건물들은 원형대로 보전되고 있는 것은 거의 없고, 주춧돌과 기둥들만 즐비하다. 현재도 크레인을 동원한 복원 공사가 진행되고 있다. 산봉우리가 해안가에 우뚝 솟아 있고 사방이 낭떠러지니, 난공불락의 천연 요새다. 사방을 감시하고, 접근하는 배에 대해 조준 포격하기에 최적의 위치를 점하고 있다. 터키 본토의 코앞인 이곳에서 요한 기사단이 상당한 기간 동안 오스만 투르크의 공격에 당당히 맞설 수 있었던 이유이기도 하다.

버스에 전속 배치된 현지 해설사의 설명을 듣고는 성채의 이곳저곳을 둘러본다. 올라갔던 길을 되짚어 내려온다. 날씨가 더운 데다 땀 흘리는 노고를 겪어서 그런지, 아이스크림 판매점 앞에 관광객들이 몰린다. 아내와 나도 화장실도 갈 겸해서, 아이스크림을 하나씩 입에 물고는 가게 안 테이블에 자리를 잡는다. 버스 출발 시간까지 약간의 여유가 있어 기념품 가게에 들른다. 적당한 크기의 청동 투구 모형을 고른다. 동일한 사이즈의 것들도 자세히 살펴보면 모양이 조금씩 다르다. 가게 주인이 정성껏 포장을 해준다. 17유로. 버스는 이번에는 동북쪽으로 방향을 잡아, 왔던 길을 되돌아간다.

역시 55분 걸려 주도인 로도스 도착. 일행은 구시가지 관광에 나선다. 햇볕이 제법 따갑다. 선글라스와 모자로 무장했는데도 다들 그늘 속으로 파고든다. 그랜드 마스터 궁전. 요한 기사단장의 거처로 사용된 시설이란다. 해안에 접하여 세워졌다. 규모가 꽤 크다. 해자 시설이 이중으로 설치되어 있다. 히포크라테스 광장을 둘러보고는 성문을 통해 성 밖으로 걸어 나온다. 현재는 성 안 건물들에 기념품점·의류점·음식점을 비롯한 상점들이 꽉 들어차 있다. 어느새 12:00. 대기 중인 버스에 탑승하여 크루즈 선으로 돌아간다.

땀도 좀 흘렸고, 갈증까지 나는 판이다. 오찬을 뒤로 미루고, 객실로 올라가 시원하니 샤워부터 한다. 적당히 피곤하니 기분이 그런대로 좋군. 식욕 또한 꽤나 당길 것 같다.

13:00, 점심 먹으러 정찬 식당으로 향한다. 야채 샐러드에 생선요리, 후식으로는 과일. 이번에는 접시가 날라져 오는 데 시간이 꽤 걸린다. 14:10, 식사를 끝내고 객실로 돌아와 일단 휴식을 취한다. 오후의 시내 자유 관광 일정을 소화해내기 위한 전략(?)이다.

아내는 무엇보다도 상큼한 체리를 사 먹길 원한다. 워낙 과일을 좋아하다 보니, 과일가게 주인치고 아내를 싫어하는 이가 없다. 하지만 침대에 누워 잠시 쉰다는 계획이 어긋나버린다. 둘 다 식곤증에 살포시 잠들어버린 것이다. 아내 쪽의 잠이 나보다 더 깊다. 원래는 15:00 출발 예정이었는데, 곤히 잠든 사람을 차마 흔들어 깨울 수는 없다.

관광은 못 하더라도 체리는 사와야지. 15:30, 아내를 앞장세우고 배를 내려, 땡볕 아래로 과감히 몸을 던진다. 성벽을 따라 걷다가 출입문을 만난다. 안으로 들어서니 곧장 다운타운이다. 이리 기웃 저리 기웃. 아내는 신발가게 앞에서 걸음을 멈춘다. 한번 들어가 보자고 한다. 아내의 뜻은 이미 정해져 있는데, 이런 상황에서 이쪽의 거절은 여간해서는 힘들다. 아내는 꽃장식이 달린 여름 구두를 고른다. 사뿐하니 걸친 채 예쁜지 봐달란다. 나의 반응이 시큰둥했다고 받아들여서인지, 이번에는 딸을 위해서라면서 역시 꽃장식이 달린 베이지색 샌들을 양손에 집어 든다. 베리 굿!

아내는 방금 산 새 구두를 아예 신은 채 매장을 나선다. 기분이 꽤나 좋은 듯하다. 옷가게와 모자가게를 연달아 기웃거린다. 또 사려고? 다행히 그냥 나온다. 차라리 잠을 깨우치 말걸 그랬나?

고성의 중앙 통로를 통해 성문 밖으로 나오자, 도로 건너가 바로 바다. 오전 순환 관광 끝낼 때 아내가 눈여겨봐놓았던 체리가게가 바로 저 앞에 모습을 드러낸다. 아내의 얼굴 표정이 금세 확 펴진다. 체리뿐 아니라 자두와 복숭아도 고른다. 작은 플라스틱 바구니 하나에 각 2유로. 도합 6유로. 와! 한 보따리네. 즉석에서 몇 개 맛본 후, 배로 가져가 먹기로 하고 보따리를 챙겨든다.

해안을 따라 설치된 목재 데크를 밟으며 빙 둘러 걷는다. 오른쪽은 도로와 성벽, 왼쪽엔 쪽빛 바다가 펼쳐진다. 타원형의 백사장엔 선탠 족과 수영을 즐기는 남녀들이 흩뿌려져 있다. 눈요깃감(?)이 너무 많은지라 오히려 무덤덤하다.

객실에 도착하니 16:30. 샤워 후 옷 갈아입고 소주 한 잔, 맛있는 과일도 함께 먹는다. 아내에게 술 한 잔을 권하니 말도 못 하고 머리를 힘껏 가로젓는다. 입 안 가득 과일을 베어 물고 있으니, 영락없이 꿀 먹은 사람 표정이다.

21:10, 저녁식사 하러 객실을 나선다. 배는 18:00에 이미 로도스를 출항하여 크레타(Crete) 섬을 향해 나아가고 있는 중이다. 아내는 생선요리를, 나는 비프스테이크를 주문한다. 고기를 익히는 정도는 미디엄으로 한다. 시간이 좀 늦어서인지, 레스토랑에서 식사 중인 동양인은 우리 부부가 유일하다. 5층에 있는 뮤즈 라운지로 자리를 옮겨 공연을 구경하다가, 23:00경 객실로 숨어든다.

배달된 선내 신문과 관광지 자료를 취합하여 내일의 일정을 확인·분석한 후 00:20 잠자리에 든다. 아침에 눈 뜨면 크레타의 태양이 반겨줄 것이다.

제우스와 니코스 카잔차키스의 고향 크레타! 크레타는 그리스에서 가장 큰 섬이다. B.C. 18세기에서 15세기 사이에 찬란한 크레타 문명이 꽃피었던 땅이기도 하다.

7월 9일 목요일, 맑음

05:00, 기상. 배는 벌써 크레타의 이라클리온 항에 도착하여 정박 중이다. 창밖을 내다보니 도시의 가로등과 건물들의 불빛이 환하다. 서서히 어둠이 걷히고 있다. 샤워, 면도 후 4층 식당으로 내려가 아침식사를 한다. 객실로 올라와선 자료를 뒤적이며 시간을 보낸다. 크루즈 선 옆으로 페리 선이 들어와 정박한다. 부둣가엔 이른 아침부터 텁수룩한 차림의 남자들이 삼삼오오 모여, 서거나 쪼그려 앉은 채 두런두런 얘기를 나누고 있다. 조르바의 후예?

07:30, 5층 라운지에 모인 후 정해진 순서에 따라 하선한다. 크노소스 궁전 관광이 일행을 기다리고 있다. 크레타의 아침 햇살이 눈부시다. 버스에 오른 일행은 다운타운을 거쳐 시내를 벗어난다. 궁전은 시내에서 5킬로미터 떨어져 있다.

08:20, 크노소스 궁전 도착. 미노스 왕이 괴물 미노타우로스를 가두기 위해 만든 미궁이다. 테세우스와 아리아드네의 사랑 이야기도 이곳이 주 무대다. 이게 다 그리스 신화에 나오는 얘기렷다.

1900년, 영국의 고고학자 에반스가 지하에 묻혀 있던 크노소스 궁전을 발굴했다. 한쪽 면 길이 160미터, 방이 1200개, 3~4층 규모. 입장 순서를 기다리는 관광객들이 길게 늘어서 있다. 천천히 걸어서 안으로 들어간다. 등나무 터널 끝 지점에 에반스의 흉상이 자리하고 있다. 사진 한 컷 찰칵. 건축물들이 적당한 간격으로 자리 잡고 있고, 그 사이 빈 공간에서 자라난 소나무와 사이프러스가 한결 운치를 더하고 있다.

건물 외벽에는 황소와 올리브 나무를 그린 프레스코 화가 붙어 있다. 원화는 아니란다. 왕이 기거했다는 건물 안으로 들어가 본다. 왕좌가 놓여 있다. 오리지널이란다. 방실은 목재와 석재를 혼합하여 건축되었다. 방의 삼면이 프레스코 화로 장식되었다.

옆 건물로 이동한다. 건물의 진입 방향에 따라 1층이 지하 1층이 되기도 한다. 경사면을 활용한 공법인 것이다. 돌을 쌓아올려 벽을 만들었는데 하단은 큰 돌을, 상단은 작은 돌을 사용했다. 사용된 돌의 모양과 크기가 제각각이다. 창문이 많고, 또 크다. 여왕의 방은 좌측 문을 열면 곧장 왕의 방으로 연결된다. 공기를 순환시켜 더위를 식히기 위한 과학 원리가 건축 공법에 적용되기도 했다. 발굴된 대형 항아리도 전시되어 있다. 수압차를 이용한 수도 시설과 수세식 화장실까지 구비하고 있다.

왕궁 내에 황소 뿔을 상징하는 조형물이 설치되어 있다. 복제품이긴 하지만, 여왕의 화려한 모습이 벽면에 프레스코 화로 그려져 전시되고 있다. 머리카락이 치렁치렁하고, 허리는 잘록하다. 눈이 크고, 콧날은 오똑하다. 깃털 장식 모자를 쓰고 팔찌와 목걸이로 한껏 멋을 내고 있다. 더구나 중요 부분만 가린 상태다. 인물 주변은 온통 꽃장식이다. 백합인가?

황소의 뿔을 양손으로 휘어잡고는 버티고 있는 전사를 그린 프레스코 화도 있다. 시녀들이 술과 음식이 담긴 단지와 주전자를 들고 일렬로 서서 이동하는 모습도 보인다. 자유 시간을 갖고는, 뮤지엄 숍에 가서 크노소스 화보집을 7유로에 산다.

10:20, 버스로 돌아와선 곧장 승차한다. 버스는 이내 크루즈 선으로 돌아간다. 햇살이 따갑고, 몸에서는 주르륵 땀이 흐른다. 그리스 신화를 역사적 사실로 연결시킨 아서 에반스에게 감사한다. 그는 발굴 유물 중 그 어느 것도 그리스 밖으로 반출하지 않은 신사요, 지성인이었다. 이라클리온이라는 도시 이름은 다름 아닌 헤라클레스에서 연원했다.

크루즈 선 탑승 마감시간이 촉박하다. 부두가 시내 중심부에서 뚝 떨어져 있어, 주변을 둘러볼 여유가 전혀 없다. 니코스 카잔차키스 선생의 묘소는 어디에? 인사도 못 드리고 크레타를 떠날 수밖에 없나 보다. 한편으로 착잡하고, 다른 한편으로는 송구스럽기 짝이 없다. 선실로 돌아와 이라클레온 관광 지도를 쭉 짚어보니, 카잔차키스 박물관은 시내에서 15킬로미터 떨어져 있다. 묘소도 거기 있겠지?

배는 뭐가 그리 급한지, 고작 몇 시간 머물고는 11:30, 크레타를 떠난다. 체면치레나마 이별의 아쉬움을 표시하기라도 하듯, 긴 뱃고동이 항구에 울려 퍼진다. 갈매기 몇 마리가 배 주변을 날며 끼룩거린다. 13:00, 아내와 함께 식당으로 내려간다. 느긋하니 오찬을 즐긴다. 야채 샐러드에 생선튀김. 주요리 접시에 감자 으깬 것과 호박튀김이 곁들여졌다. 후식은 과일. 발품을 열심히 판 나머지 공복이었는데, 적당하니 잘 먹었다는 느낌이 든다.

14:00, 객실로 돌아와선 물끄러미 창밖으로 크레타해를 내다본다. 쪽빛 바다, 잔잔한 물결, 그 위에 휘황하니 부서지는 햇살. 마음이 평온하니 까무룩 침잠한다. 아내는 그게 바로 졸린 거라면서 배시시 웃는다. 우리는 지금 산토리니(Santorini)를 향해 크레타해를 항행하고 있다.

16:30, 배는 마침내 산토리니 앞바다에 도착한다. 팀별로 구분하여 텐더보트에 옮겨 탄다. 해안 상륙. 버스를 타고, 까마득한 절벽에 지그재그로 개설된 도로를 대열을 지어 기어오른다. 크루즈 선에서 올려다본 섬 상단부의 흰 물체의 연속이 밀집된 건물들의 흰 벽이라는 사실이 저절로 증명된다.

버스는 섬의 북쪽으로 이동한다. 이 섬의 원래 이름은 티라(Thira). 30여 분 달려 도착한 곳은 이아 마을. 17:20, 몰려온 차와 사람들로 좁은 공간이 가득 찼다. 좁은 골목을 걸어서 올라간다. 양쪽으로 줄지어 늘어선 상가의 점원들이 점포 바깥에까지 나와 선 채 호객에 여념이 없다. 짜증이 나긴 하나, 다들 먹고 살아야지! 이리 치이고 저리 밀린 끝에 언덕에 올라서니, 양쪽으로 시원스레 바다가 조망된다.

광장과 그리스 정교회 건물이 보이고, 양 방향으로 미로가 줄지어 뻗어나간다. 기념품점, 카페, 레스토랑이 줄줄이 이어진다. 광장이건 미로건 불문하고, 넘치는 관광객들로 북새통이다. 흰색 벽면과 코발트색 지붕으로 이루어진 건물들이 양쪽 급경사 공간을 따라 빽빽하니 들어찼다. 초록색 이파리들을 매단 붉은 꽃이 만개해 있다. 건물들과 잘 어우러진다. 지붕과 하늘과 바다가 모두 같은 계열의 파랑색이다. 때문에 건물의 흰색이 더욱 부각된다.

아내는 선물가게에 들러 산토리니 풍경이 반 추상으로 염색된 스카프를 몇 장 산다. 아마 선물용까지 염두에 두는 듯하다. 청량감이 있어 보여 여름에 착용해도 무리가 없을 듯. 내친 김에 같은 톤의 천가방도 하나 챙겨넣는다. 어깨에 걸치기에 딱 좋은 사이즈다. 광장과 교회를 마저 둘러보고는, 언덕을 내려와 버스 주차장으로 향한다.

19:00, 버스 출발. 이번에는 티라 마을로 향한다. 어느 새 해는 저물어가고, 봐야 할 것은 아직도 많다. 차량들이 뒤엉켜 늘어서 있다. 좁은 도로변에 주차된 차량과 오토바이들 때문이다. 버스들이 교행하느라 애를 먹는다. 쉽게 빠져나가지 못하고 양쪽 방향 모두 정체를 빚는다. 버스 안에 앉아 밖을 내다보니, 건물마다 지붕 위 굴뚝의 상단을 올빼미 모양으로 장식하고 있다.

최근에 이르러 산토리니라는 지명이 워낙 유명해지다 보니, '티라'는 한낱 동네 이름으로 전락했단다. 이 섬은 화산섬이다. 화산 활동에 따라 바다 속에서 융기하여 생겼다. 칼데라 호도 존재한다. 최근엔 1956년에 화산이 폭발, 30여 명의 주민이 사망했단다. 당시 많은 주민들이 섬을 떠났다. 그 후

예측 장비가 다수 설치되었고, 그에 따라 주민들 대다수도 섬으로 복귀할 수 있었단다. 관광업이 주민들의 주업이다. 포도 재배와 와인 생산도 행해지고 있다. 호두도 많이 수확된단다. 물이 부족하므로 식수는 생수를 사 먹고, 생활용수는 빗물을 정제하여 사용한다.

시간도 많이 지체된 데다 해도 뉘엿뉘엿 서편에 기우니, 나그네의 마음은 제풀에 꺾여 조급해질 수밖에 없다. 티라 마을은 수박 겉핥기식으로, 쭉 빠른 걸음으로 통과해 나간다. 그래도 관광객은 구경을 제대로 못 한다. 다소간 아쉬움이 남을 뿐이다. 하지만 이곳 상인들은 오늘 매상이 영 시원치 않게 생겼다. 장사로 먹고 사는 처지인데, 홧김에 가게 문 닫고 나서 냅다 독주를 들이켜는 건 아닌지 모르겠다.

곤돌라를 타고는 바닷가로 내려간다. 곤돌라 6대가 각 6명씩 태우곤 밑으로 내려간다. 이와 동시에 6대의 또 다른 곤돌라는 밑에서 위로 움직이게 되어 있다. 당나귀들이 등에 관광객들을 태우고 가파른 절벽 길을 따라 줄지어 내려오고 있다. 꽤 위험해 보인다. 텐더보트들이 승객들을 실어 나르기 위해 엔진을 켠 채 해안가에서 대기하고 있다.

텐더보트의 무개 2층에 자리를 잡는다. 석양을 받는다. 석양에 드러나는 옆자리 아내의 얼굴이 곱다는 느낌이 든다.

하지만 아내도 나를 따라 늙어감은 어쩔 수가 없다. 분위기를 간파하기라도 했는지, 아내가 갑자기 내 손을 꼬옥 잡아 쥔다. 나는 순간적으로 마음이 짠한데, 저쪽은 바닷바람에 춥다고, 달지 않아도 될 토를 달고 나온다.

까마득히 올려다뵈는 절벽 위 이아티라 마을의 하얀 집들이 한눈에 들어온다. 20:30, 크루즈 선으로 귀환. 객실로 돌아와 씻고는 트렁크의 짐을 대충 정리하고 나니 벌써 21:20. 4층 레스토랑으로 내려가 늦은 저녁을 먹는다. 산토리니 샐러드에 나는 양 요리, 아내는 생선요리. 분량이 너무 많아 반쯤 먹고 남긴다. 나만 그런가 하여 옆을 살펴보니, 양 요리를 선택한 이들은 남녀 불문하고 다들 남겼다. 뮤즈 라운지로 옮겨가, 아내와 함께 선상 공연을 관람한다. 이곳 말고도 크루즈선 안의 바와 공연장이 열 몇 곳 있는 것 같으나, 일일이 찾아보기에는 우리의 기력이 딸린다. 공연이 박력 있고 속도감까지 있어서 좋다.

어느새 23:00. 서둘러 객실로 향한다. 그리고 짐을 마저 싼다. 늦어도 자정까지는 트렁크를 객실 문 밖으로 내놓아야 한다. 빠듯하니 시간을 맞췄다. 우리가 너무 여유를 부린 건가? 아내와 함께 술 한 잔씩을 입에 털어넣고는 혀를 굴린다. 입 안 가득 소주향이 퍼져나간다. 은은하면서도 포근한 밤이다. 21:00, 산토리니를 출발한 배는 피레우스 항을 목표로, 밤바다의 물살을 가르며 앞으로 나아가고 있다. 이렇게 짧으나마 에게해 크루즈 여행이 마무리된다. 낯선 이방인의 뜨거운 가슴속에서 조르바의, 약간은 슬픔의 냄새가 묻어나는 귀환은 어렵사리 실현되었다.

Greece XI.

7월 10일 금요일, 맑음

깨어보니 04:30. 창문을 통해 동쪽 하늘을 살펴본다. 손톱달이 파르라니 푸른빛을 내뿜고 있다. 도시의 불빛도 함께 들어온다. 피레우스 항이 가깝다는 뜻이렷다. 배는 밤새도록 북서쪽으로 방향을 잡아 항해를 계속한 것이다.

04:45, 배가 속도를 줄이더니 부두에 접안을 시도한다. 배의 방향이 바뀌었는지, 창가의 달은 어디론가 달아나고 없다. 서서히 어둠이 물러간다. 가로등 불빛도 어쩔 도리 없다는

듯 희멀거니 총명함을 잃어간다.

간단히 샤워를 끝낸다. 빵 한 개와 자두, 복숭아 몇 개 먹는 것으로 아침식사를 대신한다. 객실에 남아 있는 소소한 짐들을 챙긴 후 하선을 준비한다. 07:00, 하선한다. 짐을 찾아 여객 터미널 밖으로 나온다. 트렁크를 끌고 부근에 대기 중인 버스로 이동한다. 차 목사님과도 재회한다. 서로가 반가워한다. 인연의 무서움(?)이라니.

07:10, 버스는 아테네를 향해 출발한다. 최근에 이르러 중국이 피레우스 항의 운영권을 20년 동안 빌리는 내용의 협정이 체결되었다. 중국은 일대일로(一帶一路) 정책의 일환으로 본격적인 유럽 진출의 교두보를 확보한다는 측면에서, 그리스는 작금의 경제적 어려움을 타개하기 위한 방편이라는 측면에서 두 나라의 이해관계가 맞아떨어졌다고나 할까.

버스는 아테네 올림픽경기장 앞에서 관광객들을 내려놓는다. 경기장은 통상의 원형이나 타원형이 아니다. 고대 올림픽경기장의 원형에 맞춰 건축되었다. 반원 형태의 아레나라고 하면 이해가 될까? 도로 쪽 전면은 탁 트여 있다. 경기장 안으로 들어가 볼 수는 없다. 통제 펜스가 가로막고 있기 때문이다. 이곳은 마라톤 경기의 결승점이자 시상식이 열리는 장소다. 먼 옛날 페르시아와의 전쟁 당시, 마라톤 전투의 승리를 아테네 시민들에게 전한 전령이 쓰러져 죽은 지점이기도 하다. 경기장 전면 우측에는 숲을 배경으로 이집트 갑부의 청동상이 버티고 서 있다. 그는 사비를 들여 아테네 올림픽 경기장을 복원, 건축했고, 이렇게 하여 1896년 첫 근대 올림픽이 이곳에서 개최되기에 이르렀다.

다시 버스를 타고는 아크로폴리스로 이동. '높은 언덕에 세워진 도시'라는 뜻이다. 이른 아침이라 한가한가 했더니, 웬걸? 매표소 앞에 줄 선 지 10분도 채 되지 않아 수많은 관광객들이 한꺼번에 쏟아져 들어온다. 언덕으로 오르는 진입로 바닥에는 대리석이 깔렸다. 흰색의 최고급 석재. 움푹 파이고 반질반질 닳아 있는 상태가 이곳의 연륜과 역사적 가치를 증거하고 있다.

08:00가 되자 그리스군 병사 한 명이 선두에서 국기를 두 손으로 받쳐 들고 입장한다. 그 뒤를 소총을 든 병사 네 명이 일렬로 선 채, 왼쪽 발을 바닥에 쾅쾅 부딪쳐가며 구령에 맞춰 행진한다. 이윽고 그리스 국기가 게양된다. 드디어 관광객들의 입장이 허용된다.

입구 우측에 야외 음악당이 자리하고 있다. 고대의 원형을 그대로 유지하고 있다. 음향 시설을 전혀 사용하지 않는다. 공명이 자연적으로 이루어질 수 있도록 설계되었단다. 전 세계적으로 유명한 음악가들만이 이곳 무대에 설 수 있다고 한다.

위쪽으로 더 올라가니, 가파른 돌계단 위에 석주와 건물이 장엄하게 서 있다. 아크로폴리스의 출입문인 필리아를 중심으로 하여 우측이 미케 신전, 좌측이 청동상이 있던 자리. 거대한 청동상은 뜯어가 버렸단다. 어느 나라의 누가, 언제?

비계가 여기저기 설치되어 있다. 현재도 복원 공사 중이다. 문 앞에 서니, 아테네 시내가 한눈에 내려다보인다. 문을 통과하자마자, 전면 우측으로 파르테논 신전이 위용을 드러낸다. 역시 복원 공사 중이다. 타워 크레인까지 보인다. 아테네의 수호신인 아테나를 모시던 신전이다. 중세 기독교 시대에는 교회로, 오스만 제국 시절에는 무기고로 사용되었다. 베네치아와 오스만 투르크 사이에 전쟁이 벌어졌을 때, 베네치아 군이 오스만 쪽의 무기고인 신전을 겨냥하여 포격을 가했다. 그 바람에 지붕 전부와 신전 안의 내부 시설 대부분이 폭발에 의해 날아가 버렸다. 게다가 그 이후 영국인들이 신전의 보를 장식하던 석조물들을 다 뜯어갔다. 이름하여 엘긴 마블. 현재도 대영 박물관의 전시 공간을 화려(?)하게 장식하고 있다.

파르테논 신전의 좌측에 에릭티온 신전이 있다. 여성적이다. 이오니아식 건축 양식으로 지어졌다. 6개의 기둥마다 서 있는 여 사제의 모습이 꽉 차게 조각되어 있다.

아크로폴리스. '신들의 언덕'이라고도 불린다. 이곳에 서니, 사방으로 아테네 시내가 훤히 내려다보인다. 최적의 방어 기지로서 손색이 없다. 한쪽 경사면에 접하여 수장대도 설치되어 있다. 동쪽 또는 남쪽으로, 근대 올림픽 경기장, 제우스 신전, 하드리아누스 문, 왕궁이 눈에 들어온다. 아크로폴리스 유적지 아래로 내려오니, 소크라테스와 사도 바울의 재판이 열렸던 언덕과 소크라테스가 갇혔던 감옥 유적이 일행을 기다리고 있다.

10:10, 버스는 코린토스(Korinthos) 관광을 위해 시동을 건다. 아테네 도심을 벗어나고, 피레우스 항도 지난다. 11:00 고속도로 진입. 왼쪽으로는 크고 작은 규모의 조선소들이 즐비하다. 사람들은 코린토스를 통상 고린도라고 부른다.

코린토스 지역의 초입에는 우뚝 솟은 산 위에 건설된 로마시대 성채가 있다. 이곳에 아프로디테 신전이 있었는데, 상주하는 무녀가 무려 1,000명이나 되었다고 한다. 코린토스는 옛날에는 항구로서 바닷물이 코앞까지 들어왔는데, 땅이 계속 융기하는 바람에 바다가 뒤로 쑥 물러났다고 한다. 1600년대, 1800년대, 1900년대의 거듭된 지진으로 코린토스는 황폐화되었고, 살던 주민들도 어쩔 수 없이 타지로 이주해갈 수밖에 없었단다.

성채의 남녘 구릉지에 옛 도시의 유적이 여전히 자리를 지키고 있다. 11:45, 입장. 우선 박물관에 들러 전시된 유물들을 살펴본다. 건축 양식 중 하나인 코린트 양식의 발상지가 이곳인가? 유적지 이곳저곳에 건물 흔적과 주춧돌, 기둥 파편들이 산재한다. 코린트식 석주는 웅장하면서도 문양이 화려하다.

아폴론 신전도 보존되고 있다. 석주 7개와 그 위의 부재 일부만 남아 있을 뿐이지만, 지금의 형태만으로도 가히 압권이다. 아고라와 극장·법정 터도 시선을 끌고 있다. 축대와 주춧돌 정도만 남아 있어서 아쉬움을 남긴다. 수도 시설 흔적도 보인다. 수로를 통해 타지에서 물을 끌어와, 식수·목욕·빨래에 사용했다. 공동 빨래터도 있다. 비단점포 등 상가 시설 자취도 스러지지 않고 힘겹게 버티고 있다. 이들 유적은 근세에 이르러서야 비로소 영국의 고고학 발굴 팀에 의해 세상의 빛을 보게 되었다.

12:30, 일행은 유적지 앞 식당 촌으로 발길을 옮긴다. 그늘막 아래 테이블에 앉아 수블라끼 요리를 맛본다. 구운 고기와 야채를 곁들인 그리스 전통 메뉴란다. 땡볕에 노출되어 지친 심신을 달래기 위해 시원한 생맥주 한 잔을 곁들인다.

13:30, 식당을 나와 버스를 탄다. 그리곤 아테네로 돌아간다. 중간에 코린토스 운하를 구경하기로 한다. 에게해와 이오니아해를 연결하는 운하다. 그리스 본토와 펠로폰네소스 반도를 잇고 있는, 잘록한 개미허리 부분을 절개하여 개설했다. 멀리는 로마 시대에 시저와 네로가 이 운하를 구상했다가 포기했단다. 오늘날에야 우습게 들리겠지만 그 이유란 것이, 에게해가 이오니아해보다 해수면이 낮으므로, 운하를 뚫을 경우 아테네가 바닷물에 잠겨버리게 된다는 것이다. 1890년대에 이르러 프랑스가 운하 건설에 착수하고 개통했다. 운하 위에 걸쳐진 철제 다리 위에 올라서서, 저 아래 양 방향으로 뻗어나간 물길을 응시한다. 마침 배가 통과하고 있다. 아래로 파내려가 절개된 단면이 까마득하다. 계속 서 있으면 현기증이 날 것만 같다.

이렇게 그리스 여행이 마무리된다. 아내와 나의 일상에 또 하나의 추억이 단풍잎 되어 쌓일 것이다. 버스는 아테네로 귀환하여 마르코폴로 국제공항에 일행을 떨구어놓고는 그대로 달아난다. 공항은 비행기들이 뜨고 내리느라 몹시도 분망하다.